Magere Zeiten

Das Buch

»Ich wünsche mir, das dünnste Mädchen der Schule zu sein, ja vielleicht sogar die dünnste Elfjährige auf dem ganzen Planeten«, schreibt Lori in ihr Tagebuch. »Denn was wünscht sich ein Mädchen anderes?« Und so wälzt Lori zahllose Diätbücher, die sich alle in einem Punkt einig sind: Wer Hungergefühle hat, kann sich eigentlich gleich umbringen. Und wenn dann noch die ewig nervenden Eltern dazwischenfunken ... Mit umwerfendem Humor und einer entwaffnenden Art, die Phrasen und Hohlheiten ihrer Umgebung zu entlarven, meistert Lori ihren steinigen Weg ins Erwachsenenleben.

Die Autorin

Lori Gottlieb ist Film- und Fernsehproduzentin. Mit *Magere Zeiten* veröffentlicht sie ihre eigenen Tagebuchaufzeichnungen, die sie als Elfjährige geschrieben und nach über 20 Jahren wiedergefunden hat.

LORI GOTTLIEB

Magere Zeiten

Das Jahr, in dem ich erwachsen wurde

ROMAN

Aus dem Amerikanischen
von Ingeborg Schober

List Taschenbuch Verlag

List Taschenbuch Verlag 2000
Der List Taschenbuch Verlag ist ein Unternehmen der
Econ Ullstein List Verlag GmbH & Co. KG, München
Deutsche Erstausgabe
© 2000 für die deutsche Ausgabe
by Econ Ullstein List Verlag GmbH & Co. KG, München
© 1999 by Lori Gottlieb
Titel der amerikanischen Originalausgabe: Stick Figure
(Simon & Schuster, New York)
Übersetzung: Ingeborg Schober
Redaktion: Bettina Traub
Umschlagkonzept: HildenDesign, München – Stefan Hilden
Umschlaggestaltung: DYADEsign, Düsseldorf
Titelabbildung: IFA, Düsseldorf
Gesetzt aus der Bembo
Satz: Dörlemann Satz, Lemförde
Druck und Bindearbeiten: Clausen & Bosse, Leck
Printed in Germany
ISBN 3-612-65044-0

Inhalt

Teil I: Winter 1978

»Was glaubst du wohl, wer du bist, kleines Fräulein?!«   12

Gerechtigkeit   21

Ein aussagekräftiger Aufsatz   26

Eine echte Frau isst keine Süßigkeiten   33

Elefantenschenkel   40

Sexualkundeunterricht   50

Das Chamäleon   55

Leben, Freiheit und die Verfolgung des Glücks   60

Gutes Mädchen   66

Das Lori-Denkmal   73

Herr Präsident, das mit dem Milchshake tut mir Leid!   79

Der Tag der Buße   89

Teil II: Frühjahr 1978

Bitte helfen Sie den Hungernden! 98

Lactose-Unverträglichkeit 111

Ein paar Zentimeter zu viel 119

Parkdeck F, rosa Bereich 126

Figur und Fakten 133

Lass mich schrumpfen! 142

Einfach entzückend! 150

Sprich nicht mit vollem Mund! 155

Von der Luft leben 165

»Hallo, Engel … hier spricht Charlie« 170

E steht für Elektrolyte 180

Teil III: Sommer 1978

Ein »Breck«-Mädchen 188

Bruchrechnen 194

Brownie 203

Ferienlager 210

Nora 213

Hallo, Taxi! 225

Die Jeans von Shereen 234

Ein Leben ohne Andy Gibb 242

Das Fett wegschneiden 246

Sekretärinnenschule 250

Der Polarstern 255

Bitte nicht künstlich am Leben erhalten! 260

Spindeldürr 267

Leute vom gleichen Schlag 274

Eierschalen 279

Man kann nie reich oder dünn genug sein! 284

Heute ist mein Halbjahresgeburtstag. Es ist der erste Sommertag, und ich bin genau elfeinhalb Jahre alt. Normalerweise wünsche ich mir an meinem Halbjahresgeburtstag etwas. Also habe ich gedacht, ich wünsche mir, das dünnste Mädchen der Schule zu werden – ja vielleicht sogar die dünnste Elfjährige auf dem ganzen Planeten. Dann muss ich mir nie mehr den Kopf über Diäten zerbrechen. Ich wollte gerade meinen Wunsch aussprechen, als mir plötzlich aufgefallen ist, dass dann gar nichts mehr bleibt, was ich mir zu meinem wirklichen Geburtstag wünschen könnte, wenn ich bis dahin schon so dünn geworden bin. Und welchen Wunsch hat denn ein Mädchen sonst noch, außer dünn zu sein? – Juni 1978

TEIL I
Winter 1978

»Was glaubst du wohl, wer du bist, kleines Fräulein?!«

Erst einmal muss ich dir wahrscheinlich etwas über mich und meine Schule und so erzählen, damit du auch begreifst, um was es eigentlich geht, wenn ich was in dich reinschreibe. Ich weiß natürlich schon, dass du eigentlich kein richtiger Mensch bist, aber ich glaube einfach, dass du mich trotzdem verstehen wirst. Vielleicht sogar besser als irgendein Mensch. Genau deshalb halten mich die Leute ja für irgendwie anders. Die meisten sagen, ich sei »außergewöhnlich«, und je nachdem wie man das sagt, kann es ja auch heißen, dass ich irgendwie interessant oder was Besonderes bin. Und dass ich auf eine positive Weise auffalle. Aber das trifft bei mir nicht zu. Ehrlich gesagt, alle, die mich als »außergewöhnlich« bezeichnen, halten mich einfach für völlig bekloppt. Vor allem die Erwachsenen.

Ich muss mich ständig mit Erwachsenen unterhalten, weil Mom und Dad immer ihre langweiligen Freunde zu uns einladen, bevor sie zum Essen ausgehen. Und deshalb müssen ich und David – das ist mein älterer Bruder – uns immer die Haare kämmen und nach unten gehen und höflich sein und lächeln. David kann ziemlich gut mit den Erwachsenen, vor allem deswegen, weil er die ganze Zeit über ohne Unterbrechung weiterlächeln kann, wenn er ihnen erzählt, wie viel Spaß ihm doch die Schule und das Skateboardfahren machen. Echt, ich hab's versucht, aber ich kann einfach nicht gleichzeitig lächeln und reden. Besonders, wenn ich über eine ganz traurige Sache spreche – wie zum Beispiel die Tatsache, dass uns die Sonne alle tödlich verbrennen wird, weil die Frauen so viel Haarspray verwenden. Das ist wahr. Das hab ich in einer Zeitschrift gelesen.

Wenn ich mich also mit Erwachsenen unterhalte, dann fangen sie an mit dem Kopf auf und ab zu nicken, als würden sie gar nicht zuhören. Und genau dann, wenn ich eigentlich zum wichtigsten Punkt komme – nämlich dass es dann nur noch ein paar Sekunden dauern wird, bis unser ganzer Körper regelrecht verschmort ist –, nicken sie plötzlich nicht mehr auf und ab, sondern von links nach rechts. Dann reißen sie die Augen ganz weit auf, drehen sich meinen Eltern zu und meinen: »Sie ist ein so ›außergewöhnliches‹ junges Mädchen.« Ich würde dann immer am liebsten sagen: »Meint ihr nicht, dass ihr bloß totale Langweiler seid«, aber das mache ich natürlich nicht. Die Leute hassen es, wenn man eine eigene Meinung hat.

Also, der Grund, warum du überhaupt bei mir bist, ist jedenfalls, weil ich *Das Tagebuch der Anne Frank* letzte Woche in den Weihnachtsferien gelesen habe. Ich habe dafür zwei Nächte gebraucht und dabei Rotz und Wasser geheult. Anne hat über viele Dinge nachgedacht, über die ich auch nachdenke, aber damals ist keiner gekommen und hat sie als »außergewöhnlich« bezeichnet. Nicht ein einziges Mal. Ich habe also die ganze Woche über immer wieder an Anne denken müssen, sogar als ich mit Mom heute einkaufen war. Wir waren in diesem Laden in Beverly Hills, wo es lauter teures, aber irre geschmackloses Zeug gibt, auf das Mom so wahnsinnig abfährt. Und da habe ich dann auch diese todschicken Tagebücher mit diesen Verzierungen aus Goldimitation, die man verschenken kann, gesehen. Und du bist eines davon. Also sei nicht beleidigt oder so.

Mom hat die Frau im Laden gebeten, den Buchdeckel mit so was Hellpinkem, das irgendwie wie Lippenstift aussieht, zu dekorieren. Eines musst du unbedingt sofort über Mom wissen: Sie steht irre auf Lippenstift. Mom trägt immer diese riesige Handtasche voll gestopft mit Kosmetik mit sich herum, denn es könnte ja sein, dass sie einfach noch ein bisschen mehr Lippenstift auftragen will. Ich hab's nicht so mit dem Schminken, weil man dann ständig aufpassen muss, dass man nicht zu viel blinzelt oder zu viel lacht oder sich am Kinn kratzt, wenn es einen juckt, oder irgendwas isst, mit dem man die Farbe verschmiert. Ich finde, so was nervt einfach total. Aber weil jetzt alle meine Freundinnen das Schminken ausprobieren, denkt inzwischen sogar meine Mom, dass ich »außergewöhnlich« bin, weil mich dieser ganze Kram nicht die Bohne interessiert.

Also manchmal frage ich mich ganz ernsthaft, ob ich nicht vielleicht doch ziemlich außergewöhnlich bin. Ich weiß, so was zu sagen klingt eingebildet, aber solange ich in die Grundschule ging, war ich noch richtig beliebt. Leslie und Lana waren meine besten Freundinnen, und alle nannten uns »die drei L«, weil wir in der Schulpause immer zusammen gespielt haben. Bis dann in der weiterführenden Schule Leslie und Lana mit all meinen anderen Freunden in der gleichen Klasse landeten und ich in die Klasse von Mrs. Collins gesteckt wurde, wo ich keinen kannte. Jemand hat behauptet, in die Klasse von Mrs. Collins kämen die ganzen gescheiten Kinder, aber die Schulleitung hat gesagt, dass sie das »weder bestätigen noch dementieren« könne. Viele Kinder haben einen Anwalt zum Vater, und deswegen hat die Schulleitung ständig Angst, dass man sie verklagen würde. Das hat wenigstens mein Onkel Bob behauptet, und der ist selbst Anwalt.

Und damit haben nämlich meine ganzen Probleme angefangen. Zuerst fing mein langes blondes Haar an, immer dunkler und dunkler zu werden, bis es schließlich braun war. Ich weiß, das klingt gar nicht so schrecklich, aber in einer der Zeitschriften von Mom stand, wenn man »abspülwasserbraunes Haar« hat, sollte man unbedingt etwas unternehmen, um diese »langweilige« Haarfarbe »aufregender« zu machen und die Haare entweder rot oder platinblond färben. Und neben dem Artikel waren diese Fotos von drei verschiedenen Frauen abgebildet: Die eine hatte braune, die andere rote und die dritte blonde Haare. Die Rothaarige und die Blondine haben gelächelt, wie diese Leute, die in einer Gameshow eine Reise nach Hawaii gewinnen. Die Frau mit den braunen Haaren aber sah aus, als würde sie gleich losheulen. Ich muss also jetzt mit einer Haarfarbe weiterleben, die einen zum Heulen bringt, jedenfalls bis ich achtzehn bin und sie färben darf. Aber das ist nur eine von den Geschichten, die mir passiert sind, seit ich die weiterführende Schule besuche. Du kannst mir glauben, die ganze Sache wird noch tausendmal schlimmer.

Es war nämlich so: In der Zeit, als mein Haar allmählich immer dunkler wurde, hat man mich in der Schule ständig zu dieser Miss Shaw, unserer Schulpädagogin, geschickt. Eigentlich bin ich gern zu Miss Shaw gegangen, weil ich bei ihr immer diese lustigen Puzzles und Erzählspiele machen durfte. Sie hat mir nicht gesagt, dass diese ganzen Spiele eigentlich IQ-Tests waren. Aber dieses Jahr hat sie dann meine Eltern in die Sprechstunde gebeten und ihnen mitgeteilt, dass ich eigentlich einen IQ wie eine Schülerin an der Highschool hätte. Sie hat gemeint, ich würde mich wahrscheinlich viel weniger in der Schule langweilen, wenn ich eine oder zwei Klassen überspringen würde. Alle Lehrer an meiner Schule halten mich für schwierig, weil ich viel lieber meine eigenen Aufgaben statt ihre mache. Ich wette, meine Englischlehrerin Mrs. Rivers wäre ziemlich froh, wenn ich in die nächsthöhere Klasse verschwinden würde, weil ich sie dann nicht mehr so nerven könnte. Aber das hat Miss Shaw natürlich nicht gesagt – wahrscheinlich, weil man sie dann verklagen könnte. Glaube mir, Mrs. Rivers hasst mich. Also habe ich Miss Shaw gesagt, dass ich keine Klasse überspringen möchte, weil ich dann in der Pause nicht mehr meine Freundinnen sehen kann. Ich hab immer wieder betont, es sei schon schlimm genug, dass ich den ganzen Tag mit diesen Strebern aushalten müsse. Aber da hat sich Miss Shaw eingemischt und gemeint, dass sie die Klassen nicht nach Intelligenz einteilen würde. Was natürlich Quatsch ist, denn im Aufgabenraum meiner Schule sitzen lauter brillentragende Schlüsselkinder.

Aber in letzter Zeit habe ich auch mit meinen alten Freundinnen keinen Spaß mehr. Die reden nur noch über Klamotten und Jungs, und Leslie und Lana planen inzwischen sogar schon eine ganze Woche im Voraus, was sie in der Schule tragen werden. Sie ziehen sich manchmal sogar wie Zwillinge an, was ich echt zum Kotzen finde. Und nur weil ich viel lieber Bücher lese statt Sassoon-Jeans zu tauschen oder beim Model-Wettbewerb von *Teen Beat* mitzumachen, halten mich jetzt sogar meine Freundinnen für »außergewöhnlich«. Allerdings kann ich denen ganz problemlos sagen, dass ich sie für völlig langweilig halte. Klar, dass ich natürlich jetzt nicht mehr so beliebt bin.

Wenn du mich fragst, dann habe ich es als kleines Kind sehr viel einfacher gehabt, weil ich da immer sagen konnte, was ich wollte, ohne groß drüber nachzudenken. Aber jetzt erklären mir Mom und Dad ständig, dass es einfach nicht höflich ist, wenn man bestimmte Dinge sagt. Wenn also jemand wirklich absolut langweilig ist, dann sollte man ihn das auf gar keinen Fall wissen lassen. Ich habe Mom und Dad gesagt, dass ich diese Regel total verlogen finde, und daraufhin haben sie gemeint, ich sei unverschämt. Und genau aus diesem Grund würden sie mit mir überhaupt dieses Gespräch führen.

Ich vermute mal, wenn man älter wird, muss man einfach seine wahren Gefühle wie ein Geheimnis für sich behalten. Aber ich bin halt so ein Plappermaul und krieg deshalb ständig Probleme. Besonders mit Mom. Sie möchte auf gar keinen Fall, dass ich »außergewöhnlich« bin, und deshalb fragt sie mich ständig: »Warum trägst du denn deine Haare nicht mal offen, sondern immer diesen Pferdeschwanz? Könntest du nicht hin und wieder wenigstens ein Paar nette Sandalen statt dieser dreckigen Turnschuhe tragen?« Gestern hat sie gefragt: »Warum kannst du nicht einen hübschen Baumwollrock und diese niedlichen, kleinen Sandalen in die Schule anziehen?« Ich hab ihr erklärt, dass ich ganz bestimmt keine niedlichen, kleinen Sandalen und einen hübschen Baumwollrock tragen kann, wenn ich in der Pause auf dem matschigen Gras Softball spielen will. Logo! Doch Mom hat mein »sarkastischer« Unterton nicht gefallen. Wenn ich letztes Jahr so eine Antwort gegeben hätte, wäre das nicht weiter wild gewesen. Aber nur wegen dieser neuen Regel, bei der man seine Gefühle für sich behalten muss, darf ich diese Woche nicht fernsehen. Das ist die übliche Strafe für mich, wenn ich sage, was ich wirklich denke. Besonders, wenn ich es mit einem sarkastischen Unterton sage.

Die gleiche Geschichte ist mir heute, als Alan Strauss uns besucht hat, wieder passiert. Er ist der Vater von meiner Freundin Erica. Die Eltern von Erica sind mit meinen Eltern befreundet. Ericas Mutter Sheila nennt Alan »Teufel«, weil er sie vor drei Jahren für eine junge Sekretärin aus seinem Büro namens Candy hat sitzen lassen. Ich fand es einfach lustig, dass Candys Eltern sie nach etwas Essbarem benannt haben. Doch Ericas Mutter hat gesagt, der Name sei wirklich perfekt für sie, weil der Teufel sie wahrscheinlich ständig vernaschen würde. Ich denke mal, Sheila hat damit gerechnet, dass Alan oft mit Candy zum Essen ausgeht. Aber Mom hat gesagt, dass sich Sheila ziemlich verrückt aufführen würde, seit der Teufel sie verlassen hat. Mom tut Sheila Leid, und deshalb haben meine Eltern Alan seit deren Scheidung nicht mehr zu uns eingeladen.

Ich wollte Alan auch nicht sehen, habe also nur »Hallo« gesagt und bin nach oben verschwunden. Und da habe ich dann gehört, wie Alan zu meinen Eltern gesagt hat, dass er mich zuerst gar nicht erkannt hätte, weil ich mich seit dem letzten Mal so unheimlich verändert hätte. Klar, ich hatte damals noch irgendwie blonde Haare, aber ich finde trotzdem nicht, dass ich inzwischen komplett anders aussehe. Alan aber hat gesagt, dass ich mich wirklich ganz wahnsinnig verändert hätte. Dann habe ich gehört, wie Mom ihm erklärte, dass ich eben in diesem schrecklichen Alter sei, das Mädchen durchmachen würden, aber ich habe sie kaum verstehen können, weil sie die Worte »schreckliches Alter« so flüsterte, wie sie auch »Nasenkorrektur« flüstert, wenn sie ihren Freundinnen so Sachen erzählt wie: »Judy sieht nicht wegen dem Henna jünger aus, sondern wegen ihrer Nasenkorrektur.«

Aber im Gegensatz zu Mom hat Alan alles andere als geflüstert, deshalb konnte ich ganz genau hören, was er dann gesagt hat. Seine Stimme wurde richtig traurig, als würde er eine dieser Reden bei irgendeiner Beerdigung halten, wo man die ganzen positiven Dinge, an die man sich noch erinnern kann, erwähnt, selbst wenn man die Person nicht ausstehen konnte, als sie noch gelebt hat. »Lori war ein so hinreißendes Kind«, hat er gesagt, »sie war immer die Hübscheste« – und dann versagte ihm fast die Stimme, als würde er gleich zu weinen anfangen. TOT MIT ELF, nur weil ich mal so hinreißend war! Ich hätte Alan gern gesagt, dass seine junge Sekretärin Candy wahrscheinlich auch einmal dieses schreckliche Alter durchgemacht hat – und bestimmt ist das noch gar nicht lange her –, aber dann ist mir wieder diese Regel, dass ich ja nicht mehr sagen darf, was ich denke, eingefallen.

Und deshalb bin ich wieder runtergegangen, wo Alan mit Mom und Dad Cocktails getrunken hat. Ich bin direkt auf

Alan zugegangen und habe gesagt, wenn er schon nichts Nettes über mich sagen könne, dann solle er lieber gar nichts über mich sagen. Dann habe ich zu ihm gesagt, selbst wenn er meint, dass ich inzwischen nicht mehr hinreißend sei, sei es unverschämt, einfach hinauszuposaunen, was man denken würde. Ich dachte mir, nun würden Mom und Dad stolz auf mich sein, weil ich Alan die neue Regel erklärt habe, die sie mir beibringen wollten. Aber Dad bekam nur einen hochroten Kopf und Mom schnappte irgendwie nach Luft. Doch am schlimmsten war, dass ich mich bei Alan entschuldigen musste, obwohl alle wussten, dass es mir gar nicht Leid tat. Deshalb glaube ich, dass es bei dieser Regel um mehr geht als nur: »Sag ja nicht, was du wirklich denkst.« Sie lautet auch: »Sag unbedingt auch das, was du gar nicht meinst.«

Als Alan gegangen war, haben mich Mom und Dad einen Klugscheißer genannt. »Du überraschst mich wirklich, Lori Ellen«, hat Mom gesagt. Mom und Dad verwenden meinen zweiten Namen nur, wenn sie wütend auf mich sind. Dabei komme ich doch gar nicht aus Texas und habe auch keine Schwester mit dem Namen Laura Lee. »Hüte gefälligst in Zukunft deine Zunge«, meinte Dad. Ich wollte ihm erklären, dass dies doch schwierig zu bewerkstelligen sei, weil ich ja dann ständig in einen Spiegel schauen müsse. Aber da konnte Dad nur den Kopf über mich schütteln, und ich denke mal, er wollte damit sagen, ich sei ein hoffnungsloser Fall. Aber das zu sagen wäre unverschämt. Also schüttelte er weiter seinen Kopf, wie alle Erwachsenen das tun, und meinte nur: »Was glaubst du wohl, wer du bist, kleines Fräulein?«

Dad hat meine Antwort nicht abgewartet, weil er mit Mom weggegangen ist, damit ich »über alles nachdenken« konnte. Ich sollte darüber nachdenken, wie unverschämt ich zu Alan gewesen sei. Aber ich glaube, ich habe viel mehr über die Frage von Dad nachgedacht, »Was glaubst du wohl, wer du bist, kleines Fräulein?« Und wenn ich das sagen dürfte, was ich wirklich denke, hätte ich vermutlich geantwortet: »Inzwischen weiß ich es wirklich nicht mehr.«

Gerechtigkeit

Heute habe ich in der Schule von Mrs. Rivers für den Aufsatz, den ich über meine Familie geschrieben habe, nur eine Zwei bekommen. Und zwar deshalb, weil sie meint, ich hätte das Thema verfehlt, aber ich habe das Thema überhaupt nicht verfehlt. Ich habe das Thema nur erweitert, wofür ich eigentlich eine *bessere* Note verdient hätte, da ich ja zusätzliche Arbeit geleistet habe.

Aber als ich mich bei Mrs. Rivers darüber beschwert habe, sagte sie, ich hätte mich eben genau an die gestellte Aufgabe halten müssen. »Bei dir wird jede Aufgabe zu einer kriegerischen Auseinandersetzung«, meinte sie, als würden wir gerade über einen Aufsatz zum Thema Dritter Weltkrieg reden. Wie man sieht, übertreibt Mrs. Rivers maßlos. Wahrscheinlich hat sie auf den Aufsatz in der letzten Woche angespielt, in dem es um unser Lieblingshobby ging. Ich habe über Schach geschrieben, wobei ich auch den Aufsatz in Form eines Schachspiels verfasst habe. Jede einzelne Zeichnung von mir war der Code zu einem Buchstaben aus dem Alphabet. Um den Aufsatz lesen zu können, musste man nur den Code knacken.

»Ich möchte dich bitte sofort sprechen« war das Einzige, was auf meinem Hobbyaufsatz stand, als ich ihn zurückbekommen habe. Ich nahm an, dass Mrs. Rivers mich darum bitten wollte, ihn vor der Klasse vorzutragen, weil mich die Lehrer sehr oft darum bitten, meine Hausaufgaben vor der Klasse zu wiederholen. Aber als ich nach der Schulstunde zu ihr ging, riss sie mir das Papier aus der Hand und meinte: »Was ist denn das?« – »Das ist mein Hobbyaufsatz«, antwortete ich, obwohl ich doch bereits in großen, lila Buchstaben »Hobbyaufsatz« darüber geschrieben hatte. Ich habe Mrs. Rivers gefragt, ob ich ihr die riesige Brille, die sie trägt, vom Pult vorne holen solle, damit sie meinen Aufsatz besser lesen könnte. Doch sie fing nur an den Kopf über mich zu schütteln. Wenn Mrs. Rivers das macht, bekomme ich immer Angst, weil sie eine Perücke trägt und ich ständig befürchte, dass sie ihr vom Kopf rutscht.

»Werd bloß nicht frech, Liebes«, antwortete sie. Mrs. Rivers ist nämlich dazu auch schon ziemlich alt und nennt ihre Schülerinnen immer »Liebes«, als ob alle zwanzig von uns ihre Enkelkinder wären. Ich wollte gar nicht frech sein, aber als Mrs. Rivers nicht aufhörte ihren Kopf zu schütteln, kam mir der Gedanke, dass sie es wahrscheinlich nie schaffen würde, den Code zu meinem Aufsatz zu knacken, obwohl ich als Lösungshilfe in der unteren Ecke eingezeichnet hatte, welches Schachfeld für einen bestimmten Buchstaben im Alphabet stand. Also erklärte ich schließlich Mrs. Rivers, wie man den Aufsatz anhand der Lösungshilfe lesen kann, aber vermutlich hatte sie keine Lust das zu tun. Sie erklärte lediglich, dass ich ihre Klasse und nicht die von Bobby Fischer besuchen würde, und die Schüler in ihrem Unterricht würden eben mit Worten und nicht mit Schachfiguren arbeiten.

Jedenfalls hat Mrs. Rivers heute gemeint, dass ich für diesen Familienaufsatz nur einen einzigen, aussagekräftigen Absatz hätte schreiben müssen. Ich habe Mrs. Rivers geantwortet, dass ich eigentlich auch nur einen aussagekräftigen Absatz geschrieben hätte, nur dass ich eben im Anschluss daran noch eine Menge weiterer Absätze geschrieben hätte, für die ich eigentlich eine Eins bekommen haben müsste. Und das hat dann zu einem ziemlichen Streit geführt. Schließlich gab Mrs. Rivers zu, dass es im Prinzip unfair sei, mir nur deshalb eine schlechtere Note zu geben, weil ich mehr Arbeit geleistet hätte, als die Aufgabenstellung eigentlich erforderte. Trotzdem wollte sie meine Benotung nicht ändern. »Du wirst nun mal begreifen müssen, dass das Leben nicht gerecht ist, Liebes«, erklärte sie. Und damit schloss sie das Notenbuch.

Als ich zum Sportunterricht ging, war ich immer noch wütend auf Mrs. Rivers. Weil ich beim Langstreckenlauf Erste wurde, habe ich mich auf den Sportplatz gesetzt und mit Kreide Schachmuster auf die Sohlen meiner Turnschuhe gemalt und darüber nachgedacht, wie ungerecht doch das Leben ist. Dann kam Miss Drabin auf mich zu und meinte, sie würde vier Mädchen auswählen, die jeden Freitag die Sportstunde der Jungs besuchen sollten, und eine davon sei ich. Sie erklärte, in der Jungenklasse würden wir mehr »gefordert« werden, aber wenn Mrs. Drabin von »gefordert« spricht, kann man das einfach nicht ernst nehmen. Miss Drabin ist so gouvernantenhaft, dass sie einen eine komplette Woche vom Turnunterricht befreit, wenn man behauptet Krämpfe zu haben, auch wenn man noch gar keine Periode hat. Mal abgesehen davon, dass man in einem kurzen Tennisröckchen und Keds-Schuhen mit Flauschquasten an den Schuhbändern keinen Sport treiben kann. Und so was trägt Miss Drabin beim Sportunterricht.

Jedenfalls spielte die Jungenklasse Softball, als wir dort ankamen, und keiner wollte uns in seinem Team haben, weil sie angenommen haben, wir wären schlechte Spieler – weil wir Mädchen sind und so. Und deshalb rückten die Jungs ganz nahe heran, als ich ins Innenfeld ging, so, als ob ich nicht in der Lage wäre, den Ball weiter als ein paar Zentimeter zu schlagen. Ich dachte mir, dass ihr Lehrer, Mr. Brodsky, ihnen klarmacht, dass sie sich wie Trottel aufführen, aber er war völlig damit beschäftigt, Miss Drabin anzustarren, die sich auf der anderen Seite des Spielfelds in ihrem kurzen Tennisröckchen nach vorne beugte. Da Mr. Brodsky ganz offensichtlich keine Hilfe war, legte ich mir selber einen Plan zurecht. Ich ging dem ersten Wurf aus dem Weg, damit alle glaubten, ich hätte vor dem Ball Angst. Ich schaffte es sogar, dass mir die Tränen in die Augen stiegen. Mom kriegt es auch hin, auf diese Weise feuchte Augen zu bekommen, besonders dann, wenn sie Dad dazu bringen will, ihr etwas wirklich Teures zu kaufen. Das klappte also prima, denn die ganze Jungengruppe rückte noch näher ins Innenfeld, bis sich keiner mehr im Außenfeld befand.

Und dann hörte ich, wie sich die Jungs über uns lustig machten und meinten, Mädchen würden in die Sportstunde für Mädchen gehören. Einige streckten sogar ihren Hintern heraus und redeten mit hoher Stimme, wobei sie Dinge wie »Ooooh, ich bin ja nur ein Mädchen, ich habe sooolche Angst« sagten – vor allem Scott, der Werfer. Die anderen Jungs lachten weiter, weil Scott ständig wiederholte, dass ich den Schläger typisch wie ein Mädchen halte. Was auch immer das heißen sollte. Und deshalb habe ich mir vorgestellt, dass Scotts rundes Gesicht der Ball sei, den er in der Hand hält. Und dann kam ganz unerwartet der zweite Wurf, und ich donnerte den Ball über alle Köpfe hinweg und schaffte einen Homerun. Ich konnte es nicht fassen! Also, ich weiß ja, dass ich den Ball ins Außenfeld schlagen kann, aber ich war ziemlich überrascht, als er über den Zaun flog. Scheint ganz so, als ob ich wirklich sauer auf Scott war. »Vielleicht solltest du das nächste Mal den Schläger wie ein Mädchen halten«, meinte ich, als ich ins Innenfeld zurückkehrte, aber Scott hat so getan, als hätte er mich nicht gehört. Gemeine Menschen hassen es, wenn man auch zu ihnen gemein ist.

Nach dem Ende der Unterrichtsstunde mussten wir die Teams für die kommende Woche auswählen. Beide Teamleiter wollten mich wegen meines Homerun in ihrer Gruppe haben und fingen deshalb sogar einen Faustkampf an. Es war ziemlich aufregend. Aber als dann Mr. Brodsky endlich mitbekam, was los ist, und den Jungs befohlen hat aufzuhören, haben sie nicht auf ihn gehört. Und deshalb müssen sie jetzt das nächste Spiel aussetzen. Du hättest mal ihre Gesichter sehen sollen, als Mr. Brodsky ausgerechnet mich zu einem der neuen Teamleiter gemacht hat! Ich glaube allerdings, dass er das getan hat, um Miss Drabin schönzutun, aber das ist mir egal.

Nach der Schule habe ich Mom erzählt, wie sich die Jungs darum geschlagen hätten, mich in ihr Team zu bekommen, und auch sie wurde ganz aufgeregt. »Die Jungs raufen sich jetzt schon um dich«, meinte sie, als ob ich über einen Schulball reden würde. Ich glaube nicht, dass sie die Sache mit dem Homerun kapiert hat. Und deshalb habe ich Mom gar nicht erzählt, dass man mich zum Kapitän des Teams gewählt hat, denn sie hätte dann womöglich gedacht, ich sei zur Ballkönigin der Schule oder so was gewählt worden. Aber ich finde schon, dass die Sache in Ordnung geht, denn diese Jungs haben nur das bekommen, was sie verdienen.

Und ganz abgesehen davon, glaube ich, dass Mrs. Rivers mit dem, was sie heute gesagt hat, nicht Recht hat. Manchmal ist das Leben doch gerecht.

Ein aussagekräftiger Aufsatz

Vielleicht ist es ja wirklich so, wie alle behaupten, und ich bin tatsächlich irgendwie anders. Seit mir Mrs. Rivers diese B-Note, also eine Zwei, für meinen Familienaufsatz gegeben hat, kann ich nicht mehr »bin« sagen. Ich kann es zwar schreiben, aber ich habe viel zu viel Angst, es auszusprechen. Ich denke die ganze Zeit, dass ich für meine nächste Arbeit oder mein nächstes Quiz oder vielleicht sogar in meinem Zeugnis eine B-Note bekomme, wenn ich »bin« ausspreche. Lieber sterbe ich, als ein B in meinem Zeugnis zu haben! Aber erst mal solltest du überhaupt wissen, was mir mit diesem Aufsatz passiert ist. Das hier hat auf dem Aufgabenformular gestanden:

Aufgabe: Familienbiographie

Schreibe bis Freitag einen aussagekräftigen Aufsatz (einen Hauptsatz zum Thema und mindestens drei ergänzende Sätze mit eigenen Gedanken), in dem du die Mitglieder deiner Familie beschreibst. Wer will, kann sich Bonuspunkte holen, indem er mit zusätzlichen Beispielen seine wichtigsten Gedanken ergänzt. Verspätete Arbeiten werden nicht mehr angenommen.

Also, ich habe Folgendes geschrieben:

Zu meiner Familie gehören meine Mutter, mein Vater, mein Bruder und mein Vogel Chrissy (das war mein Hauptsatz zum Thema). Meine Mutter ist sehr hübsch, aber sie denkt nicht gerne nach (ergänzender Gedanke Nr. 1). Sie hat ihren Mund immer so geöffnet wie die Models auf den Fotos in Moms Zeitschriften, die angeblich so sexy sind, aber ich glaube, dass meine Mom einen solchen Mund macht, weil sie mich dann jederzeit anschreien kann, wenn ich etwas falsch gemacht habe (ergänzender Satz zum zusätzlichen Gedanken Nr. 1. Es ist eine Art Bandwurmsatz, aber ich habe ihn ohnehin nur für die Bonuspunkte geschrieben). Mein Vater ist keine echte Schönheit, aber ihm macht es wirklich Spaß, dauernd nachzudenken (ergänzender Gedanke Nr. 2). Wenn man Dad einmal nach seinen Gefühlen fragt, wechselt er zu einem Thema, über das man logisch nachdenken kann (ergänzender Satz zum zusätzlichen Gedanken Nr. 2). Mein vierzehnjähriger Bruder ist einmal mein bester Freund gewesen, aber seit kurzem dreht er seine Stereoanlage auf, schließt die Zimmertür ab und sperrt mich aus (ergänzender Gedanke Nr. 3). Ich glaube, er mag mich nicht mehr (zusätzlicher Satz zum ergänzenden Gedanken Nr. 3). Außerdem habe ich noch einen Wellensittich, der wie Chrissy aus der Fernsehserie *Three's A Company* heißt. Und David hat einen Wellensittich namens Jack (ergänzender Gedanke Nr. 3). Mom meinte, dass ein Vogel mit einem gelben Kopf besser zu den Farben in meinem Zimmer passen würde. Und Chrissy in der Serie hat blondes Haar (zusätzlicher Satz zum ergänzenden Gedanken Nr. 4). Obwohl Chrissy nur ein Vogel ist, ist sie jetzt meine beste Freundin (zweiter Ergänzungssatz zum ergänzenden Gedanken Nr. 4). Und zwar, weil sie das einzige normale Familienmitglied ist (zusätzlicher Satz zum zweiten Ergänzungssatz zum ergänzenden Gedanken Nr. 4).

In diesem Teil habe ich mich genau an die Aufgabe gehalten. Aber Mrs. Rivers meinte, ich würde nur eine A-Note, also eine Eins bekommen, wenn ich den restlichen Aufsatz neu schreibe und dabei die »richtigen Füllwörter« benutze. Und ich will unbedingt eine Eins. Damit sie zufrieden war, habe ich also alle Füllwörter, die auf der Liste für den aussagekräftigen Aufsatz standen, eingefügt: »obwohl«, »folglich«, »wie erwähnt«, »offensichtlich«, »zum Beispiel«, »jedoch«,

»insgesamt gesehen«, »im Gegensatz«, »mit anderen Worten«, »zusätzlich«, »überdies«, »nichtsdestoweniger«, »andererseits«, »ansonsten«, »vielleicht«, »früher«, »besonders«, »deshalb«, »doch«. Und ich habe nach dem Abschnitt, in dem ich Chrissy als meine beste Freundin bezeichnet habe, Folgendes geschrieben:
Insgesamt gesehen sind das die Mitglieder meiner Familie. Wenn man jedoch mehr über eine Person erfahren will, muss man ganz an den Anfang zurückgehen. Besonders bei Erwachsenen kann man nicht einfach irgendwo anfangen, wenn man nichts über ihre Herkunft weiß. Ansonsten ist das so, als ob man zu spät ins Kino kommen würde. Wenn man zum Beispiel den Anfang eines Films nicht mitbekommen hat oder irgendein großes Verbrechen geschieht, das den ganzen Film über aufgeklärt werden soll, blickt man nicht durch, um was es eigentlich geht. Deshalb muss man pünktlich im Kino sein, auch wenn viel Verkehr herrscht und man keinen Parkplatz bekommt.
Ich fange also mit Mom an, die in Salt Lake City, Utah, geboren wurde. Natürlich war ich damals noch nicht auf der Welt, aber Verwandte haben mir etwas über ihr Leben erzählt. Insbesondere haben sie mir gesagt, dass in der Gegend, wo Mom aufwuchs, die meisten Mormonen lebten, Mom aber aus einer jüdischen Familie kam. Außerdem fiel Moms Vater, der ein Schmuckgeschäft hatte, nach einem Herzanfall in seinem Laden einfach tot um, als Mom gerade mal sieben Jahre alt war. Und das ausgerechnet zur Mittagszeit. Und er war erst Mitte vierzig, damit zwar schon alt, aber noch viel zu jung, um zu sterben. Persönlich tut mir Mom sehr Leid, weil sie ihren Dad sehr gern in seinem Laden besucht hat. Der Grund, warum Mom so viel Spaß an Diamantringen hat, ist ganz offensichtlich, denn sie erinnern sie an den Schmuckladen ihres Vaters. Insgesamt gesehen ist das alles, was ich wirklich über Moms Leben vor meiner Geburt weiß.

Ansonsten sehe ich meine Mom jedoch immer als siebenjähriges Mädchen, weil sie in vielen Dingen immer noch wie ein Kind handelt. Sie weint zum Beispiel wegen ganz blöder Sachen. Immer wenn ich mir Moms Augen vorstelle, sind sie voller Tränen. Folglich trägt sie in ihrer großen Handtasche immer mehrere Päckchen Tempotaschentücher mit sich herum, und kaum dass ihre Augen tränenumflort sind, zieht sie ganz automatisch diese Tempotaschentücher raus. Mom weint insbesonders, wenn sie sich von Leuten verabschiedet, aber sie kann auch auf Kommando losheulen, und deshalb denke ich, sie wäre eine gute Schauspielerin geworden. Folglich wäre sie ganz besonders großartig in einer der dämlichen Soapoperas, die sie ganz besonders gerne sieht. Mit anderen Worten – sie ist eine sehr theatralische Person.

Überdies erwartet Mom genau wie ein Soapoperastar, dass die Leute auf sie warten. Zum Beispiel hat sie einfach keine Lust, sich Dinge zu merken, die sich Erwachsene normalerweise merken sollten. Wie etwa sich daran zu erinnern, wo man sein Auto im Einkaufszentrum geparkt hat oder wo man seine Hausschlüssel aufbewahrt hat. Oder zu wissen, wo man seine Handtasche hingetan hat, wenn die Kinder Geld für ihr Pausenbrot brauchen und schon zu spät für die Schule dran sind. So ruft Mom zum Beispiel jedes Mal, wenn sie gerade das Haus verlassen will, nach unserer Haushälterin, selbst dann, wenn sie Maria überhaupt nicht braucht. Dann muss ihr Maria jedes Mal sagen, dass sie ihre Sonnenbrille auf dem Kopf hat dass sie ihre Schlüssel in der Hand hat, und dass ihre Tochter bereits seit zehn Minuten draußen im Wagen wartet. Wahrscheinlich können sich andere Erwachsene an solche Sachen auch ohne eine Haushälterin erinnern.

Nichtsdestotrotz zieht sich Mom gerne wie eine schöne Frau an, obwohl sie sich wie ein Kind verhält. Zum Beispiel hat sie außer Einkaufengehen nur wenig andere Interessen.

Im Gegensatz dazu machen wir, wenn ich nach der Schule meine Freundinnen zu Hause besuche, Puzzles, malen oder backen etwas und spielen mit den Müttern Scrabble. Allerdings ist Shopping die einzige Sache, die ich mit meiner Mom unternehme. Was aber nie Spaß macht, weil sie Stunden damit verbringt, mich zurechtzumachen, obwohl man doch nur shoppt, um sich noch schönere Kleider zu kaufen als die, die man bereits hat. Zumindest ist das meine Meinung.

Letztendlich ist Ins-Kino-Gehen die einzige andere Beschäftigung, die Mom gerne mag. Besonders steht sie auf dämliche, romantische Filme, bei denen sie weinen und alle Tempotaschentücher benutzen kann, die sie in ihrer großen Tasche hat. Normalerweise mögen Mom und ich jedoch nicht dieselben Filme. Zum Beispiel hat ihr mein Lieblingsfilm »Star Wars« nicht gefallen, wahrscheinlich weil niemand in diesem Film shoppen gehen. Und außerdem meinte Mom, als der Film zu Ende war, nur, wie schön doch Prinzessin Leia sei. Wie immer hat sie mal wieder absolut nicht begriffen, um was es eigentlich geht.

Während meine Mom weint und schreit, ist mein Dad im Gegensatz dazu meist schweigsam. Erst einmal stammt mein Vater aus Washington, D.C., und als er auf der Highschool war, zog seine Familie nach Beverly Hills. Im Übrigen waren auch Dads Eltern schweigsam und sie starben, als ich etwa vier Jahre alt war. Deshalb weiß ich nur sehr wenig über seine Abstammung. Ich weiß jedoch, dass mein Vater sehr klug ist, sehr nervös, und am liebsten sehr viel Zeit in seinem Arbeitszimmer verbringt, insbesondere, wenn Mom weint, schreit oder sich mit dem Innenarchitekten trifft. Andererseits hat Dad viele Interessen wie zum Beispiel Schach, Fotografie, Politik, Kunstgeschichte und mechanische Dinge auseinander bauen.

Darüber hinaus ist Dad Börsenmakler, was bedeutet, dass

er den ganzen Tag über die Zahlen an der New Yorker Börse verfolgt und dabei versucht, den Mittelwert des Dow Jones auszutricksen, indem er Aktien auswählt, die er für besser hält. Will man zum Beispiel Aktien kaufen, dann versucht Dad herauszufinden, ob der Kaufpreis im Verhältnis zum Kurswert so gut steht, dass es sich lohnt zu kaufen, bevor alle anderen Börsenmakler das ebenfalls herausgefunden haben. Mit anderen Worten, man muss billig kaufen und teuer verkaufen. Persönlich glaube ich, dass Dad seinen Job deshalb so gut macht, weil er viel logischer denkt als alle anderen Börsenmakler.

Nichtsdestotrotz fällt mir Dad manchmal auf den Wecker, aber ganz anders als Mom. Zum Beispiel ist Dad netter als Mom, aber er tut gerne so, als würde er nicht merken, wenn Mom mich anschreit. Insbesondere sagt er nie etwas, wenn sie meint, ich sei für ein Mädchen abnormal oder ich würde mich viel zu sehr für Mathematik interessieren oder dass sie sich wirklich wünschen würde, dass ich nicht so außergewöhnlich wäre. Und vor allem sagt er niemals: »Du tust Lori unrecht. Sie ist wirklich sehr interessant, komisch, klug und hübsch, lass sie also in Ruhe.« Deshalb habe ich immer Angst davor, was Mom sagen könnte und Dad nicht sagen wird. Insgesamt gesehen ist das alles, was ich über meinen Vater weiß.

Schließlich habe ich über meinen Bruder oder meinen Vogel Chrissy nichts hinzuzufügen. Und zwar deshalb, weil ich mit David nur noch selten spiele, und Chrissy ist, wie ich schon gesagt habe, einfach zu normal, um über sie zu schreiben. Ende.

Der Aufsatz wurde durch diese ganzen Wörter wie »insbesondere« und »insgesamt«, die ich einfügen musste, wirklich ruiniert, aber wenn ich dafür tatsächlich eine Eins bekomme, soll mir das egal sein. Übrigens, weißt du noch, dass ich gesagt habe, ich würde sterben, wenn ich »bin« aussprechen müsste? Du musst nun wirklich keine Angst haben, dass ich sterbe, denn ich habe einen Weg gefunden, es wieder rückgängig zu machen, falls es mir aus Versehen doch rausrutscht. Ich wiederhole einfach nur exakt den Satz, in dem ich ein »bin« verwendet habe, sage aber anstelle des »bin« einfach ein »A«. Dann bin ich bis zum nächsten »bin« gerettet, und wenn es wieder passiert, dann wiederhole ich einfach das Ganze mit einem »A«. Allerdings flüstere ich es normalerweise, damit die Leute mich nicht für völlig bekloppt halten, obwohl Leslie und Lana jedes Mal die Finger kreuzen und bis dreizehn zählen, wenn sie an einem Friedhof vorbeikommen. Und trotzdem hat sie noch nie jemand für bekloppt erklärt.

Eine echte Frau isst keine Süßigkeiten

Ich glaube, du solltest auch über meine Sache mit den Bürgersteigen Bescheid wissen. Ehrlich gesagt, weiß ich gar nicht, warum ich überhaupt damit angfangen habe. Ich weiß nur noch, wann die ganze Sache losging. Es war am Mittwoch vor Thanksgiving. Normalerweise gehen Julie und ich gemeinsam zur Schule und wieder heim, weil wir im selben Viertel wohnen. Aber Julie war mit ihrer Familie wegen Thanksgiving nach New York gefahren, und deshalb musste ich allein nach Hause gehen. Ich habe Shorts getragen, weil es draußen warm und sonnig war, was es ja immer in Kalifornien ist. Und ich habe gedacht, was für ein Glück Julie doch hat, weil sie jetzt den Schnee sehen würde. Und dann musste ich einfach immer daran denken, dass wir keinen Schnee in Kalifornien haben und dass sich hier die Bäume nicht so schön verfärben und dass wir hier keine hübschen Häuser mit Mansarden und Kellergeschossen haben und dass wir das ganze Jahr über immer die gleichen Klamotten tragen und dass hier alle exakt gleich aussehen. Je länger ich darüber nachgedacht habe, desto mehr ist mir aufgefallen, dass sich in Kalifornien niemals irgendetwas verändert.

Und dann kam mir in den Sinn, dass wir in Kalifornien so gut wie nie Regen haben und was für ein langweiliger Staat das doch im Vergleich zu allen anderen ist, und dabei habe ich dann diese Frau auf dem Bürgersteig entdeckt, die aus der Ferne direkt auf mich zukam. Sie summte ein Lied und man hat gemerkt, dass sie ziemlich glücklich war. Also, ich konnte einfach nicht verstehen, wie sie in Kalifornien leben und gleichzeitig glücklich sein konnte. Es sei denn, sie verbrachte hier ihren Urlaub oder war da, um jemanden zu besuchen, aber das habe ich bezweifelt. Jedenfalls waren wir beide auf diesem Bürgersteig, der einfach so schmal war, dass eine von uns auf das Gras ausweichen musste, wenn wir aneinander vorbeikommen wollten. Und da die Frau hohe Absätze trug und ich nur Turnschuhe anhatte, wäre es für mich viel einfacher gewesen zur Seite zu gehen. Aber dann habe ich beschlossen, dass ich auf gar keinen Fall meinen Weg für jemanden aufgeben werde, den es nicht die Bohne interessiert, wie langweilig Kalifornien ist. Als wir schließlich so nahe beieinander waren, dass eine von uns Platz machen musste, habe ich der Frau direkt in die Augen gesehen und bin stur weitergegangen. Praktisch sind wir so gut wie zusammengeprallt, aber in letzter Sekunde ist die Frau auf den Rasen ausgewichen und hat mich vorbeigelassen. Allerdings hat sie dabei eine Art Seufzer ausgestoßen und hat auch zu summen aufgehört. Hinterher hat mir zwar alles Leid getan, aber ich habe wenigstens nicht ausweichen müssen, als ich keine Lust dazu hatte. Weil ich nämlich immer dann Dinge machen muss, wenn ich sie gerade nicht machen will.

Aber nun kommt der schlimmste Teil: Seit diesem Tag habe ich diese Sache mit dem Bürgersteig sogar dann gemacht, wenn Julie dabei war. Außerdem passe ich auf, dass keiner die markierten Begrenzungen übertritt. Glücklicherweise hat es Julie gar nicht bemerkt, weil wir nur noch selten zusammen nach Hause gehen, und morgens auf dem Weg zur Schule pennt sie immer noch vor sich hin. Julie verschläft an den meisten Tagen so heftig, dass sie nicht mal Zeit für das Frühstück hat. Deshalb packt ihr ihre Mom für unterwegs immer einen Bagel ein, der dick mit Diät-Frischkäse beschmiert ist. Was irgendwie sehr komisch ist, wenn man Julies Mutter kennt.

Julies Mutter macht ständig eine neue Diät, aber wenn du meine Meinung hören willst, dann merkt man nicht, ob sie dabei tatsächlich an Gewicht verliert. Ich weiß alles über ihre Diäten, weil Julie ständig darüber redet und mich damit zu Tode langweilt. Heute Morgen habe ich versucht, auf keine der Begrenzungslinien zu treten, als Julie mir von der neuesten Diät ihrer Mutter erzählt hat. Die Diäten von Julies Mom haben alle so Namen wie »Die Diät ohne Versuchung« oder »Abnehmen leicht gemacht« oder »Schlank in drei Tagen«. Die neue heißt jetzt »Die Originaldiät der Filmstars«. Wahrscheinlich, weil dann die Leute glauben, dass jeder Filmstar sich jahrelang nach dieser Diät gerichtet hat. Was völliger Quatsch ist, weil fast alle Filmschauspieler die ganze Zeit über in schicken Restaurants essen.

Obwohl einer ein ganzes Buch darüber hat schreiben müssen, könnte ich dir sofort in einem einzigen Satz erklären, um was es bei dieser Originaldiät der Filmstars geht. Grundsätzlich ist es so, dass man eine Woche lang nur ein bestimmtes Lebensmittel essen darf, davon aber so viel man will. Diese Woche isst Julies Mom nur Bananen, aber wenn sie will, Unmengen davon. Nächste Woche nur Fleisch und in der Woche darauf wird sie dann nur Brot essen. Was danach kommt, weiß ich nicht, aber deshalb muss man doch meiner Meinung nach noch lange kein komplettes Buch darüber schreiben.

Als ich einmal bei Julie zu Hause war, habe ich in einigen Diätbüchern ihrer Mom geblättert, weil ich einfach wissen wollte, warum man so viele Bücher braucht, um herauszufinden, was man essen darf. Aber in jedem Buch stand etwas anderes drin. In einem konnte man zum Beispiel lesen, dass man eine Menge Kohlenhydrate essen solle, um Energie zu bekommen. In einem anderen stand aber, dass man auf gar keinen Fall Kohlenhydrate essen solle, weil sie dick machen würden. Doch in keinem davon wurde auch nur annähernd erklärt, was Kohlenhydrate überhaupt sind. In einem Buch hieß es, dass Kohlenhydrate eine Scheibe Brot seien, in einem anderen, dass sie eine Schüssel Nudeln seien. Das ergab einfach keinen Sinn. Und vielleicht ist das der Grund, warum Julies Mutter grundsätzlich nicht abnimmt.

Julie hat mir also heute auf dem Weg zur Schule erzählt, dass sie vielleicht auch diese Originaldiät der Filmstars macht. Ich habe ihr gesagt, dass sie meiner Meinung nach nicht dick ist, aber Julie hat gemeint, ihre Mom möchte, dass sie ein paar Pfunde verliert, um als Teenager nicht mollig und traurig zu sein. Sie hat sie sogar zu einer Ernährungsberaterin geschickt, die einen Speiseplan für sie entwickelt hat, aber Julie hat bei diesen Speiseplänen immer nur Hunger. Ich gestehe, dass ich Julie heute ein bisschen in den Körper gezwickt habe, weil ich einfach nur herausfinden wollte, ob sie wirklich dick ist und ich das bisher nur nicht bemerkt habe. Aber ich glaube immer noch nicht, dass sie zu viel Speck auf den Rippen hat. Es stimmt schon, dass sie eine größere Jeansgröße als die anderen Mädchen in der Schule trägt, aber schließlich ist sie ja viel größer als wir alle. Sie ist im letzten Jahr ungefähr fünfzehn Zentimeter gewachsen.

Deshalb klaut Julie wahrscheinlich manchmal aus der Cafeteria Muffins. Als ich das erste Mal mitgekriegt habe, dass sich Julie ein Muffin gemopst hat, wollte ich sie gleich verpetzen, aber erstens bin ich keine Petze, und zweitens kann ja Julie, wenn man's genau bedenkt, gar nichts dafür. Deshalb war ich schon fast so weit, bei dieser Hotline für misshandelte Kinder anzurufen, weil ich es wirklich schrecklich finde, dass Julies Mom sie fast verhungern lässt. Ich habe im Fernsehen diesen Werbespot gesehen, in dem sie einem sagen, dass man bei dieser Hotline anrufen kann und dass sie den Anrufer auf gar keinen Fall verraten werden. Julies Mom kann ziemlich laut losbrüllen und deshalb dürfte sie auf gar keinen Fall erfahren, dass ich sie dort angeschwärzt habe. Wahrscheinlich würde ich einen Herzanfall bekommen, wenn sie nach der Schule zu uns rüberkommt und mich anschreien würde.

Aber schließlich ist es nicht dazu gekommen, dass ich bei der Hotline angerufen habe. Und zwar deshalb, weil mir klar wurde, dass Julies Mom auch nicht sehr viel anders als alle anderen Mütter ist. Und ich habe ja nicht vor, die ganze Stadt anzuzeigen. Schließlich reden alle Mütter begeistert über ihre Diäten und dass man auch mit Bergen von Salat richtig satt werden kann. Vor Hochzeiten und anderen festlichen Anlässen essen sie immer Berge von Salat, damit sie ihre sexy Kleider tragen können. Ich würde halt einfach eine andere Kleidergröße kaufen, nämlich die, die mir passt, anstatt fünf Tage hintereinander zu hungern, aber die Mütter meiner Freundinnen hungern sich lieber alle zu Tode.

Doch in diesem Jahr begann nun Julies Mom auch uns Mädchen zum Hungern zu verleiten, obwohl wir nicht einmal sexy Kleider haben, in die wir passen müssen. Jedes Mal, wenn ich bei Julie zu Hause esse, meint ihre Mom: »Also, Mädchen, vergesst nicht, hört dann zu essen auf, wenn ihr noch nicht ganz satt seid.« Was absolut keinen Sinn ergibt, weil die ganze Sache mit dem Essen doch nur den einen Grund hat, endlich satt zu werden.

Und jetzt hat meine Mutter auch noch damit angefangen. Gerade als ich nach der Schule diese Hotline anrufen wollte, stand ich in der Küche und backte Toll-House-Kekse auf und als ich mir einen zweiten Keks reinstecken wollte, meinte Mom, ich solle die Kekse für die »Jungs« aufbewahren. Damit meinte sie Dad und David. Ich habe Mom gefragt, warum sie mir die Kekse vorenthalten will, wo ich sie doch für mich gebacken habe. Und außerdem schmecken sie gar nicht mehr, wenn sie kalt sind. Doch Mom hat mir nicht erklärt wieso. Sie wiederholte nur ständig, dass man die süßen Sachen immer für die Jungs aufhebt, genauso wie sie immer meint, dass man sich eine Serviette auf den Schoß legen soll oder »vielen Dank« sagen muss, wenn jemand die Klamotten toll findet, die man anhat. Ich hätte ihr gerne gesagt, dass ich diese Regel einfach blöd finde, aber dann hätte ich ja wieder die ganzen anderen Regeln gebrochen, die ich jetzt einhalten muss, weil ich älter bin, wie: »Sag bloß nicht, was du wirklich denkst!« und »Sprich bloß nicht in diesem sarkastischen Ton!«

Darum habe ich gar nichts gesagt, dann fiel mir aber plötzlich ein, dass Mom in der Konditorei immer Sachen kauft, die sie nie isst. Und jedes Mal, wenn ich einen Kuchen oder ein paar Kekse essen will, kommt wieder diese Ansage, ich solle sie doch bitte für die Jungs aufbewahren. Irgendwie verstehe ich ja noch, dass ich das Süßzeug Dad überlassen soll, denn er ist ein Erwachsener und man soll ja seine Eltern respektieren und so. Aber dass man auch noch seinen Bruder respektieren soll, diese Regel war mir neu. Also habe ich irgendwann Mom gefragt, warum ich denn die süßen Sachen für David aufheben soll, wenn andererseits keiner erwartet, dass er mir seinen Nachtisch abgibt.

Dieses Mal hat Mom es mir erklärt: »David ist ein Junge in der Pubertät und braucht eine Menge Energie«, meinte sie. Daraufhin habe ich Mom gefragt, warum ich nicht dasselbe essen kann wie er, denn schließlich bin ich ein Mädchen im Wachstum. Ich werde ja bestimmt nicht mein Leben lang nur einen Meter zweiundvierzig sein. Und Dad wächst außerdem schon seit ewigen Zeiten nicht mehr. »Das hat damit nichts zu tun«, war ihre ganze Antwort. Mom tut sich wirklich schwer, einem etwas zu erklären, deshalb überlässt sie es immer Dad, die ganzen Warum-Fragen zu beantworten. Und wenn Dad nicht da ist, dann verbietet sie mir einfach »warum« zu fragen. Also habe ich nicht »warum« gefragt, als ich einmal mitten in der Nacht nach unten ging, um mir etwas zu trinken zu holen, und dort Mom entdeckt habe, die sich über die Küchenspüle beugte und Schokoladenstreuselkekse in den Mund stopfte. Ganz, ganz ehrlich – seitdem habe ich nie wieder »warum« gefragt.

Und noch was ist mir aufgefallen. Immer wenn wir in ein Restaurant gehen und Mom ihren Teller nicht leert, weil sie satt ist, bietet sie den Rest David oder Dad an, aber niemals mir. Mal abgesehen davon, dass sie die beiden auch nicht fragt: »Möchtet ihr was von meinem Hühnchen?« Sie zeigt einfach mit einem ihrer langen Fingernägel auf ihren Teller, verzieht völlig angewidert ihr Gesicht und meint dann: »Ich schaff das allein nicht.« Wirklich komisch daran ist, dass Mom erst gar nicht abwartet, ob David oder Dad noch mehr essen wollen. Sie schiebt es ihnen einfach auf den Teller und erklärt dabei, dass sie pappsatt sei. Aber das kann nicht stimmen, denn wenn sie angeblich so satt ist, warum schleicht sie dann mitten in der Nacht nach unten in die Küche und stopft sich mit Plätzchen voll?

Elefantenschenkel

Ich schwöre dir, den Valentinstag finde ich echt zum Kotzen. Das ist ein total verlogener Feiertag. Mr. Miller, unser Lehrer vom Referatszimmer, hat angeordnet, dass wir jedem einzelnen Schüler in der Klasse eine Valentinskarte schenken müssen, sogar denen, die wir nicht leiden können. Und deshalb haben wir heute alle die exakt gleichen Valentinskarten bekommen, obwohl jeder von uns weiß, dass Chris Caplan niemals freiwillig dieser fetten Eveyln, die in der Nase bohrt und die Popel unter ihren Pultrand schmiert, eine Karte geschenkt hätte. An allen übrigen Tagen nennt er sie nur das Popel-Mädchen, doch heute hat er ihr eine Karte gegeben und reingeschrieben »Alles Gute zum Valentinstag«.

Eigentlich erzähle ich dir das über Chris nur, weil Samantha ihn zu ihrer großen Valentinstagparty eingeladen hat, die nach der Schule bei ihr stattfand. Zwar habe ich schon öfter die Partys bei Samantha besucht, aber dieses Mal bin ich zum ersten Mal auf eine »Jungs-Mädchen«-Party gegangen, wie Mom das zu nennen pflegt. Mom meinte, diese würde sich von den normalen Partys unterscheiden, weil man da Spiele wie »Flaschendrehen« machen würde. Und deshalb habe ich sie gefragt, woher sie jetzt schon weiß, was wir machen werden. Und da hat sie zugegeben, dass sie die Einladung auf dem Schreibtisch gesehen hat. Ich kann dir sagen, heutzutage hat man kein Privatleben mehr.

Jedenfalls hat die Einladung, die Mom entdeckt hat, wie eine Zeitungsanzeige ausgesehen, nur dass nicht »Verkäuferinnen gesucht« draufstand, sondern »Gäste für eine Party gesucht«. Und wenn man die Einladung geöffnet hat, stand da »Erfahrung nicht nötig«. Haha. Wer auch immer sich diese Einladung hat einfallen lassen, fand das wohl besonders komisch. Aber Samantha hält sich für noch viel komischer. Samantha hat auf der Innenseite meiner Einladung die Sache mit der Erfahrung, die nicht nötig ist, mit einem knallroten Markierstift unterstrichen. Und dahinter hat sie dann mindestens einhundert Ausrufezeichen gemalt. Wirklich sehr komisch. Bestimmt hat das Samantha nur deshalb getan, weil Tracy Karp ungefähr vor einem Monat zu einer »Jungs-Mädchen«-Party eingeladen hat – die erste, die von einer aus unserer Klasse überhaupt veranstaltet wurde –, zu der ich aber nicht eingeladen war. Zum Teil deshalb, weil ich ja nicht mehr so beliebt bin, aber vor allem, weil Tracy mich hasst, weil ich sie meine Hausaufgaben nicht abschreiben lasse. Ich habe zu Tracy gesagt, wenn sie wirklich meine Freundin sein möchte, müsste es ihr völlig egal sein, ob sie meine Hausaufgaben abschreiben darf oder nicht. Aber Tracy hat geantwortet, ich würde nur dann eine wirklich gute Freundin sein, wenn sie von mir abschreiben darf. Daraufhin habe ich gemeint, falls ich diesen Quatsch glauben würde, wäre ich wohl so dumm, dass es sich gar nicht erst lohnen würde, die Hausaufgaben von mir abzuschreiben. Aber Tracy hat mich trotzdem fallen gelassen. Natürlich hat auch sie mir heute eine Valentinskarte geschenkt, aber nur wegen dieser verlogenen Regel von Mr. Miller.

Jedenfalls haben alle, die letzten Monat auf Tracys Party waren, danach so getan, als ob sie nun alles übers Küssen wüssten. Irgendwie war mir schon klar, dass sie in gewisser Weise ganz schön geflunkert haben. Aber jedes Mal, wenn ich mir die Einladung angesehen habe, bekam ich Panik, dass alle, die auf Tracys Party waren, auf der Party von Samantha sexy aussehen würden – außer mir natürlich. Obwohl ich, ehrlich gesagt, gar nicht so genau weiß, was sexy eigentlich heißt. Ursprünglich habe ich mal gedacht, es würde nur hübsch bedeuten – dass man halt ein hübsches Gesicht hat oder schönes Haar oder ein nettes Lächeln oder so was. Aber in letzter Zeit frage ich mich nicht mehr oft, ob ich hübsch, sondern ob ich sexy bin. Oder sexy und noch hübsch dazu. Falls so was überhaupt möglich ist.

Vor ein paar Tagen hatten wir diese Hitzewelle und deshalb waren ein paar Freunde von David zum Schwimmen da. Als ich meinen Absprung vom Sprungbrett geübt habe, konnte ich hören, wie Phillip, der Freund von David, gesagt hat, ich hätte »eine Figur«. So was zu sagen ist ja nun wirklich ulkig, denn schließlich habe ich schon immer eine Figur gehabt. Doch dann habe ich nur gedacht, dass man wahrscheinlich erst dann wirklich wahrgenommen wird, wenn man eine bestimmte Art von Figur hat oder eben irgendwie eine sexy Figur. Also habe ich David gefragt, ob er meine Figur sexy findet, und er hat geantwortet, ich sei schon in Ordnung und ich solle aufhören mir jetzt schon den Kopf darüber zu zerbrechen, weil ich mir als Teenager noch genug Gedanken darüber machen würde.

Trotzdem ist es mir einfach nicht aus dem Kopf gegangen, dass Phillip gemeint hat, ich hätte eine Figur. Es hat mich irgendwie geärgert. Und deshalb habe ich mich an diesem Abend, bevor ich ins Bett gegangen bin, vor meinen großen Spiegel gestellt und versucht herauszufinden, weshalb ich ganz plötzlich eine Figur habe. Vermutlich bin ich da wohl eine Ewigkeit gestanden. Aber ich konnte mich so lange betrachten wie ich wollte, ich habe mich einfach nicht sexy gefühlt. Wenn ich ehrlich bin, dann fülle ich ja noch nicht einmal einen Sport-BH richtig aus, ganz im Gegensatz zu Leslie und Lana, die am liebsten wie Zwillinge in Baseball-Shirts mit hellroten Ärmeln herumlaufen, wo auf dem Vorderteil in Glitzerschrift »Verein der klitzekleinen Brüstchen« aufgedruckt ist, damit auch ja jeder hinguckt.

Jedenfalls habe ich weiterhin versucht herauszufinden,

durch was man sexy wirkt, und dabei sind mir die Leute aus *A Chorus Line* eingefallen. Die waren ganz eindeutig sexy. Letzten Sommer habe ich mir mit meiner Großmutter *A Chorus Line* angesehen, das Musical, in dem es darum geht, dass eine Menge wunderschöner Tänzerinnen und Sängerinnen in dieser ganz großen Show auftreten wollen. In diesem Stück hat es einen Song gegeben, der »Tits And Ass« heißt, und obwohl Oma jedes Mal zu husten anfing, wenn die Sängerin die Wörter »Titten« und »Arsch« gesungen hat, hat es mich auf den Gedanken gebracht, dass vielleicht genau diese Dinge einen sexy machen – die Titten und der Arsch. Die, die den Song gesungen hat, hatte ziemlich große Brüste und ich vermute mal, dass ihr Hintern auch in Ordnung war.

Ich habe also in den Spiegel geschaut und dabei überlegt, ob ich vielleicht dann sexy wirken würde, wenn ich auch solche Brüste hätte. Dann bin ich zu meinem Schrank gegangen und habe etwas gesucht, was ich unter mein T-Shirt stopfen konnte. Ich wollte zwei Baseball-Bälle drunterklemmen, obwohl ich eigentlich eher eine Softball-Spielerin bin, aber diese Bälle waren echt zu groß. Ich hatte sowieso nur einen Baseball, also habe ich einen Baseball und einen Softball genommen, doch damit habe ich nicht sexy, sondern irgendwie schwachsinnig ausgesehen. Und auch mit den beiden riesigen Softball-Bällen unter meinem T-Shirt habe ich bescheuert gewirkt, weil mein Körper ansonsten ziemlich dünn ist. Und das ist schon merkwürdig, weil meine Barbiepuppe trotz ihrer riesigen Brüste zu der ansonsten dünnen Figur nie so ausgesehen hat. Schließlich kam mir dann die Idee, ich könnte stattdessen eine Handvoll Papiertaschentücher in meinen Sport-BH stopfen. Aber alle reden ja immer von Papierknappheit, und ich wollte nicht auch noch die Bäume dezimieren. Du kannst mir glauben, ich hätte eine Menge Papiertaschentücher gebraucht, um wie Barbie zu wirken.

Weil ich aber auf Samanthas Party unbedingt sexy aussehen wollte, habe ich heute vor der Schule bestimmt an die hundert verschiedener Klamotten ausprobiert. Schließlich habe ich mich dann für meinen blauen Hosenrock und das regenbogenfarbene T-Shirt, das über der Brust spannt, entschieden und meine Goldkette. Meiner Meinung nach habe ich damit ganz gut ausgesehen, aber dann habe ich beim Frühstück die Schachkolumne gelesen und daneben war das Foto von einem Model, das eine weiße Spitzenbluse mit diesen langen fließenden Ärmeln anhatte. Die Frau auf dem Foto hat zu dieser Bluse enge Jeans getragen und obwohl ich nicht genau sagen konnte, was es nun war, war mir klar, dass sie wirklich sexy ausgesehen hat. Also bin ich nach dem Frühstück nach oben gerannt und habe meine weiße Spitzenbluse angezogen, meine engen schwarzen Jeans und meine neuen Korkese-Sandalen. Zwar habe ich mich danach auch nicht sexy gefühlt, aber ich konnte mich nicht noch einmal umziehen, weil ich mich beeilen musste, um in die Schule zu kommen, denn Mr. Miller verliest schon nach dem zweiten Klingeln die Anwesenheitsliste. Und er verteilt sehr gern Strafpunkte fürs Zuspätkommen.

Samanthas Party ging erst um sechzehn Uhr los und ich konnte es vor lauter Aufregung gar nicht mehr erwarten, dorthin zu gehen, um Chris endlich zu treffen. Er ist absolut mein Typ. Mom erklärt ständig, was für aufregende Männer doch diese ganzen Filmstars wie Robert Redford oder Burt Reynolds seien, aber für mich sehen die alle nur wie diese Väter aus, die eben längere Haare haben und sonnengebräunt sind. Chris sieht absolut nicht wie Robert Redford aus und trotzdem finde ich ihn total süß. Außerdem kann er sogar Schach spielen. Und er ist in mich verknallt. Dass Chris auf mich steht, habe ich herausgefunden, als Leslie mitbekommen hat, wie Chris seinem besten Freund Michael im Klassenzimmer etwas zugeflüstert hat. Leslie hat erzählt, dass Chris zu Michael gesagt hätte, dass er mich mag. Aber als ich Leslie fragte, was er denn nun ganz konkret gesagt hätte, da hat sie geantwortet, dass sie sich nicht mehr erinnern könne. Ich glaube, Leslie steht auch auf Chris.

Trotzdem wusste ich, dass es stimmt, denn einige Tage später hat eine Gruppe von uns nach der Schule im Schulhof einen Tanz zu der Musik von *Welcome Back, Kotter* einstudiert. Tracys Mom hat uns diesen extrem langsamen, sexy Tanz für eine Talentshow beigebracht. Einige der Jungs, die draußen Ball spielten, kamen rüber und haben uns zugesehen und sich über uns lustig gemacht, dass wir furchtbar schwerfällig aussehen würden. Aber Tracys Mom hat uns erklärt, dass das halt so ihre Art sei, mit uns zu flirten. Was überhaupt keinen Sinn ergibt, denn wenn man jemanden echt mag, dann sollte man sich doch nicht über ihn lustig machen. Ganz bestimmt würde ein Robert Redford eine Barbra Streisand niemals als schwerfällig bezeichnen, um ihr damit klarzumachen, dass er auf sie abfährt. Jedenfalls haben wir auf dem Schulhof unsere Hüften geschwungen und irgendwann habe ich sogar vergessen, dass die Jungs da waren. Ich glaube, das war das erste Mal, dass ich mich wirklich sexy gefühlt habe, aber inzwischen kann ich mich einfach nicht mehr daran erinnern, was das eigentlich für ein Gefühl war. Es hat ja nur ein paar Sekunden gedauert. Aber alle haben behauptet, dass Chris mich die ganze Zeit über angestarrt hätte und deshalb konnte ich es kaum erwarten, ihn auf Samanthas Party zu treffen.

Das Problem mit Samanthas Party war, dass erstens alle da waren, die auch schon Tracys Party besucht hatten, und zweitens, dass alle die gleichen Spitzenblusen und Korkese-Sandalen trugen wie ich. Vor allem aber hatte Mom Recht behalten, weil »Flaschendrehen« gespielt wurde. Und als schließlich Chris die Flasche drehte und diese auf mich deutete, haben alle, die auf Tracys Party waren, zu lachen angefangen und Witze darüber gerissen, wie sehr ich doch in

Chris verknallt sei. Sogar Chris war richtig gemein. Aber ich vermute jetzt mal, dass es ja sein könnte, dass er eigentlich mit mir geflirtet hat. Aber du kannst mir glauben, dass man das, was wir da gemacht haben, nicht gerade als Küssen bezeichnen kann. Die Spielregel lautete, dass sich unsere Lippen sechzig Sekunden lang berühren müssten, und mehr ist auch nicht passiert. Aber wie soll man denn in eine romantische Stimmung kommen, wenn um einen herum ein Haufen Kids im Kreis sitzen, die man gut kennt und die in voller Lautstärke bis sechzig zählen.

Dann war ich an der Reihe, die Flasche zu drehen. Ehrenwort, ich habe das wirklich nicht mit Absicht gemacht, aber die Flasche ist zufällig direkt vor Chris gelandet, woraufhin sofort alle gleichzeitig loskreischten: »Ooooooh!« Den Spielregeln nach hätten Chris und ich fünf Minuten lang zusammen in einem Schrank stehen müssen, doch da sind wir dann doch nicht hineingeklettert. Stattdessen gingen wir ins Fernsehzimmer. Samanthas Vater arbeitet beim Fernsehsender ABC und deshalb besitzt ihre Familie einen extra Raum, in dem nur ein Fernseher mit Großbildschirm und eine Beta-Max-Maschine stehen. Als wir reingingen, hat sich Chris eine Handvoll Kartoffelchips in den Mund gestopft, was ich persönlich irgendwie ziemlich dumm fand, falls er vorhatte, mich zu küssen. Es waren nämlich welche mit Zwiebelaroma. Bestimmt würde Robert Redford so was auch nicht machen.

Doch das war auch egal, weil sich schließlich herausstellte, dass sich Chris sowieso viel mehr für den riesigen Fernseher als für mich interessierte. Die ganzen fünf Minuten saßen wir meterweit voneinander entfernt auf diesem riesigen weichen Sofa. Keiner hat auch nur ein Wort gesprochen. Nur einmal hat Chris mich gefragt, ob ich Kartoffelchips haben möchte. Da ich nichts anderes zu tun hatte und er ganz offensichtlich nicht vorhatte, mich zu küssen, habe ich welche genommen. Ansonsten habe ich mich die ganze Zeit über gefragt, was wohl passieren würde, wenn ich nicht mehr allein aus diesem weichen Sofa hochkommen würde. Dann hat uns jemand abgeholt und wir sind wieder zurück ins Wohnzimmer gegangen, wo uns alle mit Kussgeräuschen begrüßt haben, obwohl wir uns doch überhaupt nicht geküsst hatten. Scheiß Jungs-Mädchen-Party!

Bestimmt wäre ich gestorben, wenn wir weitergespielt hätten. Aber die Jungs sind dann ganz plötzlich im Fernsehzimmer verschwunden und die Mädchen sind alle ins Badezimmer gerannt, um unzählige Male ihre Haare vor dem Spiegel in Form zu schütteln. Weil ich das hasse, habe ich einfach draußen im Flur gewartet. Und da habe ich dann mitbekommen, wie die Jungs über uns geredet haben. Sie haben Michael aufgezogen, weil er total in Tracy verliebt ist, ich aber glaube, er wollte es einfach nicht zugeben. Und als dann alle so Bemerkungen losließen wie »Oh, Tracy, ich liebe dich soooo sehr«, hat Michael so getan, als sei ihm das völlig egal. »Ja, klar. Sie hat Schenkel wie ein Elefant«, meinte er, was auf Tracy absolut nicht zutrifft, auch wenn sie nicht gerade so dünn wie Leslie und Lana ist. Aber als Michael das gesagt hatte, haben sie ihn nicht mehr aufgezogen. Es scheint wohl so zu sein, dass es einfach unmöglich sein kann, ein Mädchen zu mögen, das so dicke Schenkel hat.

Irgendwie hätte ich gern herausbekommen, was Chris über mich denkt, aber dann sind die Mädchen wieder aus dem Badezimmer zurückgekommen. Und dann fingen wir alle an, uns mit Kartoffelchips zu bewerfen, und ich habe dabei die ganze Zeit nur an die Fernsehshow *Happy Days* gedacht. Da gab es diese eine Folge, in der Ritchie mit einem wirklich klugen Mädchen ausgeht und Fonzie ihn gefragt hat: »Hast du eine heiße Verabredung mit Miss IQ?« Fonzie war total sarkastisch, weil er dachte, dass dieses intelligente Mädchen ein echter Reinfall sei. Doch das Mädchen, das sie

Miss IQ nannten, war wirklich sehr hübsch, obwohl sie beim Rendezvous diese hässliche schwarze Hornbrille tragen musste, damit sie auch wirklich intelligent aussah. Als ob man nicht gleichzeitig hübsch und klug sein kann. Die Fernsehserie ist mir eigentlich nur eingefallen, weil ich mir gewünscht habe, dass die Jungs Chris fragen würden: »Wie war es denn, Miss IQ zu küssen?«, falls sie im Fernsehraum auch über mich reden würden. Ganz ehrlich, es ist mir viel lieber, Miss IQ als Elefantenschenkel genannt zu werden, auch wenn es als Beleidigung gemeint ist. Es gibt wohl nichts Schlimmeres, als Elefantenschenkel genannt zu werden.

Und als ich dann von der Party nach Hause kam, wollten Mom und Dad wissen, ob ich mich gut amüsiert hätte. »Ja, war schon okay«, habe ich geantwortet, was eine Lüge war. Aber wenn man auf die Fragen meiner Eltern nur mit einem »Ja« oder »Nein« antwortet, fangen sie an, jede Menge neugieriger Fragen zu stellen. Deshalb bin ich langsam nach oben gegangen, aber vermutlich hat Mom gemerkt, dass ich nicht gerade begeistert war. Und deshalb hat sie mich gebeten, wieder zurückzukommen, weil sie mir ein paar Ratschläge geben wollte, damit ich in Zukunft auf einer Jungs-Mädchen-Party mehr Spaß hätte.

Damit ich mich auf meiner nächsten Party besser amüsieren könnte, hat Mom vorgeschlagen, dass ich wie die anderen Mädchen auch ein bisschen Lipgloss auftragen solle, damit meine Lippen glänzen. Außerdem erklärte sie mir, eine Frau müsse unbedingt Make-up tragen, damit ein Mann sie anziehend findet, und dass eine Frau sogar dann, wenn sie nur um die Ecke in den Supermarkt ginge, unbedingt Lippenstift auftragen solle, weil man ja nie wisse, wem man begegnen würde. Meine Mom besitzt ungefähr zwanzig verschiedene Lippenstifte und sie läuft immer irgendwelchen Leuten über den Weg, wenn sie zum Einkaufen geht.

Ich habe Mom erklärt, dass ich nicht vorhabe, mich zu

schminken, auch dann nicht, wenn ich älter bin. Doch daraufhin hat sie nur gemeint: »Wie kannst du nur ohne einen Hauch von Lipgloss aus dem Haus gehen?« Als ob eine Frau, die ohne Lipgloss aus dem Haus geht, aus heiterem Himmel vom Blitz getroffen werden könnte und getötet würde. »Ich mach einfach die Tür auf und geh raus«, war meine Antwort. Aber daraufhin hat Dad gemeint, ich solle mit Mom ja nicht in diesem Ton reden, und Mom hat gemeint: »So spricht keine Dame!«

Wenn ich jetzt darüber nachdenke, weiß ich nicht, was ich mehr zum Kotzen finde: den Valentinstag oder wie eine Dame zu sein.

Sexualkundeunterricht

Heute haben wir in der Schule endlich etwas über Sex gelernt. Ich war besonders aufgeregt, weil ich schon das ganze Jahr über darauf gewartet habe, endlich etwas von jemand anderem als von Mom und Dad darüber zu erfahren. Als ich ihnen nämlich die Frage gestellt habe: »Wenn Sex sich in der Vagina abspielt, für was sind denn dann die Brüste da?«, hat Dad nur gemeint: »Wie wär's mit einer Runde Schach nach dem Abendessen?« Und Mom ist tags darauf mit mir zur Bibliothek gegangen und hat ein paar Bücher für mich herausgesucht, weil sie meine Fragerei hasst. Allerdings waren das ziemlich blöde Bücher. Sie hatten Titel wie: »Was geht in mir vor?« Und es waren eine Menge Farbtafeln von Jungs und Mädchen drin, die alle unterschiedlich große Stellen mit Schamhaar hatten. Die Stellen mit dem Schamhaar wurden von Seite zu Seite größer, bis die Jungen und Mädchen auf der letzten Seite endlich zu Mann und Frau herangewachsen waren. Der Schluss sollte wohl die große Überraschung sein.

In einem Buch allerdings war eine Frau mit blonden Haaren abgebildet, aber ihre Schamhaare waren schwarz. Daraufhin habe ich mir überlegt, ob es vielleicht als sexy empfunden wird, wenn man sich die Haare im Bereich der Vagina schwarz färbt. Aber als ich Mom danach fragte, kicherte sie nur, starrte auf ihre Pumps, drehte sich dann zu Dad und meinte: »Hast du gehört, was Lori gerade gefragt hat?« Vermutlich hieß das, dass schwarze Vagina-Haare nicht sexy sind, aber erstaunlicherweise hat David meine Frage beantwortet. Er hat mir erklärt, dass die Frau auf dem Foto nicht diese anderen Haare färbt, sondern ihr Kopfhaar blond gefärbt hat. Danach hat er mich den ganzen Tag über nur noch als Vollidiotin bezeichnet, was mir völlig schnuppe war. Ich war ziemlich überrascht, dass er etwas über Sex wusste. Schließlich haben wir ja dieselben Eltern. Danach bin ich ziemlich neugierig auf Sex geworden. Aber als ich heute mehr darüber erfahren habe, fand ich es gar nicht mehr so aufregend. Weil ich nichts wusste, habe ich vermutlich angenommen, dass es irgendwie was völlig Übersinnliches ist und man dabei nur noch Sternchen und Feuerwerksraketen oder so was sieht. Aber das Beste an diesem ganzen Sexualkundeunterricht war die Sache mit der Geburt eines Kindes. Ich kann dir sagen, das war absolut übersinnlich.

In dem Film, den wir in der Schule gesehen haben, hat eine Frau ein kleines Mädchen auf die Welt gebracht. Ihr Ehemann war auch anwesend und hat die ganze Zeit über ihre Hand gehalten. Die Frau hat gelächelt und die Ärzte haben ständig wiederholt, dass alles ganz wunderbar laufen würde, obwohl sie schwer keuchte und wie ein Schwein geschwitzt hat. Es sah nicht so aus, als ob das besonders viel Spaß machen würde. Aber mit einem Mal geschah dann das absolut Übersinnliche! Plötzlich schoss da dieses Köpfchen vom Baby heraus! Und dann war das Baby geboren und sie stellten fest, dass es ein Mädchen war. Der Arzt hat der Mutter das Baby gereicht. Obwohl ich ja eigentlich nicht unbedingt auf diesen sentimentalen Kram stehe, kamen mir fast die Tränen, als die Musik eingesetzt hat und sie eine Nahaufnahme vom Gesicht der Mutter gezeigt haben. Aber dann habe ich doch nicht geheult, weil unsere Biologielehrerin Mrs. Jacobs diese Neonbeleuchtung an der Decke, von der ich immer Kopfschmerzen bekomme, angeschaltet hat. Das hat einem wirklich die ganze Stimmung verdorben. Mal abgesehen davon, dass ich es gar nicht erwarten konnte heimzukommen, um David zu sagen, was er alles verpasst, weil er ein Junge ist.

David war drüben bei Phillip, als ich nach Hause kam, aber Mom stand vor ihrer Kleiderkammer und hängte ein paar neue Kleider auf, die sie gerade gekauft hatte. Ich war wegen dieser ganzen Geschichte mit der Geburt total aufgeregt und wollte unbedingt wissen, wie es bei meiner Geburt war. Nach dem Film in der Schule hat mir nämlich ein Mädchen aus meiner Klasse, das Felicity heißt, gesagt, dass ihre Mutter ihr jedes Jahr an ihrem Geburtstag erzählt, dass der Tag, an dem Felicity geboren wurde, der glücklichste Tag in ihrem Leben gewesen sei. Ihre Mom hat sie Felicity genannt, weil das auf Spanisch »glücklich« heißt. Und das stimmt wirklich, denn ich habe unsere Haushälterin Maria gefragt, und die spricht praktisch gesehen nur Spanisch.

Als ich dann Mom gefragt habe, wie für sie denn der Tag meiner Geburt war, hat sich herausgestellt, dass er alles andere als der glücklichste Tag in ihrem Leben war. Deshalb nehme ich auch an, dass sie mich nicht »Felicity«, sondern »Lori« genannt hat. Vor allem war Dad nicht mit im Kreißsaal dabei, um Moms Hand zu halten, wahrscheinlich weil er im Warteraum mit seinem *Wall Street Journal* auf und ab getigert ist. Außerdem hat Mom mir erzählt, dass sie bestimmt nicht gelächelt hat wie diese Frau im Film, sondern nur nach den Ärzten geschrien hat, um noch mehr Medikamente zu bekommen, als man sie dazu aufgefordert hatte, kräftig zu pressen. Die Frau im Film hat keine Medikamente bekommen, aber Mom hat mir erklärt, dass sie Medikamente haben wollte, weil sie das Gefühl nicht ertragen konnte, dass etwas aus ihr herauskommt. Ich vermute mal, dass ich damit gemeint war.

Mom erzählte außerdem, dass sie wegen der Medikamente derart müde gewesen war und deshalb so gut wie nicht mitbekommen hätte, wie ich dann schließlich das Licht der Welt erblickt hätte. Doch gleichzeitig hat sie mich darauf hingewiesen, dass es für eine junge Mutter enorm wichtig sei, im Kopf vollkommen klar zu sein, wenn man ihr zum ersten Mal das Baby reicht, damit sie feststellen könne, ob mit dem Kind auch alles in Ordnung ist. Und deshalb hat Mom, als die Ärzte meinen Körper in ihre Hände gelegt haben, erst einmal meine Finger und Zehen gezählt und nachgesehen, ob ich nicht vielleicht eine Nasenkorrektur nötig hätte, und sich davon überzeugt, dass auch meine Ohren nicht unangenehm abstanden.»Du musst sofort nachsehen, ob die Ohren flach anliegen«, warnte Mom mich, als ob ich schon in allernächster Zeit ein Baby bekommen würde.

Ehrenwort, eigentlich war ich nicht die Bohne daran interessiert, noch mehr zu erfahren, aber weil es das erste Mal war, dass Mom sich überhaupt die Mühe gab, eine meiner Fragen über Sex zu beantworten, habe ich angenommen, es wäre am besten, sie einfach weiterreden zu lassen. Mom hat erzählt, dass sie es irgendwie brutal fand, dass die Ärzte nicht sofort das Blut von mir abgewischt hätten. Und deshalb hätte sie ihnen auch meinen Körper wieder in die Hand gedrückt, damit sie mich erst einmal sauber machten. Möglicherweise ist das ja der Grund, warum Mom so gerne Dinge zurückgehen lässt, vor allem in teuren Restaurants, wo sie ständig etwas an ihrem Essen auszusetzen hat und den Kellner anschnauzt, obwohl der das Essen doch gar nicht zubereitet hat. Ich könnte wetten, dass Mom den Arzt dafür verantwortlich gemacht hat, dass ich am ganzen Körper mit Blut beschmiert war, obwohl er es doch gar nicht da hingebracht hatte. Jedenfalls hat sich Mom nur noch daran erinnern können, dass sie wieder einschlief, nachdem sie mich wieder den Ärzten übergeben hatte. Trotzdem gehe ich mal davon aus, dass meine Nase und die Ohren in Ordnung waren, weil sie mich danach in einen Brutkasten gesteckt haben.

Mom hat eine Macke. Wenn sie endlich mal über etwas

reden will, dann hört sie gar nicht mehr damit auf und nervt einen zu Tode. Und obwohl sie ja eigentlich so gut wie nie über Sex reden will, hat sie heute ununterbrochen wiederholt, wie komisch sie es doch findet, dass ich denke, die Geburt eines Kindes wäre etwas absolut Übersinnliches. Ich habe ihr gesagt, dass die Frau in diesem Film ebenfalls der Meinung war, dass die Geburt eines Kindes etwas Übersinnliches sei. Doch darüber konnte Mom nur lachen. »Das Schätzchen hatte wohl keine Ahnung, was ihr da bevorsteht«, meinte sie. Mom nennt alle Leute »Schätzchen«, sogar die, denen sie noch nie in ihrem Leben begegnet ist oder eben die, die nur eine Rolle in irgendeinem Aufklärungsfilm spielen. Ich habe mich wirklich gefragt, was sie damit eigentlich sagen wollte, als Mom schließlich meinte: »Sie wird schnell merken, wie übersinnlich es ist ein Kind zu haben. Du kannst mir glauben, Lori, nach der Geburt fängt das Leiden erst wirklich an.«

Wahrscheinlich wollte Mom nur einen Witz machen, denn sie hat die ganze Zeit über gelacht. Doch dann kam Maria mit dem Staubsauger rein und Mom hat etwas gesagt, was ich nicht verstanden habe, und verschwand danach. Was mir nur recht war, weil ich inzwischen absolut nichts mehr über Sex wissen will. Am liebsten wäre mir, wenn ich überhaupt niemals danach gefragt hätte.

Das Chamäleon

Ich werde nie wieder mit Mom und Dad reden. Ich schwöre. Mom und Dad haben gesagt, dass wir in den Frühjahrsferien zwei Wochen lang nach Washington, D.C., fahren, obwohl die Ferien nur eine Woche dauern. Was bedeutet, dass ich eine ganze Schulwoche vor dem Ferienbeginn verpassen werde. Ich habe versucht, ihnen zu erklären, wie viele Prüfungen und Aufgaben und Partys ich versäumen werde, wenn sie mich dazu zwingen, mitzukommen, und dass es absolut nicht erlaubt ist, mich aus der Schule zu nehmen, wenn ich nicht krank bin. Doch Mom und Dad haben mir nur diesen altbekannten Blick zugeworfen, der nichts anderes bedeutet, als dass ich ihnen auf den Wecker falle. Und dann hat Dad gesagt: »Ende der Diskussion!« Was heißt, dass man gar nichts mehr sagen darf, und wenn man es doch tut, dann wiederholt Dad nur: »Ich habe gesagt, Ende der Diskussion. Und das war's dann.« Seine Stimme wird dann sehr tief, als würde er plötzlich zu Walter Cronkite werden. Normalerweise schlage ich dann meine Zimmertür höllisch laut hinter mir zu, damit meine Eltern auch was zu hören bekommen.

Aber sie haben auch noch eine andere Methode, Gespräche zu beenden. Sie gehen einfach und lassen mich da stehen, wo mich keiner hören kann. Weil ich dann nicht mal eine Tür hinter ihnen laut zuknallen kann. Und genau das ist heute passiert. Nur dass ich beschlossen habe, nicht auf mein Zimmer zu gehen, sondern bis zum Abendessen inmitten der Diele hocken zu bleiben, so wie diese Demonstranten in den 18-Uhr-Nachrichten, die Transparente hochhalten und mitten auf der Straße sitzen, wo sie den Verkehr blockieren, um auf sich aufmerksam zu machen. Ich hatte eigentlich vor, mich nicht von der Stelle zu rühren, bis Mom und Dad sich anhören würden, warum ich lieber sterben würde, als die Schule zu schwänzen. Ich war der Meinung, sie würden mir in jedem Fall zuhören, damit ich endlich aus der Diele verschwinde. Doch nach einer Weile haben sie offenbar gar nicht mehr mitbekommen, dass ich immer noch dort saß. Irgendwie kam ich mir wie dieses Chamäleon vor, das wir gestern bei unserem Biologieausflug im Zoo gesehen haben. Ich musste ununterbrochen daran denken. Unsere Biologieklasse ist deshalb in den Zoo gegangen, weil in diesem Schuljahr die Tierwelt Lehrstoff ist und Mrs. Jacobs wollte, dass wir uns die Tiere vor Ort ansehen. Fast allen Kindern haben die Zebras und Koalas am besten gefallen, aber ich habe ununterbrochen in diesen Glaskasten gestarrt, der ganz leer ausgesehen hat. Wir haben uns im Reptilienbereich aufgehalten und man konnte kaum in den Kasten reinsehen, weil die Sonne auf das Glas fiel und einen völlig geblendet hat. Doch wenn man sich wirklich anstrengte, dann konnte man ganz im Hintergrund diese grünen Eidechsen und Salamander sehen, die auf einem Stück Holz saßen. Nur in einem der Kästen war absolut nichts zu bemerken, sosehr ich mich auch konzentriert habe. Doch dann hat uns Mrs. Jacobs erklärt, dass sich in diesem Kasten Chamäleons aufhalten würden und man sie deshalb nicht sehen könne, weil sie sich einfach den Felsen anpassen würden, um nicht aufgefressen zu werden. Sie hat gemeint, dass sie nur dann überleben können, wenn sie sich unsichtbar machen.

Folglich habe ich beschlossen, unsichtbar zu werden. Aber dann ist mir noch eingefallen, was mit Robin im Zoo passiert ist. Robin ist erst seit Anfang dieses Jahres in unserer Schule, doch alle sagen, dass sie ziemlich rebellisch sei. Ich weiß das deshalb, weil einer der Lehrer, der nicht einmal ihr Lehrer ist, sie einem anderen Lehrer gegenüber, der auch kein Lehrer von ihr ist, als »böse Saat« bezeichnet hat. Also wirklich, sie kennen Robin ja nicht einmal. Sie hat ja nur den Ruf, wirklich rebellisch zu sein. Und das ist absolut unfair. Der einzige Grund, warum Robin diesen Ruf hat, ist, dass sie immer T-Shirts von Kiss-Konzerten trägt und sich wie Gene Simmons einen schwarzen Stern übers Auge gemalt hat. Jedenfalls hat Mrs. Jacobs bei unserem Zoobesuch nicht erlaubt, dass sich Robin ein T-Shirt kauft, auf dem stand: »Giraffen knutschen nicht nur«.

Was Mrs. Jacobs an diesem T-Shirt nicht gefallen hat, war das Bild von zwei Giraffen, die genau unter der Schrift Sex machten. Zumindest hat Robin gesagt, dass sie das machen würden, und Robin wollte das T-Shirt unbedingt. Sie hat gemeint, dass es schließlich ihr Geld sei und dass sie damit machen könne, was sie wolle, was mir absolut einleuchtete. Ich habe nicht den ganzen Streit mitbekommen, weil ich auf der anderen Seite des Geschenkeladens war, aber alle haben gehört, dass Robin lauthals geschrien hat: »Verdammte Scheiße, Darlene!« Darlene ist der Vorname von Mrs. Jacobs und es hat sich noch nie einer getraut, sie so zu nennen. Anscheinend hat man Robin nun suspendiert, aber ich bin immer noch der Ansicht, dass sie das Recht hatte, dieses Giraffen-T-Shirt zu kaufen. Denn schließlich war es ein lustiges T-Shirt.

Jedenfalls wollte ich nicht mehr unsichtbar sein, als mir eingefallen ist, was Robin gemacht hat. Ganz urplötzlich wollte ich meine Eltern einfach nur mit »Verdammte Scheiße!« anbrüllen, so wie Robin auch Mrs. Jacobs angeschrien hat, auch auf die Gefahr hin, bestraft zu werden. Es konnte sowieso nichts Schlimmeres geschehen, als eine Woche vor Ferienbeginn nach Washington fahren zu müssen. Wenn meine Eltern nicht einfach mitten im Gespräch abgehauen wären, dann hätten sie gewusst, dass Ericas große

Party eine Woche vor den Ferien stattfinden würde, zu der ganz bestimmt alle hingehen werden, sie mein Gesellschaftsleben also total ruinieren. Schließlich weiß Mom doch, wie wichtig das Gesellschaftsleben für eine Frau ist. Denn praktisch gesehen redet sie ja über nichts anderes.

Doch am allerschlimmsten ist, dass ich eine Woche lang alle Prüfungen und Hausaufgaben verpasse. Mir ist eingefallen, dass ich vielleicht sogar eine B-Note bekomme, wenn ich eine ganze Woche den Schulunterricht verpasse, weil ich ja nicht anwesend sein kann, um gute Noten zu schreiben. Wenn ich eine Zwei bekomme, dann sterbe ich! Und darum habe ich dann auch aus voller Seele »Verdammte Scheiße!« gebrüllt. Logisch, dass Mom und Dad das gehört haben.

Plötzlich kam Mom aus dem Schlafzimmer und Dad aus seinem Arbeitszimmer gerannt, genauso wie er es immer am ersten Tag eines jeden Monats macht, an dem wir den Feueralarm üben. Nur dass es dieses Mal anders als beim Feueralarm war, bei dem wir uns immer am Treppenabsatz treffen. Das hat mir stattdessen jede Menge Klapse gegeben. Mom und Dad glauben jedes Wort, das in diesem Ratgeber für Kindererziehung, den sie haben, steht, der aber meiner Meinung nach ziemlich blöd ist. Darin nennen sie »einen Klaps geben«, wenn man sein Kind schlägt, auch wenn es schon elf Jahre alt ist. Ich habe Dad angeschrien, damit er endlich aufhört, und Mom stand nur da und hat geweint, weil ich ihre Gefühle verletzt habe, weil ich dieses Sch-Wort benutzt habe. Und dann habe ich auch angefangen zu weinen und schließlich hat Dad aufgehört, mir weitere Klapse zu versetzen. Doch dann habe ich ganz plötzlich nochmals »Verdammte Scheiße!« gebrüllt. Ehrenwort, ich hab das nicht gewollt, aber es hat mir einfach so gefallen, das zu sagen, dass ich gar nicht anders konnte. Danach hat Dad dann gemeint, dass ich Hausarrest bekomme, bis wir nach Washington fahren. Als ob ich ein Auto hätte und jederzeit überall hinfahren könnte. Und dann haben mich Mom und Dad wieder in der Diele allein zurückgelassen. Ich weiß nicht, wie lange ich dort geblieben bin, aber es muss wohl ziemlich lange gewesen sein, denn ich bin immer noch auf dem Fußboden gesessen, als bereits alle zu Bett gegangen waren. Vermutlich habe ich mich genauso wie ein Chamäleon an meine Umgebung angepasst, weil anscheinend keiner gemerkt hat, dass ich da war. Und das war gut so, denn sie haben wenigstens aufgehört, mich anzuschreien. Und deshalb werde ich mit Mom und Dad nie wieder auch nur ein einziges Wort reden. Was meinst du, vielleicht ist es ja wirklich so, dass man nur dann überleben kann, wenn man unsichtbar ist?

Leben, Freiheit und die Verfolgung des Glücks

Du hast ja keine Ahnung, wie schrecklich es ist, hier in Washington festzusitzen. Man sollte doch annehmen, dass die meisten Eltern irgendetwas unternehmen, wenn ihr Kind eine ganze Woche lang auch nicht ein einziges Wort von sich gibt. Aber Mom und Dad tun so, als sei es das Normalste auf der Welt, dass ich stumm bin wie jemand, der ohne Zunge geboren worden ist. Mir ist es egal, wie lange das noch so geht. Ich sage einfach nur das Allernötigste, bis mich einer von ihnen endlich mal fragt, was eigentlich los ist.

Ich möchte dir gerne etwas über das Hotel erzählen, aber ich bin immer noch ziemlich erschöpft von dieser Sightseeingtour. Mom und Dad machen nämlich niemals »Urlaub«, sondern unternehmen immer nur »Trips«. Während eines Trips hat man einen Zeitplan, weil man so viel wie nur irgendwie möglich sehen muss, und zwar in allerkürzester Zeit, deshalb kann man sich nie ausruhen. Ich wäre so froh, wenn meine Familie ganz normale Ferien machen würde, in denen man zum Beispiel übers Wochenende nach San Diego fährt und den ganzen Tag lang nur am Strand liegen könnte, aber Mom hasst diese Art von Ferien. Als wir das letzte Mal in San Diego waren, wollte Mom nicht ins Meer gehen, weil sie keine nassen Haare bekommen wollte. Deshalb hat sie mindestens fünf Stunden lang ihre Haare hochgesteckt und ist dann in den Hotel-Swimmingpool gegangen, wo sie sich ein Kickboard gemietet hat, damit sie den ganzen lieben Tag lang Beingymnastik machen konnte.

Aber im Augenblick machen wir eindeutig einen Trip. Wir haben in nur drei Tagen das Außenministerium, das

Ford's Theater, das Watergate-Gebäude, das Finanzministerium, das Handelsministerium und das Smithsonian-Museum besichtigt. Nach 'ner Weile habe ich die ganzen Gebäude nicht mehr auseinander halten können und deshalb habe ich mir einen Stapel Prospekte mitgenommen, falls ich vielleicht Lust bekommen sollte, darüber einen Aufsatz zu schreiben, um Pluspunkte zu machen, mit denen ich all das wieder ausgleichen konnte, was ich im Moment versäume. Doch dann ist mir wieder eingefallen, dass sie in meiner Schule versuchen, einen gleich in eine höhere Klasse zu versetzen, wenn man Leistungen erbringt, die alle Erwartungen übertreffen, und einem damit praktisch das ganze Leben kaputtmachen. Und wahrscheinlich habe ich deshalb erst einmal Leslie angerufen. Leslie hat mir gesagt, dass wir für Mr. Darlington einen Fragebogen über Geschichte machen sollen, und außerdem hat er noch einen umfangreichen Rechercheaufsatz als Hausaufgabe gestellt. Der muss am Donnerstag nach den Ferien fertig sein, was wiederum bedeutet, dass ich nach unserer Rückkehr nur noch vier Tage Zeit habe, um in die Bibliothek zu gehen. Deshalb werde ich wahrscheinlich eine schlechte Note dafür bekommen, obwohl es doch gar nicht meine Schuld ist. Weil ich doch gar nichts dafür kann, dass meine Eltern mich nicht zur Schule gehen lassen. Doch die Sache ist ja noch viel schlimmer. Leslie hat mir erzählt, dass sie auf Ericas Party zweimal mit Chris getanzt hätte, und ich muss leider zugeben, dass Leslie wirklich eine ganz tolle Tänzerin ist. Sie ist das einzige Mädchen, das ich kenne, das den Shimmy kann und ihre Hüften schwingt wie die Mädchen aus der achten Klasse. Und dann konnte ich im Hintergrund Tracy und Lana hören und habe mitbekommen, wie Tracy zu Leslie gesagt hat, sie solle nicht ihre Zeit verschwenden und aufhören, mit mir zu telefonieren. Also habe ich Leslie gefragt, ob ich mal Lana sprechen könne, aber da hat sie nur gemeint, dass sie jetzt gehen müssten.»Wohin?«, wollte ich wissen, aber Leslie hat gesagt, das sei ein Geheimnis, deshalb könne sie es mir am Telefon nicht erzählen. Dann hat sie aufgelegt. Sie hat nicht mal gesagt, dass es ihr Leid täte, dass sie mir Chris ausspannt. Niemals wäre das passiert, wenn ich zu Hause hätte bleiben dürfen. Nach dieser Sache hatte ich eigentlich vor, nie mehr in meinem Leben auch nur noch ein einziges Wort zu sprechen. Aber weil es ziemlich langweilig wird, wenn man mit keinem mehr redet, habe ich heute ein paar Worte gesprochen. Ich habe dir ja schon erzählt, dass Mom und Dad einfach nicht wissen, wie man sich entspannt. Und deshalb mussten wir heute wieder ganz früh aufstehen.»Wir haben heute sehr viel vor«, hat Mom gemeint, als sie mich geweckt hat. Als ob mich das groß überrascht hätte. Ich durfte nicht mal bis zum Frühstück schlafen. Ich habe ihr erklärt, dass sie mich nicht dazu bringen würde, etwas zu essen, auch wenn ich es noch rechtzeitig bis zum Frühstück schaffen sollte. Wahrscheinlich würde ich vor lauter Müdigkeit am Frühstückstisch einschlafen und nichts essen können, habe ich ihr gesagt. Trotzdem hat Mom dann beim Frühstück irgendwelche Frühstücksflocken für mich bestellt. Natürlich hat sie nur schwarzen Kaffee getrunken und gerade zweimal an ihrem Toast geknabbert. Deshalb wollte ich wissen, wieso ich zum Frühstück etwas essen muss, wenn Mom es auch nicht tut, doch Dad meinte nur:»Fang bloß nicht wieder so an. Wir wollen einen schönen Tag haben.« Du musst wissen, dass man in meiner Familie nie etwas sagen darf, was meinen Eltern womöglich den Tag verderben könnte, auch dann nicht, wenn du findest, dass es etwas ganz, ganz Wichtiges ist. Ich fand es am besten, einfach den Mund zu halten. Nach dem Frühstück haben wir das Oberste Bundesgericht, das Kapitol, die Kongressbibliothek und das Nationalarchiv besichtigt. Doch das einzig wirklich Aufregende dabei war das Original der Unabhängigkeitserklärung, die wir in einem

Glaskasten gesehen haben. Weil mich das ziemlich interessiert, habe ich das ganze Ding gelesen, obwohl daraufhin alle anderen Touristen wütend auf mich wurden, weil ich ihnen rücksichtsloserweise so lange die Sicht versperrt habe. Worüber Thomas Jefferson da gesprochen hat, hat mir absolut gefallen. Und deshalb bin ich erst dann weitergegangen, als ich die wichtigsten Abschnitte noch einmal gelesen hatte. Weißt du, wenn alle Amerikaner freie Menschen sein sollen, was ist denn dann mit mir? Ich habe zu Mom und Dad gesagt, die Unabhängigkeitserklärung sei schließlich der Beweis dafür, dass man mich in die Schule gehen lassen muss, wenn ich will, oder dass ich ausschlafen oder das Frühstück auslassen darf, wenn ich keine Lust darauf habe. Ich habe erklärt, dass auch ich ein Anrecht auf »Leben, Freiheit und das Streben nach dem Glück« hätte, so wie Leslie und alle meine Freunde daheim. Denn genau das hat dort in diesem Glaskasten gestanden. Doch Dad hat nur gemeint, ich solle endlich »erwachsen« werden, und Mom hat so getan, als hätte sie mich gar nicht gehört. Die Unabhängigkeitserklärung hat sie völlig in Beschlag genommen. Und irgendwann einmal sagte sie dann zu Dad, so eine Urkunde sollten sie auf ihre nächste Party-Einladung drucken lassen. Wie immer hat sie mal wieder absolut nicht begriffen, um was es eigentlich geht.

Als wir wieder nach draußen gegangen sind, habe ich diesen hohen, grauen Turm gesehen, der in den Himmel ragte. Er hatte weder Fenster noch Türen und egal, wo wir hingegangen sind, überall hat er alle anderen Gebäude überragt. Ich habe einen der Reiseführer gefragt, was das denn für ein Turm sei, und er hat mir erklärt, dass es sich hier um das Washington Monument handeln würde. Und dann wollte er gar nicht mehr aufhören, über den Turm zu reden, obwohl ich eigentlich nur wissen wollte, wie der Turm heißt.

Jedenfalls habe ich ab da beschlossen, nur noch zu sprechen, um Mom und Dad zu fragen, ob wir auch das Washington Monument besichtigen könnten. Ich konnte kaum erwarten, es mir anzusehen, weil ich es total niedlich fand, dass es ein so hohes und schmales Gebäude gibt, in dem nichts drin ist. Der Reiseführer hat behauptet, dass es innen ganz leer sei, mal abgesehen von einer Treppe und einem Lift. Zudem passt es überhaupt nicht zu den anderen Gebäuden. Aber Mom und Dad haben erklärt, dass wir es uns nur dann ansehen werden, wenn es auch auf unserem Zeitplan stehen würde. Du kannst mir glauben, dass meine Eltern noch nie etwas Spontanes in ihrem Leben gemacht haben.

Doch dann passierte draußen im Park unter ein paar Kirschbäumen doch noch was Spontanes. Wir hatten zwischen zwei Führungen eine kleine Pause, und weil dort jede Menge Eichhörnchen herumrannten, sind wir stehen geblieben, um sie zu füttern. Wir hatten bereits zu Mittag gegessen, doch weil Mom bei den Mahlzeiten kaum etwas isst, zieht sie sich normalerweise zwischendrin immer dieses Junkfood rein. Sie schleppte diesen riesigen Pott Popcorn mit sich herum, den sie bei einem Straßenverkäufer gekauft hatte. Und damit haben wir dann die Eichhörnchen gefüttert. Anfangs hat es irgendwie Spaß gemacht, aber dann haben die Eichhörnchen plötzlich etwas von dem Popcorn ausgespuckt, und man konnte sogar sehen, dass es sie krank gemacht hat. Wahrscheinlich hätten sie viel lieber Nüsse gehabt. Ich habe also Mom gesagt, sie solle damit aufhören, aber sie war völlig darauf versessen, dass man ein Foto von ihr machen würde, wie sie die Eichhörnchen füttert. Eine weitere Macke von Mom ist, dass sie ganz verrückt danach ist, fotografiert zu werden. Es gibt Fotos von Mom, wie sie vor jedem erdenklichen Gebäude lächelt, vor jedem Museum, Hotel oder Restaurant, das wir einmal in unserem Leben besucht haben.

Mom fütterte also weiterhin die Eichhörnchen, während

Dad die Fotos schoss. Die meisten Eichhörnchen haben auch das Popcorn weitergefressen, aber man konnte sehen, dass sie es kaum schlucken konnten. Ich habe sogar ein Eichhörnchen beobachtet, das sich auf einem Baumstamm übergeben hat. Ich habe versucht, Mom klarzumachen, dass die Eichhörnchen genug hätten, aber sie hat ununterbrochen in die Kamera gelächelt und ihnen noch mehr Popcorn hingeworfen, als ob sie einen Werbespot für Popcorn oder so was drehen würde. Dann hat sie David und mich gebeten, mit ins Bild zu kommen und ebenfalls die Eichhörnchen zu füttern, aber ich hatte keine Lust, einen Haufen Eichhörnchen, die keinen Bock mehr hatten, zum Weiterfressen zu zwingen. Weil aber David bei Mom immer auf lieb Kind macht, haben David und Mom so lange für die Kamera posiert, bis schließlich der Film zu Ende war.

Gutes Mädchen

Heute mussten wir wieder ganz früh aufstehen, um den Zeitplan von Mom und Dad einzuhalten, aber ich habe beim Aufstehen ewig lang herumgetrödelt, und deshalb hat Mom zu David gesagt, er solle auf mich warten, bis ich geduscht hätte, und dann sollten wir nach unten zum Frühstück nachkommen. Das war toll, weil ich jetzt nämlich mit David in den Hotelfluren Fangen spielen konnte. Aber auf unserem Weg nach unten ist etwas Furchtbares passiert. Als wir zum Lift gerannt sind, wollte ich David noch einholen, als sich die Lifttür plötzlich hinter mir geschlossen und meine Hosen eingeklemmt hat. Die Hosen gehören zu meinem nagelneuen Cordsamtanzug mit Weste, den ich abends zu diesem Treffen mit Dads Cousin tragen sollte. Obwohl Mom es gar nicht merkt, dass ich keinen Pieps mehr von mir gebe, weiß ich, dass sie sofort mitkriegt, wenn meine neuen Klamotten zerrissen sind.

Als wir ins Restaurant kamen, hat Mom aber Gott sei Dank den Riss noch nicht entdeckt, weil sie völlig damit beschäftigt war, die pummelige Frau am Nebentisch zu beobachten. Die Frau hat Pfannkuchen und Würstchen mit einer Extraportion Sirup bestellt und David hat gesagt, dass sie seiner Meinung nach auf eine Extraportion Sirup verzichten solle. Mom und Dad mussten darüber lachen, aber keiner hat gelacht, als dann Dad und David ebenfalls Pfannkuchen mit Würstchen und einer Extraportion Sirup bestellt haben. Dann orderte Mom schwarzen Kaffee und eine Scheibe Toast und meinte, sie würde etwas von Davids und Dads Pfannkuchen probieren. Ehrenwort, ständig probiert sie etwas von den Mahlzeiten der anderen oder sie schiebt ihnen ihr Essen auf den Teller. Ich habe keine Ahnung, warum sie nicht gleich das bestellt, was sie will.

Als wir schließlich zum Abendessen in dem Haus von Dads Cousin ankamen, musste ich feststellen, dass meine Cousine Kate und ihre Mutter auch diese Ich-probier-mal-Masche draufhaben. Kate ist die Tochter von Dads Cousin Lou, der zwar ein sehr kluger Arzt, aber auch ein furchtbarer Aufschneider ist. Ich habe gehört, dass Dad zu Mom gesagt hat, dass er Lou für einen Wichtigtuer halte, was bedeutet, dass er eingebildet ist. Allerdings scheint Kate nett zu sein. Sie ist fünf Jahre älter als ich und trägt schon Klamotten wie eine Erwachsene. Kates Mutter erzählte, dass sie mal ein Großmaul gewesen wäre, aber in letzter Zeit doch sehr reif geworden sei. Dann machte sich Lou wichtig und fing damit zu prahlen an, wie hübsch doch Kate sei und dass sie bei den Jungs so beliebt sei. Er hat Kate sogar als »kleine Dame« bezeichnet und dann den Arm um sie gelegt und wie blöde gegrinst. Es war ziemlich ätzend.

Ich habe mich gefragt, ob Kate wohl auch mal Ärztin werden will, aber als ich sie danach fragte, hat sie geantwortet, dass sie früher manchmal daran gedacht hätte, sich jetzt aber eine Familie wünschen würde, wenn sie erwachsen sei. Allerdings habe ich sie nur mit Mühe verstehen können, weil sie so leise spricht, als würde sie einem ein Geheimnis verraten. Ich konnte mir einfach nicht vorstellen, dass man sie früher mal ein Großmaul genannt hat. Aber Lou erklärte, dass sie eigentlich gar kein richtiges Großmaul gewesen wäre, sondern eben nur sehr »lebhaft« war. »Und was ist daran falsch?«, wollte ich wissen, aber da haben sie mich alle ausgelacht. Du kannst mir glauben, immer lachen die Leute über mich, wenn ich eine Frage stelle. Darum bekomme ich auch nie irgendeine Antwort.

Während wir die ganze Zeit über im Wohnzimmer gesessen sind und uns unterhalten haben, hat Mom für Fotos posiert und Dad ständig gebeten, noch eine Aufnahme zu machen, für den Fall, dass sie beim Blitzlicht geblinzelt hätte. Sie meinte, dass sie von allen Anwesenden gerne ein Foto haben wolle, aber natürlich wollte sie auch unbedingt auf diesen Fotos mit drauf sein. Ich aber wollte auf gar keinem Foto erscheinen, denn ich fand, dass ich neben Kate hässlich aussehe. Kate ist sehr viel größer und auch schlanker als ich. Sie sieht schon wie eine richtige Frau aus.

Gott sei Dank holte Mom irgendwann mal keine Filme mehr für ihren Fotoapparat, und dann sind wir alle ins Esszimmer zum Abendessen gegangen. Und da habe ich bemerkt, dass ich auch sehr viel mehr esse als Kate. Kate und ihre Mutter haben von allem nur kleine Portionen genommen und dabei erklärt, sie würden noch von Lous Teller probieren, genau wie Mom es bei Dad und David macht. Weil ich aber nicht vorhatte, vom Abendessen der anderen zu kosten, habe ich mir ganz normale Portionen genommen. Was Kate zu der Bemerkung veranlasste: »Musst du aber einen Hunger haben!« Doch zu David hat sie das nicht gesagt, obwohl er sich genauso viel Essen draufgeladen hat wie ich. »Und du musst wirklich satt sein«, habe ich geantwortet, denn Kate hatte auf ihrem Teller nur ein kleines Stückchen Huhn und einen Löffel Reis. Und da hat Kates Mutter wieder gelacht, obwohl ich das gar nicht komisch gemeint habe. Ich wünschte, sie würden endlich einmal aufhören, über mich zu lachen.

Da Kate und ihre Mutter praktisch nichts vom Hauptgang gegessen haben, habe ich drauf getippt, dass sie dafür ganz bestimmt was vom Nachtisch nehmen. Kates Mutter servierte drei verschiedene Desserts. Eines war so ein matschig aussehender Schokoladenkuchen, das andere irgend so ein widerliches Zitronenzeugs und das dritte ein Käsekuchen. Dad meinte: »Von allem etwas, bitte.« Dad ist so dürr wie eine Gräte, aber er liebt Desserts. Dann kam David an die Reihe. Auch er wollte von allen dreien etwas, obwohl er überhaupt nicht so dünn ist wie Dad. Und auch Lou nahm von allen dreien, nur dass er es in einem derart aufgeblasenen Tonfall sagte, als ob man automatisch wissen müsste, dass er alle drei probieren will.

Und dann kam Mom an die Reihe. Sie wollte ein klitzekleines Stückchen Schokoladenkuchen und außerdem etwas von Dads Zitronenkuchen und Käsekuchen kosten. Was denn sonst! Als ich dran war, habe ich gesagt, dass ich etwas vom Schokoladenkuchen und etwas vom Käsekuchen möchte. Kate meinte, dass sie gar nichts möchte, weil sie mehr als satt sei. Dann hat sich Kates Mom wieder hingesetzt, und auch sie hat nichts vom Nachtisch genommen. Sie holte nur zwei saubere Gabeln für sich und Kate, damit sie beide von Lous Nachtisch naschen konnten.

Und dann haben wir alle den tollen Schokoladenkuchen gelobt, und Kates Mutter hat erklärt, dass es ihr absoluter Lieblingskuchen sei und er aus der besten Konditorei der Stadt komme. Deshalb wollte ich wissen, warum sie denn nichts davon isst, wenn sie ihn wirklich so gern mag.»Ich möchte meine mädchenhafte Figur behalten«, hat sie geantwortet und zwinkerte dann Lou zu.»Gutes Mädchen!«, antwortete der und hat dabei auch gezwinkert. Zuerst dachte ich, dass Lou damit Kate meinen würde, denn sie ist ja wirklich sein Mädchen. Aber dann hat er seiner Frau einen von diesen absolut geheuchelten, romantischen Küssen gegeben, nur um uns zu zeigen, dass sie nach so vielen Jahren noch wahnsinnig ineinander verliebt sind. Ich hätte am liebsten gekotzt.

Vermutlich heißt also die Regel: Wenn du eine Frau bist, dann solltest du unbedingt versuchen wie ein Mädchen mit einer»mädchenhaften Figur« auszusehen. Wenn du aber ein Mädchen bist, dann solltest du dich wie eine Frau verhalten, aber nicht »lebhaft« sein. Abgesehen davon, dass ich wie ein Junge esse und rede. Kein Wunder, dass sie mich alle für ein verrücktes Huhn halten.

Bevor wir uns verabschiedet haben, wollte Dad, dass ich mir Kates Adresse aufschreibe, damit ich mit ihr wie mit einer Brieffreundin Briefe austauschen kann, wenn ich wieder zu Hause bin. Ich habe versprochen, das zu tun, zum einen, weil ich gerne schreibe, zum anderen auch, weil ich wahrscheinlich nach meiner Rückkehr sowieso keine Freunde mehr haben werde, mal abgesehen von meinem Vogel Chrissy. Kann doch sein, dass ich mich dann einsam fühle. Und gerade als wir ins Auto steigen wollten, hat Mom plötzlich den Riss in meiner Hose entdeckt. »Was ist das?«, wollte sie wissen, doch bevor ich überhaupt Zeit hatte, darauf zu antworten, hat Mom gesagt, dass sie meine Hose sofort nach unserer Rückkehr ins Hotel dem Portier geben wird, damit er sie zum Schneider bringt. Sie war nicht mal wütend, aber nur deshalb, weil sie stolz darauf war, wie ich mich im Haus dieses aufgeblasenen Cousins verhalten habe. Sie hat gemeint, dass ich mich heute Abend »wie eine Dame« benommen hätte, wahrscheinlich, weil ich immer noch nicht viel rede. Mom ist der Ansicht, dass ich von Kate viel lernen könnte.

Und dann habe ich Mom gefragt, ob sie glaubt, dass sich auch Kates Mutter spätnachts über die Küchenspüle beugen würde und sich mit ihrem geliebten Schokoladenkuchen vollstopft. Daraufhin meinte Mom wiederum, dass ich mich jetzt gar nicht mehr wie eine Dame benehmen würde. Weißt du, was ich glaube? Ich wette, dass Lou ziemlich überrascht wäre, wenn er sein »Mädchen« dabei ertappen würde, wie sie sich mitten in der Nacht mit Schokoladenkuchen vollstopft. Vielleicht wäre er dann auch nicht mehr so irre überheblich.

Als wir ins Hotel zurückkamen, bin ich ins Badezimmer,

um die kaputte Hose auszuziehen. Der Riss war hinten, und als ich in den Spiegel geschaut habe, ist mir aufgefallen, dass mein Po irgendwie größer als der von Kate wirkt. Deshalb bin ich auf die Waage gestiegen und habe herausgefunden, dass ich einunddreißig Kilo und dreißig Gramm wiege. Ich weiß nicht, ob das gut ist oder nicht. Normalerweise werde ich nur dann gewogen, wenn ich jedes Jahr zu meinem Geburtstag bei unserem Arzt einen Check-up habe, und mache mir deshalb das restliche Jahr über normalerweise keine Gedanken mehr über mein Gewicht. Aber wahrscheinlich bin ich einfach neugierig geworden, weil Kate mir erzählte, dass sie dreiundvierzig Kilo wiegen würde, obwohl doch alle Freundinnen von Mom der Meinung sind, dass ihr Gewicht absolute Privatsache sei. Du kannst mir glauben, dass Moms Freundinnen noch lieber ihr Alter zugeben, bevor sie ihr Gewicht verraten, und in diesem Punkt lügen sie wie verrückt. Aber Kate redet wahnsinnig gerne über ihr Gewicht. Sie hat gemeint, dass sie früher über siebenundvierzig Kilo gewogen hat, weil sie nichts anderes getan hat als zu lernen und sich deshalb kaum bewegte. Aber jetzt geht sie nach der Schule nicht mehr zum Naturkundeunterricht, sondern in die Tanzstunde, und immer da, wo es Treppen und einen Lift gibt, nimmt sie die Treppen. Deshalb ist sie auch überall so beliebt.

Ich habe Kate gefragt, ob sie auch an Gewicht verloren hat, weil sie so wenig isst, aber Kate meinte, dass sie keine Diät machen würde. Was keinen Sinn ergibt, denn beim Abendessen hat sie ja kaum etwas zu sich genommen. Daraufhin erklärte mir Kate, warum es sich dabei um keine Diät handeln würde, nämlich weil sie sich doch nur so ernährt, wie man es als Heranwachsende tun solle. Ich habe Kate erklärt, dass es für mich wie eine Diät klingt und dass ich wissen möchte, wie lange es dann dauern würde, bis man wieder bei den Mahlzeiten ganz normale Portionen essen dürfe. »Dauert es ein Jahr oder vielleicht fünf Jahre?«, wollte ich wissen, aber Kate hatte keine Ahnung. »Ich vermute mal, nie wieder«, antwortete sie. Und dann meinte sie noch, dass ich in jedem Fall anstelle des Lifts die Treppen nehmen solle, wenn wir morgen das Washington Monument besuchen.

Das Lori-Denkmal

Weil ich keine Krämpfe bekommen wollte, wenn ich die Treppen im Washington Monument hochsteige, habe ich nur ganz wenig zum Frühstück gegessen. Denn mir ist eingefallen, dass in einem der Diätbücher von Julies Mutter gestanden hat, man solle unbedingt darauf achten, dass man nach den Mahlzeiten mindestens drei Stunden keinen Sport treiben soll, um ordentlich zu verdauen. Und ich wollte unbedingt Kate beweisen, dass ich bis ganz nach oben klettern kann. Aber dann habe ich erfahren, dass wir erst um drei Uhr nachmittags zum Washington Monument gehen, und deshalb habe ich auch mittags kaum etwas gegessen.

Doch als Mom und Dad im Restaurant mitbekommen haben, dass ich nichts esse, haben sie darauf bestanden, dass ich irgendwas zu mir nehme. Vielleicht hast du es ja noch nicht bemerkt, aber meine Eltern lassen manchmal bei den merkwürdigsten Dingen nicht mehr locker. Es war ihnen völlig egal, dass ich eine komplette Woche lang kein Wort gesprochen hatte, aber es war ihnen irre wichtig, dass ich heute etwas esse. Es lag ihnen sogar so viel daran, dass sie gesagt haben, wir würden das Restaurant erst verlassen, wenn ich etwas probiert hätte, weil ich doch schon zum Frühstück nichts zu mir genommen hätte. Ich konnte es nicht fassen! Als dann die Kellnerin kam und wissen wollte, ob sie meinen Teller mitnehmen könne, habe ich einfach gesagt, ich sei fertig, und Dad wiederum hat gesagt, dass sie den Teller dalassen soll. Außerdem hat er das auch noch in seiner Walter-Cronkite-Stimme getan, sodass die Leute am Tisch nebenan zu uns rübergesehen haben. Wahrscheinlich haben sie ange-

nommen, dass Dad irgend so ein berühmter Nachrichtensprecher sei.
»Sie ist noch längst nicht mit ihrem Mittagessen fertig«, hat er gesagt. Ehrenwort, das ganze Restaurant hat das gehört. Dann hat die Kellnerin Mom gefragt, ob sie fertig sei. Und ich habe daraufhin geantwortet: »Nein, sie ist noch lange nicht mit ihrem Mittagessen fertig.« Da hat Mom mich nur wütend angestarrt und der Kellnerin gesagt, dass sie abräumen könne. »Dann können Sie bei mir auch abräumen«, meinte ich, was die Kellnerin ziemlich verwirrte. Gerade als sie meinen Teller nehmen wollte, meinte Dad: »Nein, ganz und gar nicht, mein Fräulein«, woraufhin die Kellnerin ganz schnell verschwunden ist. Praktisch ist sie einfach davongerannt, was ich absolut verstanden habe. Keiner hat groß Lust drauf, dabei zu sein, wenn Dad wütend ist. Anschließend sind wir dann nur dagesessen, und ich habe versucht mich auf meine Serviette zu konzentrieren, damit ich nichts essen muss. In diesem Restaurant hatten sie wirklich hübsche Servietten, solche, die man zu Vögeln oder Hüten und so was falten kann. Und deshalb habe ich einen Papiervogel gefaltet und dabei überlegt, ob ich nicht einfach wieder mit dem Sprechen aufhören soll. Ich hatte irgendwie keine Lust mehr irgendwas zu sagen. Aber ich wollte unbedingt auf das Washington Monument steigen, und ich konnte einfach nichts essen, weil ich unbedingt bis ganz nach oben wollte und deswegen auf gar keinen Fall riskieren wollte, Krämpfe zu bekommen. Und deshalb habe ich versucht, mit Dad zu reden, weil er ja logische Argumente unheimlich mag. Ich habe ihm erklärt, dass er erlaubt hat, dass die Kellnerin Moms Teller mitnimmt, obwohl sie auch nichts gegessen hat. Aber dann hat Mom sich eingemischt und gemeint, dass sie doch was gegessen habe, und zwar einen Salat. Und daraufhin habe ich dann gemeint, dass ich doch auch an die vier Gabeln voll Salat gegessen hätte. Aber sie hat erwidert, dass

ich mich erst auf diese Weise ernähren könne, wenn ich etwas älter sei.

Und dann hat Mom ihre Handtasche geöffnet. Ich dachte schon, dass sie jetzt zu weinen anfangen würde und ihre Papiertaschentücher rausholt, aber sie zog nur einen Stapel Ansichtskarten hervor und fing zu schreiben an. Mom ist auf das Schreiben von Ansichtskarten genauso versessen wie auf Fotos. Sie schreibt auf jeder Reise ihren ganzen Freunden, selbst dann, wenn die Karten erst nach ihrer Rückkehr ankommen. Und auf allen steht immer dieser Einheitstext:

Liebe (langweilige Person),
es ist wundervoll (egal, in welcher blöden Stadt wir gerade sind)! Es ist einfach unglaublich toll hier!! Unser Hotel ist großartig und die Sehenswürdigkeiten sind atemberaubend! Wir haben uns ... (die Namen Hunderter langweiliger Gebäude) angesehen. Die Leute sind einfach reizend und man kann hier phantastisch einkaufen! Wir können es gar nicht erwarten, euch unsere Fotos zu zeigen, wenn wir wieder zurück sind! Liebe Grüße an (Namen der langweiligen Familienmitglieder).

Herzlichst Roz und Sel XOXO

Ich finde ja, dass Mom diese Karten vor ihren Reisen einfach fertig drucken lassen sollte, wie diese *Mad Libs*-Rätselhefte mit den Blankoformularen, die wir in der Schulpause ausfüllen. Sie könnte ja zum Beispiel Blankoformulare zu Themen wie Stadt, Gebäude, Museum, Shoppingcenter und den Namen bestimmter Leute machen, und auf diese Weise könnte sie gleich Millionen von Ansichtskarten verschicken. Ich finde, damit könnte sie unheimlich viel Zeit in ihrem Zeitplan einsparen.

Jedenfalls hat Mom eine Ansichtskarte an Ericas Mutter geschrieben, und ich hatte langsam Angst, dass das Washington Monument schon geschlossen ist, wenn wir noch länger da sitzen würden. Deshalb habe ich Dad erklärt, dass ich mich nicht wohl fühle und deshalb auch nichts essen will. Ich habe sogar die Hand auf meinen Magen gelegt und mich um ein gequältes Gesicht bemüht, aber vermutlich hat es Dad mir nicht geglaubt. Er hat nur gemeint, wenn es mir so schlecht ginge, dass ich nicht essen könne, dann würde es mir bestimmt so schlecht gehen, dass ich mir auch nicht das Washington Monument ansehen könnte. Daraufhin habe ich versucht zu erklären, dass ich nicht wirklich krank bin, Grippe oder so was habe, sondern mich einfach nur nicht gut fühle.

Und in diesem Moment hat Dad wieder diese dicke Ader bekommen. Er hat diese dicke Ader auf seiner Stirn, die immer dann anschwillt, wenn er wütend wird. Das letzte Mal konnte ich sie sehen, als ich dieses Sch-Wort gebrüllt habe. Er war so wütend, dass sogar seine Lippen zu zittern angefangen haben. Mann, wenn ich gewusst hätte, dass ich bei meinen Eltern so viel Aufmerksamkeit erwecke, wenn ich nur mal zwei Mahlzeiten auslasse, dann hätte ich das schon die ganze Zeit über getan anstatt einfach nur zu schweigen. Vielleicht hätte ich dann erst gar nicht nach Washington mitkommen müssen und zu Hause bleiben können.

»Verdammt noch mal, Lori, iss jetzt endlich dein Sandwich!«, brüllte Dad mich an. Ich habe Angst bekommen, als ich gesehen habe, wie Dads Lippen zitterten. Und deshalb habe ich auf meine Oberschenkel geguckt. Und das war völlig irre, denn ich hatte meine Beine nicht übereinander geschlagen, und irgendwie sahen die plötzlich so dick aus. Das war mir vorher noch nie aufgefallen. Als ich sie dann wieder übereinander schlug, waren sie plötzlich wieder dünn. Vielleicht ist das der Grund, warum Frauen immer ihre Beine übereinander schlagen. Dann hörte ich Dad sagen: »Schau mich gefälligst an, wenn ich mit dir rede!« Aber weil ich ja wusste, dass ich nur die dicke Ader auf Dads Stirn sehe, wenn ich hochschaue, habe ich weiterhin auf meine Beine gestarrt, denn ich wollte herausfinden, warum sie so viel dünner wirken, wenn man sie übereinander schlägt. »Wenn du mir nicht zuhören willst und dein Mittagessen nicht aufisst, dann wirst du das später bitter bereuen«, hat er gemeint. Es war mir nicht ganz klar, was das nun wieder bedeuten sollte. Denn schließlich gab es ja nichts, was ich mehr bereuen konnte, als in irgendeinem Restaurant in Washington festzusitzen und alles in der Schule zu verpassen. Und ich hatte immer noch keine Lust hochzusehen. Und dann habe ich einen verstohlenen Blick auf Moms Oberschenkel geworfen, die ihre verlogenen Ansichtskarten darauf geschrieben hat. Sie hat gerade diesen Teil geschrieben, in dem es heißt, dass wir hier alle eine »absolut wunderbare« Zeit verbringen. Und da ist mir dann wirklich schlecht geworden.

Und gleichzeitig habe ich wieder Dads Stimme gehört, die inzwischen allerdings genauso wie seine Lippen zitterte. »Gut, wie du willst. Du wirst nicht zum Washington Monument mitkommen und wenn wir wieder zu Hause sind, hast du Hausarrest. Zwei Wochen lang keine Freunde nach der Schule.« Wo ich doch gar keine Freunde mehr habe! Und dann meinte er mit der liebenswürdigsten Stimme, die man auf dem gesamten Planeten hören kann: »Die Rechnung bitte!« Dad kann sich ziemlich schnell von Walter Cronkite in Mr. Rogers verwandeln.

Als wir dann endlich draußen waren, haben Mom und Dad mich wieder einmal völlig ignoriert, was sie immer dann machen, wenn sie wütend auf mich sind. Aber dieses Mal war mir das absolut egal. Ehrenwort. Normalerweise trifft mich das schon hart, aber inzwischen war ich wohl einfach nur froh, dass sie mich nicht dazu gebracht haben, etwas zu essen, als ich keine Lust drauf hatte. Eigentlich hatte ich schon Hunger, aber ich habe mich gut gefühlt, als ob ich fliegen würde oder so was. Mein Körper hat sich innerlich vollkommen leer angefühlt, genau wie das Washington Monument. Irgendwie hat mir das gefallen, und deshalb habe ich auch zum Abendessen kaum etwas gegessen, obwohl das Washington Monument längst geschlossen war. Außerdem spielt es keine Rolle mehr, dass ich nicht bis nach oben geklettert bin, denn wenn ich ab jetzt nichts mehr esse, schaffe ich es bestimmt, dass meine Beine dünner aussehen als die von Kate. Julies Mom hat ein Diätbuch, in dem steht, dass man überhaupt keinen Sport mehr treiben muss, wenn man sich entsprechend lang an eine Diät hält. Das Blöde daran ist nur, dass man dann eben nicht sehr viel essen darf.

Herr Präsident,
das mit dem Milchshake tut mir Leid!

Weißt du, was ich denke? Es scheint am einfachsten zu sein, auf das Frühstück zu verzichten, wenn man eine Mahlzeit auslassen möchte, weil man nämlich nur länger schlafen muss. Ich habe mir überlegt, dass man wohl nicht hungrig sein kann, solange man schläft, und dass ich absolut keinen Bock darauf hatte, schon wieder mit Mom und Dad über das Essen zu streiten. Außerdem wusste ich, dass sie es lächerlich finden würden, wenn ich behaupte, ich würde einfach keine Lust haben, etwas zu essen. Weil sie natürlich nie etwas machen, was lächerlich ist. Aber alles, was ich mache, automatisch lächerlich ist.

Deshalb habe ich heute Morgen, als der Wecker zu klingeln aufhörte, David gebeten, dass er Mom sagen solle, ich hätte Fieber. Normalerweise muss man unbedingt irgendetwas Ernsthaftes wie Fieber haben, damit die Leute aufhören, dich zu nerven. David hat gemeint, er wüsste ganz genau, dass ich kein Fieber hätte, aber ich habe ein ganz zerknirschtes Gesicht gemacht und ihm unseren ganz speziellen Blick zugeworfen. Und da hat er lachen müssen und versprochen, es trotzdem Mom auszurichten. Ich bin keine besonders gute Lügnerin, aber dann ist mir eingefallen, was ich in einer Zeitschrift gelesen habe, die ein Interview mit dieser Schauspielerin mit den großen Brüsten gemacht hat, die in *A Chorus Line* »Tits And Ass« gesungen hat. Sie erklärte mehrmals, dass sie nur deshalb eine so großartige Schauspielerin sei, weil sie beim Schauspielern eine ganz besondere Methode anwendet. Ist ja klar, dass sie ziemlich eingebildet ist. Jedenfalls sagte sie, dass sie als Schauspielerin wirklich immer zu der Person wird, die sie darstellen soll. Die ganze Methode beruht darauf, dass man sich selbst austrickst und sich vormacht, dass man tatsächlich jemand anderer ist. Und dann würde sie plötzlich gar nicht mehr schauspielern, sondern einfach nur sie selbst sein. Manchmal würde sie sogar zu der Sache werden, über die sie gerade singt. Ich hätte gerne gewusst, wie es sich für sie anfühlte, einfach nur eine Titte und ein Arsch zu sein.

Als ich heute lügen wollte, habe ich deshalb einfach die Augen geschlossen und mir vorgestellt, dass ich ein elfjähriges Mädchen bin, das einen kratzigen, roten Hals hat und so schreckliches Fieber und sogar noch unter Schüttelfrost leidet, obwohl es dick eingepackt ist. Zuerst habe ich nicht gewusst, ob es mir gelingen wird, aber wahrscheinlich ist es wesentlich einfacher, ein krankes Kind darzustellen als eine Titte. Jedenfalls habe ich schon fast selbst dran geglaubt, dass ich wirklich krank bin, als dann endlich Mom hereinkam. Ich war sogar sicher, dass ich damit durchkommen würde, obwohl es wirklich meine erste Lüge war. Denn ich konnte hören, wie Mom zu Dad sagte, sie sollten mich schlafen lassen und jetzt zum Frühstück runtergehen. Aber Dad meinte, dass ich nur wieder Spielchen spiele und es ihm »nun reichen würde«, was ein weiterer Lieblingsausdruck von ihm ist. Aber Mom hat das Gespräch beendet, indem sie zu ihm sagte, er solle es gut sein lassen. Ich war froh, dass Mom endlich einmal zu mir gehalten hatte, aber über die Art und Weise, wie sie es getan hat, war ich nicht gerade begeistert. Sie hat gemeint, ich würde beim Frühstück sowieso nur alle »nerven«, und damit sie »Ruhe« hätten, solle man mich einfach weiterschlafen lassen.

Ehrlich gesagt, war es nicht eine meiner besten Ideen, das Frühstück ausfallen zu lassen. Ich habe ja gestern schon kaum etwas gegessen, und weil wir zu einer Führung durchs Weiße Haus um ein Uhr nachmittags angemeldet waren, würden wir bestimmt nicht vor halb drei zum Mittagessen kommen. Und deshalb war mir gegen halb eins irgendwie schwindlig, nachdem wir stundenlang mit Mom irgendwelche geschmacklosen Souvenirs eingekauft hatten. Wahrscheinlich konnte ich mit ihnen nicht mehr so recht Schritt halten, als wir zum Weißen Haus rübergingen, weil Dad erklärte, dass er schon gewusst hätte, dass es nicht gut sei, wenn ich nichts frühstücken würde, und er nur hoffe, dass mir das eine Lehre sei. Auch noch so eine Sache, die Dad gerne sagt: »Ich hoffe, das ist dir eine Lehre, kleines Fräulein.« Dad meinte, dass ich vor der Führung etwas essen müsste, aber ich habe behauptet, keinen Hunger zu haben. Ich würde nur hinter ihnen hertrödeln, weil ich müde sei. Doch in dem Moment, als ich das gesagt habe, war mir klar, dass diese Erklärung für Dad absolut nicht logisch klang.

»Wir haben dich heute Morgen lange schlafen lassen, damit du nicht mehr müde bist«, antwortete er. Wenn man Dad anlügen will, muss man aufpassen, weil er sofort herausfindet, ob es in deiner Erklärung eine Lücke gibt. Doch dieses Mal war es Dad offenbar egal, weil wir gerade an einem Baskin Robbins vorbeikamen, in das Mom gehen wollte. Obwohl sie bei den Mahlzeiten so gut wie nichts isst, hat sie eine Antenne für Junkfood.

Ich habe dann doch noch einen Milchshake bestellt, obwohl sich irgendetwas in mir dagegen sperrte. Eigentlich hätte ich viel lieber eine einzelne Kugel Eiscreme gehabt, aber Dad meinte, dass wir nicht so viel Zeit hätten, uns zum Essen hinzusetzen, und dass man ins Weiße Haus keine Esswaren mitnehmen dürfe. Ich könnte auf dem Weg dorthin einen Milchshake trinken. Ich habe mich für einen doppelten Schokoladen-Milchshake entschieden, der so gut geschmeckt hat, dass ich ganz lange dran genippt habe. Doch Dad erklärte schließlich, dass ich den Milchshake austrinken müsse, bevor wir ins Weiße Haus gingen, und dass ich nie wieder das Frühstück auslassen dürfe. »Deine Mutter und ich werden dieses lächerliche Spielchen nicht mehr mitmachen«, erklärte er.

Trotzdem habe ich den Milchshake nicht ganz ausgetrunken. Als wir nämlich beim Weißen Haus ankamen, ist da diese Donna Landers mit ihrer Familie in der Schlange gestanden. Sie wollten die gleiche Tour machen wie wir, und ich habe fast einen Herzanfall bekommen. Ich wollte mich hinter David verstecken, aber er kannte Donna überhaupt nicht.

Ich habe ihm erklärt, dass Donna in einer anderen Schule in unserem Viertel das beliebteste Mädchen sei und dass sie außerdem noch mit Leslie befreundet sei. Und trotzdem ist sie das gemeinste Mädchen in unserer Altersgruppe. Sie ist so gemein, dass sie sich nicht einmal die Mühe macht, hinter deinem Rücken schlecht über dich zu sprechen, so wie all die anderen Mädchen. Sie sagt dir einfach irgendwelche Beleidigungen direkt ins Gesicht, und trotzdem würde jeder in meiner Klasse einen Mord begehen, nur um mit Donna befreundet zu sein. Ich natürlich nicht. Egal, um was es geht, ich würde mich niemals mit ihr anfreunden.

Als meine Eltern mitbekamen, was ich David über Donna erzählte, begann der ganze Ärger. Mom fand Donna »unglaublich hinreißend«. Und Dad meinte nur, was es doch für ein Zufall sei, dass jemand, den ich von zu Hause kennen würde, genau dieselbe Führung durchs Weiße Haus unternehmen wollte. »Ist die Welt nicht klein?«, wiederholte Dad, als ob er irgendein berühmter Philosoph oder so was wäre. »Ja, in der Tat«, antwortete Mom. Weißt du was? Ich finde, die Welt ist in der Tat mehr als viel zu klein, aber Mom und Dad haben beide immer nur wiederholt, wie klein die Welt doch sei.

Schließlich hat Mom mich aufgefordert, Donna hallo zu sagen. Aber weil ich noch eher gefrühstückt hätte, als mit ihr zu reden, habe ich zu Mom gesagt, dass ich sie gar nicht kennen würde. Was ja auch stimmt, denn ich weiß eigentlich nur, wer sie ist. Doch dann wollte Mom wissen, warum mich nach der Schule denn nicht so reizende Freundinnen wie Donna besuchen würden. Ich wollte ihr nicht sagen, dass es mir viel zu peinlich ist, meine reizenden Freundinnen einzuladen, weil sie leider manchmal völlig ausrastet. Und sonst wäre Mom womöglich in Anwesenheit von Donna ausgeflippt, was natürlich oberpeinlich gewesen wäre. Bevor das passiert, sterbe ich lieber. Inzwischen habe ich nämlich gelernt, dass es manchmal besser ist, einfach den Mund zu halten, um nicht in Schwierigkeiten zu kommen.

Trotzdem wurde die Sache noch schlimmer, falls das überhaupt noch möglich war. Dad wiederholte nochmals, was es doch für ein Zufall sei, ausgerechnet hier Familie Landers zu treffen, woraufhin Mom meinte: »Ist das nicht komisch? Komm, wir werden uns einfach vorstellen.« Verdammt komisch, wirklich! Ich habe sie angefleht, es zu lassen, aber Mom meinte, ich solle bitte leiser sprechen. Und bevor ich es überhaupt mitbekam, marschierten Mom und Dad zu den Landers rüber! In dem Moment begann die Führung, und ich habe versucht, mich hinter ein paar anderen Familien zu verstecken, doch dafür war es leider schon zu spät. Ich ahnte, dass nun gleich etwas ganz Schreckliches passieren würde.

Wir standen am Eingang zum Weißen Haus, und Mom und Dad waren verschwunden, um sich endlos lang mit den Landers zu unterhalten. Ich habe noch mitbekommen, wie Mom zu Donnas Mutter sagte, dass »unsere Töchter sich kennen«, obwohl ich doch gerade erklärt hatte, dass ich Donna nicht kenne. Und Donna tat ebenfalls so, als würde sie gar nicht wissen, wer ich bin. Denn als meine Eltern auf mich gedeutet haben, schüttelte Donna nur mit geschlossenen Augen den Kopf, als wenn sie jede Minute in einen Tiefschlaf fallen würde. Donna tut immer so, als würden sie alle nur zu Tode langweilen. Als schließlich der Fremdenführer zu reden anfing, kamen Mom und Dad zurück.

Und dann fiel Dad plötzlich auf, dass ich immer noch den Milchshake in der Hand hatte. Als die Tour losging, waren wir an einem riesigen Schild vorbeigekommen, auf dem stand: »DAS MITNEHMEN VON LEBENSMITTELN UND GETRÄNKEN IST VERBOTEN. DAS FOTOGRAFIEREN IST UNTERSAGT.« Deshalb habe ich meinen Milchshake einfach unter meinem Mantel verschwinden lassen. Das musste ich ja, weil überall diese Sicherheitsbeamten standen. Die trugen übrigens alle ganz normale Anzüge, um wie völlig normale Menschen auszusehen, die eben zufällig immer und überall ein Walkie-Talkie mit sich herumtragen. Natürlich haben sie damit keinen täuschen können, schon gar nicht mich. Und deshalb habe ich mich gleich bemüht, den Milchshake schnellstens zu verstecken. Aber wahrscheinlich habe ich ihn dann vergessen, als die Sache mit Donna Landers passierte.

Doch als Dad den Milchshake entdeckte, wurde er wütend. Zum einen, weil ich ihn eingeschmuggelt hatte, und zum anderen, weil ich ihn nicht ganz ausgetrunken hatte. Dann erklärte er mir, dass wir nach Ende der Führung nirgendwo mehr hingehen würden, falls ich nicht sofort den Milchshake austrinken würde. Natürlich hieß es wieder einmal: »Ende der Diskussion!« Wahrscheinlich würde es darauf hinauslaufen, dass ich zwar den Milchshake austrinken müsste, aber dafür kein Mittagessen bekommen würde. Und eigentlich war ich auch sauer auf mich, weil ich überhaupt diesen Milchshake bestellt hatte. Kate würde ganz bestimmt nicht einen einzigen Schluck von einem Milchshake trinken, egal wie hungrig sie wäre. Und wahrscheinlich würde das Donna auch nicht machen. Du hättest mal sehen sollen, was für dünne Beine sie hat!

Was ich dann gemacht habe, wollte ich ehrlich gesagt

wirklich nicht tun, aber es blieb mir gar nichts anderes übrig. Denn ich hatte keine Lust drauf, vor dem Weißen Haus zu sitzen und mich direkt vor den Augen dieser Donna Landers über einen blöden Milchshake zu streiten. Erst hatte ich vor zu behaupten, dass ich auf die Toilette müsse, um dort den Milchshake ins Klo zu gießen. Da ich keine weiblichen Sicherheitsbeamten entdecken konnte, habe ich angenommen, dass ich auf der Damentoilette relativ sicher bin. Aber dann fiel mir ein, dass Mom wahrscheinlich mitkommen würde, weil sie wie alle ihre Freundinnen liebend gern auf die Toilette geht, um ihren Lippenstift nachzuziehen. Stattdessen habe ich dann geplant, während unserer Führung immer ein kleines bisschen von dem Shake auszuspucken, was erst sehr viel später auffallen würde, wenn man die kleinen braunen Flecken auf den Teppichen entdecken würde. Aber ich wollte nicht das ganze Weiße Haus versauen, und außerdem finde ich es nicht richtig, dem Präsidenten alle Teppiche zu ruinieren, wenn man sein Haus besichtigt. Und plötzlich habe ich bemerkt, dass ich direkt neben einem großen Bücherschrank stand. Mom, Dad und David waren wieder bei den Landers drüben, und ich war ganz hinten in einer Gruppe von Menschen eingezwängt. Keiner konnte mich sehen, weil ich ziemlich klein bin.

Und plötzlich hatte ich eine Idee. Mir blieb keine Zeit darüber nachzudenken, was ich da anstellen würde, weil wir uns in keinem der Räume lange aufhielten. Sie haben uns die ganze Zeit über herumgescheucht, was vermutlich damit zu tun hatte, dass sich die Fremdenführer all diese Informationen kaum merken konnten. Also habe ich ganz schnell meinen Mantel geöffnet und den kompletten Milchshake in den Bücherschrank gekippt. Dann ging die Führung weiter. Ich schwöre, keiner hat etwas mitbekommen. Meiner Meinung nach war es längst nicht so schlimm, irgendein Buch als sämtliche Teppiche zu versauen. Trotzdem habe ich nachgesehen, ob ich nicht irgendein wichtiges Buch ruiniert habe. Aber die sahen alle wie Attrappen aus. Ich glaube kaum, dass irgendwann einmal einer auf die Idee kommt, eines davon zu lesen.

Als die Führung schließlich zu Ende war, erklärte mir Dad, dass wir erst dann woanders hingehen würden, wenn ich meinen Milchshake endlich ausgetrunken hätte. Ich habe ihm gesagt, dass ich ihn bereits drinnen ausgetrunken hätte. Und als Beweis habe ich ihm den leeren Becher in die Hand gedrückt. Weil aber Dad ein sehr misstrauischer Mensch ist, wollte er wissen, wie es mir denn gelungen sei, den Milchshake vor all den Sicherheitsbeamten auszutrinken. Da habe ich einfach nur mit den Schultern gezuckt und gemeint, dass sich keiner drum gekümmert hätte. »Und außerdem«, habe ich ihn gefragt, »was hätte ich denn damit im Weißen Haus sonst wohl anfangen können? Also wirklich, Dad.« Dazu ist ihm dann nichts mehr eingefallen.

Und dann wollte Mom natürlich ein paar Fotos machen. In keinem der Gebäude, die wir besichtigt haben, ist das Fotografieren erlaubt, und deshalb zückt Mom immer beim Hinausgehen sofort ihre Kamera. Es war ihr völlig egal, dass wir bereits Hunderte von Gebäuden im gesamten D.-C.-Gebiet fotografiert hatten. Sie wollte unbedingt vor dem Weißen Haus fotografiert werden. Und außerdem ist sie ja nie mit nur einem Foto zufrieden. Sie möchte immer in jeder nur erdenklichen Kombination fotografiert werden: Sie will eines von ihr alleine, eines von ihr mit Dad zusammen, eines von ihr mit »den Kindern«, eines von ihr mit Dad und mir, eines von ihr mit David und Dad, und dazu noch alles, worauf sie gerade Lust hat. Gerade als die Landers an uns vorbeikamen, hatte sie Lust auf ein Foto, auf dem wir alle zusammen zu sehen sind.

Ich habe Mom angefleht, bloß nicht die Landers darum zu bitten, das Foto zu machen. Ich habe gesagt, ich würde alles machen, was sie von mir verlangt, nur soll sie bitte nicht die Landers darum bitten. Aber es war völlig umsonst. »Mach dich nicht lächerlich«, meinte sie. Und dann hat Mom laut gerufen, um Mr. Landers Aufmerksamkeit zu erregen, woraufhin uns alle anstarrten, die an uns vorbeigingen. Donna warf mir daraufhin ihren Schlafzimmerblick zu, und ich habe ihr dafür einen wütenden Blick zugeworfen. Schließlich sollte sie wissen, dass es nicht meine Idee war, aber wahrscheinlich wird sie trotzdem zu Hause allen erzählen, wie peinlich meine Familie ist. Ich glaube, ich habe immer noch wütend dreingeblickt, als Mr. Landers abgedrückt hat.

Zum Mittagessen sind wir in ein hübsches Lokal gegangen, wo sie Jazzmusik gespielt haben und überall Grünpflanzen hingen. Ich hatte schon beschlossen, dass es okay wäre, ein halbes Sandwich zu essen, weil ich ja den Milchshake nicht ausgetrunken hatte. Aber zum Sandwich wurde dann auch noch Kartoffelsalat serviert. Vermutlich hat Kate vergessen, mich darauf hinzuweisen, dass ich das Kleingedruckte auf der Speisekarte auch noch lesen muss.

Ich habe angenommen, dass Mom und Dad mit mir zufrieden sein würden, wenn ich die Hälfte meines Brotes essen würde. Aber Dad meinte, dass ich auch etwas von dem Kartoffelsalat essen müsse. Ich habe ihm gesagt, dass Mom auch nichts von ihrem Kartoffelsalat gegessen und ihn einfach auf Dads Teller gekippt hat. Ich wünschte, ich könnte mein Essen auch einfach auf den Teller anderer Leute kippen, wenn ich wie Mom keine Lust hatte, es aufzuessen, habe ich zur Antwort gegeben. Aber daraufhin hat Mom gesagt: »Wir möchten nur unseren Urlaub genießen und sind es wirklich Leid, weiterhin mit dir diesen Kampf auszufechten.« Auf gar keinen Fall würde ich diesen Salat essen.

Unserem Zeitplan nach sollten wir um sechzehn Uhr in der Wohnung von Dads Tante Rose und Onkel Morris sein. David und ich sollten dort ein paar Tage wohnen, damit

Mom und Dad alleine ausgehen konnten. Ich habe auf meine Armbanduhr gesehen und dabei ist mir aufgefallen, dass mein Handgelenk so mager wie das von Kate aussah. Deshalb habe ich angenommen, dass die Diät nun endlich funktionierte. Doch am allerbesten war, dass es bereits halb vier war. Und Mom und Dad hassen es, zu spät zu kommen. Ich wusste, dass ich diesen Streit gewinnen würde. Als ich drei Kaninchen und einen Hut aus meiner Serviette gefaltet hatte, gaben Mom und Dad schließlich auf.

Nach dem Verlassen des Restaurants gingen Mom, Dad und David wieder voran, während ich hinterhertrottete, als wäre ich eine streunende Katze oder so was. Dann hielt Mom bei einem Briefkasten an, um weitere Ansichtskarten einzuwerfen, während Dad und David sich ausführlich über amerikanische Geschichte unterhielten. Weil keiner mit mir redete, habe ich darauf geachtet, auf dem Bürgersteig auf keine der Begrenzungslinien zu treten. Als wir dann endlich vor Onkel Morris' und Tante Roses Haustür standen, hat Dad sich zu mir umgedreht und mit seiner bebenden Stimme gemeint: »Wehe, du spielst mit Morris und Rose dieses Spielchen!« Ich habe angenommen, dass Dad damit alles gesagt hatte, weil er normalerweise nur sehr wenig spricht, wenn er diese zittrige Stimme bekommt. Doch dann fuhr er völlig unerwartet fort: »Ich schwöre dir, dass ich dich umbringe, wenn du irgendwelche Schwierigkeiten machst!« Ich wollte ihm eigentlich erklären, dass man doch keinen umbringt, nur weil er bei den Mahlzeiten kleine Portionen zu sich nimmt, aber Dad hat mich mit den Worten »Ende der Diskussion« unterbrochen. Dabei haben wir ja überhaupt keine Diskussion geführt.

Der Tag der Buße

Auch wenn Dad Diskussionen gerne abwürgt, war mir klar, dass er trotzdem weiterhin mit mir über meine Essgewohnheiten diskutieren würde. Sogar gestern Abend hat er wieder damit angefangen, als Mom und Dad von einem Abendessen mit dem aufgeblasenen Cousin zurückkamen. Der Grund, weshalb er wieder darauf zu sprechen kam, war, dass Dads Onkel Morris und seine Tante Rose ziemlich alt sind und deshalb über fast nichts anderes als Essen reden. Ohne Umschweife haben sie ihm gleich berichtet, dass ich zum Abendessen kaum etwas gegessen hätte.

Tante Rose hat geschwärmt, dass David »wie ein Pferd« gegessen hätte. »Der Junge ist so ein guter Esser«, meinte sie. Und dann hat sie gesagt, dass »die Kleine« – womit sie mich meinte – »wie ein Vögelchen isst«. Es scheint ihr zu gefallen, uns mit Tieren zu vergleichen. »Sie war einfach müde«, fuhr Tante Rose fort, »aber das Mädchen muss ein bisschen Fleisch auf ihre Knochen bekommen. Der Junge ist ja gesund wie ein Ochse.«

Nachdem Onkel Morris und Tante Rose in ihrem Schlafzimmer verschwunden waren, kamen Mom und Dad rein, um uns eine gute Nacht zu wünschen, bevor sie in ihr Hotel zurückfuhren. Dad hat nochmals betont, dass ich unbedingt etwas essen müsste, ganz so, als würde ich gleich sagen: »Gut, Dad, ich liebe dich.« Und danach würden wir uns alle in den Armen liegen und schlafen gehen. In *The Brady Bunch* passiert das ständig, aber in meiner Familie ist das noch nie vorgekommen. Nicht ein einziges Mal. Das Einzige, was tatsächlich passierte, war, dass ich gesagt habe: »Ihr werdet mich nicht dazu zwingen können«, was Mom ziemlich wütend machte. »O ja, das können wir«, drohte sie. »Nein, das könnt ihr nicht«, gab ich zurück. »Und ob wir das können«, erwiderte Mom daraufhin. »Ja, und wie?«, wollte ich wissen. Also ehrlich, was schwebte ihnen denn vor? Wollen sie mich dazu verdonnern, in einem Baskin Robbins so lange herumzusitzen, bis ich irgendwann einmal Tausende von Milchshakes getrunken habe? »Wir wissen schon wie«, antwortete Mom. Habe ich dir eigentlich schon erzählt, dass Mom es hasst, etwas zu erklären?

Irgendwann einmal mischte sich dann Dad ein. Ich habe erwartet, dass er einfach »Ende der Diskussion« sagen und dann gehen würde, aber stattdessen meinte er: »Glaube ja nicht, dass du dieses Spielchen ewig weiterspielen kannst, denn wir werden uns mit deinem Verhalten nicht abfinden.« Da wusste ich, dass ich das logischste Argument aller Zeiten hatte. Ich habe Dad erklärt, je mehr sie dieser Sache Beachtung schenken würden, umso weniger würde ich essen. Und dann habe ich noch gesagt, er sollte einfach vergessen, was ich esse, und den Ratschlag in seinem Ratgeber für Kinder befolgen, den er so schätzt, und dann würde alles wieder in Ordnung kommen. »Ihr habt es doch auch ignoriert, dass ich eine ganze Woche lang kein Wort gesprochen habe. Und wie du siehst, rede ich ja jetzt auch wieder«, erklärte ich.

Eigentlich weiß ich nicht, warum ich dann richtig traurig wurde, als ich das gesagt hatte. Ich habe mir so sehr gewünscht, dass Mom einfach zu mir kommt und mich in die Arme nimmt, so wie es Mrs. Brady machen würde, wenn Marcia, Jan oder Cindy wegen irgendetwas traurig sind. Und dann passierte das absolut Irrste überhaupt. Mom verwandelte sich in Florence Henderson! Es war die reinste Zauberei. Sie stand von ihrem Stuhl auf, kam zu mir ans Bett und gab mir einen Gutenachtkuss auf die Stirn. »Schlaf gut, Süßes«, meinte sie. Und dann sind Mom und Dad gegangen.

Mal abgesehen davon, dass es für Mom absolut irre war, sich so zu verhalten, war die Sache noch viel verrückter, weil Mom es normalerweise nicht leiden kann, wenn ich bessere Argumente als Dad habe.

Heute Morgen habe ich Mom und Dad gar nicht gesehen. Bei Onkel Morris und Tante Rose zu wohnen hat wirklich Vorteile. Wir können uns den ganzen Tag über entspannen, während Mom und Dad herumrennen, noch mehr Fotos machen und noch mehr langweilige Gebäude besichtigen. Das einzige Problem dabei ist, dass es in der ganzen Wohnung wie in einer Arztpraxis riecht und alle Sofas in Schutzüberzüge aus Plastik gepackt sind. Deshalb muss man auf einem Sofa sitzen, das einem an den Beinen kleben bleibt, wenn man aufstehen möchte. Und natürlich redet Tante Rose den lieben langen Tag über nichts anderes als Essen.

Im Gegensatz zu Mom hat Tante Rose keine Haushälterin, und deshalb kocht sie praktisch alles selbst. Zum Mittagessen gab es eine halbe Grapefruit, irgend so ein Gericht in der Kasserolle mit Käse und dazu hausgemachtes Brot. Im Vergleich zu dem Mief in der Wohnung roch es ziemlich gut. Da ich heute bis zum Frühstück durchschlafen durfte, hätte ich durchaus ein bisschen mehr essen können. Ich hätte sogar noch mehr als ein bisschen mehr essen können, denn als ich ins Badezimmer ging, um zu duschen, habe ich auf der Suche nach Seife unter das Waschbecken geguckt und dabei eine Waage entdeckt. Irgendwie hat mich das überrascht, weil ich nicht angenommen habe, dass es auch alte Leute noch interessiert, ob sie sexy aussehen. Dabei habe ich auch die Zähne von Onkel Morris in einem Plastikbehälter entdeckt, was ich ziemlich krass fand. Jedenfalls hat sich herausgestellt, dass ich jetzt knapp dreißig Kilo wiege, also fast zwei Kilo weniger als auf der Hotelwaage. Trotzdem nehme ich an, dass mit dieser Waage irgendwas nicht stimmt, weil meine Beine immer noch dick wirken, wenn ich sie nicht übereinander schlage.

Als ich mich zum Mittagessen hingesetzt habe, bekam ich plötzlich Angst, ich könnte möglicherweise schon allein von dem Geruch des Essens zunehmen. Ich habe gesehen, wie der Dampf aus der Kasserolle aufgestiegen ist. Mit einem Mal ist mir eingefallen, dass ich im Naturkundeunterricht gelernt habe, dass der Dampf sich seinen Weg bahnt. Und wahrscheinlich würde er sich irgendwo in der Wohnung aufhalten, denn alle Fenster waren geschlossen, weil es regnete. Und da kam es mir in den Sinn, dass der Dampf wahrscheinlich sofort in meine Nase steigen würde und damit in meinen Körper und von dort direkt in meinen Magen. Und auf einmal hatte ich das Gefühl, ziemlich satt zu sein.

Ich war tatsächlich so satt, dass ich überhaupt nichts mehr essen konnte. Aber Tante Rose ist ziemlich empfindlich, wenn es darum geht, dass keiner aufisst, was sie gekocht hat. Und deshalb hat Tante Rose beim Essen ununterbrochen auf die Kasserolle oder das Brot gezeigt und gemeint: »Es kinder.« Wie ich herausgefunden habe, war das Jiddisch und heißt: »Kinder, esst.« David hat erklärt, dass es kaum etwas zu essen gab, als Onkel Morris und Tante Rose noch Kinder waren, und dass sie deshalb natürlich dafür sorgen wollen, dass wir genug zu essen bekommen. Deshalb ist Tante Rose auch wieder in die Küche gegangen und mit einer Menge Sachen zurückgekommen, die sie, wie sie meinte, nur für mich gemacht hätte – belegte Brote, Suppe, Plätzchen und was man sich sonst noch so vorstellen kann. Doch als ich immer nur den Kopf geschüttelt und nein gesagt habe, haben sich Onkel Morris und Tante Rose etwas auf Jiddisch zugeflüstert. Und dann ist Tante Rose wieder in die Küche gegangen und hat noch eine ganze Menge mehr Essen hereingetragen, von dem ich mich bedienen sollte. Sie ist wirklich eine unglaublich nette Frau, aber sie hat einfach nicht kapiert, dass ich nichts essen werde, selbst dann nicht, wenn sie die tollste Mahlzeit der Welt auf den Tisch stellen würde. Was überhaupt nicht böse gemeint ist oder so.

Tante Rose schien wirklich traurig zu sein, und deshalb habe ich etwas von der Grapefruit gegessen, weil ich davon ausgegangen bin, dass man davon nicht an Gewicht zulegen würde. Aber sie war viel süßer, als ich erwartet habe, und plötzlich habe ich die Zuckerdose auf dem Tisch entdeckt. Wie sich herausstellte, hatte Tante Rose bereits die Grapefruit-Stücke mit ein bisschen Zucker bestäubt, damit sie besser schmecken, aber ich wollte keinen Zucker essen. »Zucker ist der Feind«, heißt es in einem der Diätbücher von Julies Mutter. Und dann steht da noch in Großbuchstaben: »VERMEIDEN SIE ZUCKER!« Das hat sich Julie ausgeschnitten und an ihre Zimmerwand gepinnt. Weil ich nicht gleichzeitig über das Diätbuch von Julies Mutter und die Grapefruit nachdenken konnte, habe ich einfach zu essen aufgehört.

Daraufhin haben Onkel Morris und Tante Rose wieder auf Jiddisch zu flüstern begonnen und mich bei fast jedem Satz angesehen. Sie wollten unbedingt wissen, ob ich krank wäre oder irgendetwas bräuchte oder ob Tante Rose irgendetwas anderes für mich kochen könnte. Ich hätte Tante Rose so gerne etwas gesagt, um ihre Kochkünste zu loben, aber ich konnte natürlich nichts essen, solange mir die Kochkünste direkt in den Magen stiegen. Irgendwann dann habe ich ihr einfach erklärt, dass ich fasten würde, so wie am Jom Kippur (Anm. d. Ü.: jüdischer Feiertag, Versöhnungsfest), weil ich mehr über meine Religion lernen wollte. Ehrlich gesagt ist meine Familie gar nicht religiös, aber meiner Meinung nach war das, spontan gesehen, eine ziemlich gute Lüge. Doch dann hat Onkel Morris versucht mir zu erklären, dass der Jom-Kippur-Feiertag nicht im April, sondern im September sei und dass man nur einen Tag lang bis zum Sonnenuntergang fasten müsse, und auch nur dann, wenn man für seine Sünden büßen müsse. »Ein so reizendes Mädchen wie du«, meinte er, »das muss doch ganz bestimmt noch keine Sünden büßen.« Nach seinen Worten habe ich mich entsetzlich gefühlt, weil ich ja gelogen habe. Aber diese Lügerei hat gar nichts gebracht, sondern alles nur noch schlimmer gemacht, weil Tante Rose völlig aufgeregt meinte, dann würde sie für mich ein wunderbares Abendessen kochen, eines, wie es der Tradition nach zum Ende von Jom Kippur gekocht würde. Ich habe bei Gott geschworen, dass ich nie mehr lügen werde, wenn Tante Rose dieses riesige Abendessen nicht für mich zubereiten würde. Und das habe ich total ernst gemeint, obwohl ich ja die meiste Zeit gar nicht an Gott glaube. Aber wahrscheinlich hat Gott gewusst, dass ich eigentlich nicht an ihn glaube, weil Tante Rose gar nicht mehr aufhören wollte, über dieses Abendessen zu reden, das sie für mich bereiten wollte. Und schließlich hat mir David auch noch diesen Blick zugeworfen, mit dem er einfach nur sagen wollte »reingefallen!«. Und ich habe ihn mit einem meiner gemeinsten Blicke überhaupt bedacht, aber er äffte mit seinem breiten Grinsen bloß sein »reingefallen« nach. Seit kurzem hat David Spaß daran, wenn ich mich in die Nesseln setze.

Danach versuchte ich, mich an diesem Tag aus irgendwelchen Schwierigkeiten herauszuhalten. Ich habe meinen ersten Brief an Kate geschrieben, weil wir morgen abreisen werden und ich sie nicht mehr wiedersehen konnte. Ich teilte ihr mit, dass ich nun doch nicht die Treppen im Washington Monument hochgestiegen sei, was egal sei, weil ich mich jetzt so wie sie ernähren würde. Dann habe ich Onkel Morris gebeten, für mich die Briefmarke abzulecken, weil ich nicht weiß, ob man von dem Klebstoff nicht dick werden kann. Schließlich weiß man ja wirklich nicht, was die Leute in solche Sachen mischen, wenn ich nur an die Grapefruit und den Zucker denke. Auch wenn ich es bezweifle, würde es mich schon interessieren, ob Kate die Briefmarken ableckt, wenn sie mir einen Brief schreibt. Kate gehört bestimmt zu den Menschen, die niemals eine Briefmarke ablecken.

Als Mom und Dad dann schließlich gegen Abend wiederkamen, liefen Mom die Tränen übers Gesicht und ihr ganzes Make-up war verschmiert, nur weil sie diesen aufgeblasenen Cousin zum letzten Mal besucht hatten. Mom heult jedes Mal stundenlang, wenn sie sich von Leuten verabschiedet. Doch an diesem Abend hörte sie ganz schnell zu heulen auf. Ganz einfach weil sie Tante Rose in der Küche vorfand, die für mich ein »ganz, ganz schnelles« Abendessen zubereiten wollte. Und daraufhin lief Mom Amok. Ungelogen.

TEIL II
Frühjahr 1978

Bitte helfen Sie den Hungernden!

Als wir aus Washington zurückkamen, griff Mom als erstes zum Telefon und machte drei Termine aus: einen mit ihrer Friseuse, einen mit ihrer Pediküre und einen mit Dr. Katz. Ich habe Mom erklärt, dass ich nicht zum Arzt zu gehen bräuchte, nur weil ich mich bemühe wie eine ganz normale Frau zu essen, doch da hat sie Dad wieder ganz nervös angesehen. Daraufhin ist er in seinem Arbeitszimmer verschwunden, um seine Pfeife zu rauchen, und Mom ging ins Schlafzimmer, wahrscheinlich um eines von ihren *Redbook*-Magazinen zu lesen oder zum x-ten Mal ihren Kleiderschrank umzuräumen.

Heute im Wartezimmer von Dr. Katz lagen keine *Redbooks*. Die meisten Zeitschriften hatten so Namen wie *Das Beste für Ihr Kind*, aber es gab auch eine, die hieß *Bon Appetit*, die ich dann zu lesen angefangen habe. In der ganzen Zeitschrift, ja sogar in den Anzeigen ging es ausschließlich ums Essen. In Moms Zeitschriften gibt es zwar auch Rezepte – zum Beispiel »12 tolle Keksideen« –, aber dann folgen schon auf der nächsten Seite garantiert Artikel wie »12 tolle Diätpläne«, wo man dann zu lesen bekommt, dass man bloß nie das essen soll, was man gerade gebacken hat. Während man laut *Bon Appetit* auch wirklich alles essen darf, was man gekocht hat. Außerdem wird da im Gegensatz zu Moms Zeitschriften nicht erklärt, wie viele Kalorien ein Gericht hat.

Ich weiß eine ganze Menge über Kalorien, weil ich am Montag auf dem Nachhauseweg mit Julie in eine Buchhandlung gegangen bin. Und da habe ich einen ganzen Stapel Diätbücher von meinem zusammengesparten Taschengeld gekauft. Eines davon heißt *Ihr persönlicher Kalorientabellen-Begleiter*, und darin sind die Kalorien von so gut wie jedem Lebensmittel dieser Erde aufgelistet. Es heißt deshalb »Ihr Begleiter«, weil man es immer und überall bei sich haben soll für den Fall, dass man plötzlich nachschlagen möchte, wie viel Kalorien irgendetwas hat. Das Buch ist ganz gut, wenn man nur den Teil mit den Kalorientabellen liest, aber man sollte auf gar keinen Fall den Teil lesen, in dem erklärt wird, wie man eine Diät macht. Da stehen nämlich so Sachen wie: »Wenn man weniger Kalorien zu sich nimmt, als man täglich verbrennen kann, dann wird man ganz bestimmt ein paar Pfunde verlieren.« Logo!

Jedenfalls wollte ich nicht, dass Julie mitbekommt, dass ich gerade eine Diät mache, weil sie ihren Mund nicht halten kann und es womöglich ihrer Mutter erzählt, die ein noch größeres Klatschmaul ist und es meiner Mom erzählen könnte, die ja ihren Mund überhaupt nicht halten kann und ihn nur dazu benutzt, um mich wieder anzuschreien. Deshalb habe ich Julie erzählt, dass die Bücher ein Geschenk für meine Mom seien, und Julie hat mir dabei geholfen, die zusammenzusuchen, die ihrer Mom am besten gefallen. Aber da ihre Mom noch nie ein Gramm abgenommen hat, obwohl sie diese Bücher liest, habe ich nur die gekauft, von denen Julie meinte, dass sie ihre Mutter nicht hat.

Als ich nach Hause kam, bin ich nach oben gerannt und habe die Bücher unter meiner Matratze versteckt. Denn David versteckt seine *Playboy*-Hefte auch da, und ich glaube nicht, daß Mom und Dad das schon rausgekriegt haben. Aber ich. Ich habe David einmal dabei beobachtet, wie er seine *Playboys* unter der Matratze hervorgeholt hat und sie dann mit ins Badezimmer genommen hat. Eigentlich habe ich schon lange vor, mir eines der Magazine anzusehen, wenn David nicht daheim ist, um selbst zu sehen, wie eine sexy Frau wirklich aussieht, aber bis jetzt habe ich immer gekniffen. David hat geschworen mich umzubringen, falls ich jemals seine Sachen anrühren sollte, und ich bin absolut davon überzeugt, dass er das ernst gemeint hat. Aber weil David seine *Playboys* im Badezimmer liest, gehe ich mal davon aus, dass es sich beim Badezimmer um einen ziemlich privaten Ort handelt, in dem ich auch meine Diätbücher lesen kann.

Weil ich sehr schnell lese, hatte ich schon nach ein paar Tagen eine Menge über Diäten gelernt. In allen Büchern konnte man erfahren, dass man nur dann wirklich abnimmt, wenn man es auch will, und dafür muss man unbedingt die abgedruckten Regeln einhalten. Das Problem ist nur, dass sie in jedem Buch wieder völlig neue Regeln aufstellen. So steht da zum Beispiel in einem Buch, man soll alle Getränke mit Wasser mischen, um sie zu verdünnen. In einem anderen Buch steht, man soll nach jedem Bissen erst mal wieder seine Gabel auf den Teller legen. Und in einem weiteren Buch habe ich gelesen, man soll jede Mahlzeit halbieren, wenn man sich zum Essen hinsetzt, und in einem Restaurant soll man sie in vier Viertel aufteilen, weil wir Amerikaner alle sowieso zu viel essen. Ehrenwort, seit meinem elften Geburtstag habe ich dermaßen viele neue Regeln kennen gelernt, dass ich mir die alle langsam nicht mehr merken kann.

In einem Buch steht, man muß sich nur an ihre Regeln halten – zum Beispiel vor jeder Mahlzeit drei Gläser Wasser trinken, damit der Magen voll ist –, um täglich ein Pfund abzunehmen. Und dann würden alle Freunde auf einen eifersüchtig sein. Sobald man anfängt abzunehmen, so steht wiederum in einem anderen Buch, werden sicher alle wissen wollen: »Wie haben Sie das bloß geschafft?« Doch das soll man bloß keinem verraten, weil es »Ihr kleines Geheimnis« bleiben soll. Und genau über diesem Abschnitt steht Folgendes: »*New-York-Times*-Bestsellerliste«. Tolles Geheimnis! Diese Bücher sind alle ein ziemlicher Schwindel. Aber wenigstens habe ich jetzt einen Plan.

Ich habe gerade überlegt, worauf ich beim Abendessen verzichten würde, als die Sprechstundenhilfe von Dr. Katz Mom und mich in seinen Untersuchungsraum gerufen hat. Ich habe mich auf einen dieser Tische gesetzt, auf denen immer zerknittertes weißes Papier liegt. Dr. Katz sagte: »Was kann ich denn für dich tun, Liebes?« Dr. Katz stammt aus Texas und klingt immer unglaublich fröhlich, sogar wenn man eine Halsentzündung hat.

Doch bevor ich antworten konnte, hielt Mom erst mal eine lange Rede und erklärte Dr. Katz, dass ich ihnen absichtlich die ganze Washington-Reise verdorben hätte und dass sie nicht im geringsten wüsste, was denn jetzt schon wieder mit mir los sei, und dass sie einfach meine ganzen Spielchen, die ich da abziehen würde, gründlich satt hätte.

»Wir haben gedacht, Sie könnten ihr vielleicht ein bisschen gesunden Menschenverstand einhämmern!«, meinte sie. So als müsste Dr. Katz nur mit diesem kleinen Hämmerchen, das er benutzt, um meine Reflexe zu testen, ein paar Mal auf meinen Kopf hauen, und schon würde ich ganz brav wieder meinen Kartoffelsalat aufessen.

Stattdessen hat mir Dr. Katz etwas Blut abgenommen. »Drück fester«, wiederholte Mom ununterbrochen. Sie kann den Anblick von Nadeln nicht ertragen, deshalb muss ich immer ihre Hand halten, wenn ich Spritzen oder Blut abgenommen bekomme. Mom hat eine solche Angst vor den Dingern, dass ich ihr, als Dr. Katz schließlich meinte: »Gut, es ist vorbei«, versprechen musste, erst ein Pflaster drauf zu kleben, bevor sie wieder ihre Augen aufmachen und meine Hand loslassen würde.

Nach der Blutabnahme hat mich Dr. Katz gewogen, mein Herz und meine Lungen abgehört und meinen Rachen ausgeleuchtet, obwohl ich überhaupt keinen Husten oder so was habe. Das macht Dr. Katz nur, weil es ihm unheimlich viel Spaß macht, seinen Mundspatel zu benutzen. Ich möchte wetten, dass er vor allem nur deshalb Arzt geworden ist, weil er so den ganzen Tag lang seinen Mundspatel benutzen kann. Aber obwohl mit mir alles in Ordnung war, hat er mir mindestens zwanzig Minuten lang tief in die Augen geblickt, ohne etwas zu sagen. Schließlich wollte Dr. Katz von mir wissen, warum ich seit meiner letzten Untersuchung im Dezember fast drei Pfund abgenommen hätte. Ich habe mich dumm gestellt und so getan, als wüsste ich nicht, warum ich so viel Gewicht verloren hätte, aber Mom hat sich ständig eingemischt und seufzte jede Sekunde: »Also, wirklich!«

Ich habe Dr. Katz erklärt, dass Mom und Dad das Ganze irre übertreiben würden (»Also, wirklich!«) und dass er als Arzt bestimmt wisse, dass alle Menschen gewissen Gewichtsschwankungen unterworfen seien (das habe ich in *Auch Sie können die perfekte Figur haben* gelesen), und dass ich einfach nur versuchen würde, mich gesund zu ernähren, weil Mom uns ständig mit diesen ungesunden Lebensmitteln wie »Wonder Bread« und Mayonnaise vergiften würde (»Also, wirklich, Lori!«). Um zu beweisen, dass Mom uns ungesund ernährt, hätte ich ihm gerne meine Diätbücher gezeigt. Aber wahrscheinlich hätte man mich dann schon allein deshalb bestraft, weil ich mir solche Bücher gekauft habe. Falls du es noch nicht bemerkt haben solltest – ich werde eigentlich immer bestraft.

Dann hat Dr. Katz mich gebeten, in sein Büro zu kommen, weil er mit mir über meinen »Zustand« reden wollte. »Welchen Zustand?«, habe ich gemeint. Schließlich achten doch alle, die ich kenne, auch darauf, was sie essen, und keiner schickt sie deswegen zum Kinderarzt. Aber Dr. Katz gab mir keine Antwort. Er hat nur gemeint, dass ein Mädchen meines Alters nicht an Gewicht verlieren, sondern zulegen sollte. Was vermutlich so aussieht, dass ich in den kommenden Jahren mehr als normalerweise zunehmen werde, weil ich mich jetzt entwickle (in was – in einen Fettsack?). Und dass auch ich jetzt, obwohl ich immer dünn war, Kurven bekommen würde, was ich anfangs vielleicht »schrecklich« finden würde (das heißt, ich werde echt fett). Damit es aber überhaupt nicht so weit kommen kann, müsste ich eine ganz vorsichtige Diät einhalten, was aber »nicht bedeutet, dass die Kalorien reduziert werden«, wie Dr. Katz erklärte (in *Ihr persönlicher Kalorientabellen-Begleiter* steht aber was ganz anderes). Dann hat Dr. Katz gesagt, dass ich täglich dreimal einen Viertelliter Vollmilch trinken müsse und in einer Woche wieder bei ihm für einen weiteren »Gewichts-Check« vorbeikommen solle. Mrs. Rivers mag zwar dämlich sein, aber in einem hatte sie Recht: Das Leben ist wirklich unfair.

Als dann mein Termin beendet war, haben sich Mom und Dr. Katz auf diese heuchlerische Weise umarmt, bei der man den anderen hinter dem Hals in die Luft küsst. Dann sind Mom die Tränen in die Augen gestiegen, und sie wollte gar nicht mehr aufhören, Dr. Katz zu danken. »Ich danke Ihnen so sehr«, flüsterte sie ununterbrochen, als habe er soeben mein Leben gerettet, weil er mir geraten hat, Vollmilch zu trinken. Ganz bestimmt ist seine medizinische Ausbildung nicht gerade die beste gewesen. Aber Mom war von Dr. Katz' Plan so begeistert, dass wir anschließend sofort zum Supermarkt gefahren sind, damit ich gleich zum Abendessen meine Vollmilch trinken könnte. Die ganze Geschichte mit meiner Diät nervt mich sowieso, aber die Sache mit der Vollmilch ging doch wirklich echt zu weit. Nur Babys trinken Vollmilch. Alle meinen, ich solle endlich erwachsen werden, und dann behandeln sie mich wie ein Baby. Glaub mir, die Menschen sind völlig irre.

Ich wollte mit Mom nicht in den Supermarkt, vor allem, weil ich Hunger hatte und nicht diese Unmengen von Lebensmitteln sehen wollte. Ich muss dir gestehen, dass ich seit unserer Rückkehr aus Washington kaum eines der Pausenbrote gegessen habe, die Mom mir eingepackt hat. Am Montag habe ich die Hälfte von meinem Salamibrot gegessen und die andere Hälfte habe ich in mein Pult gesteckt. Und die Fritos habe ich den Freunden von mir gegeben, die immer nur was Gesundes für die Pause mitbekommen. Am Dienstag habe ich dann die Fritos wieder verschenkt, aber ich wollte auch nichts von meinem Brot essen. Ich kann aber nicht die ganzen Esssachen in meinem Pult verstauen, weil sie irgendwann einmal das ganze Klassenzimmer verpesten würden. Deshalb habe ich auch meine Brote unter die Leute gebracht. Tracy nahm eine Hälfte davon, aber nur weil Michael Salami liebt und sie damit einen Grund hatte, zu seinem Mittagstisch rüberzugehen. Weil keiner den Rest haben wollte, musste ich ihn wegwerfen, obwohl ich dabei ein ganz schlechtes Gewissen hatte. Denn ich musste an diese Sammelbüchsen im Supermarkt denken, auf denen »Bitte helfen Sie den Hungernden!« steht und auf dem Plakat dazu immer ein halbverhungertes Kind abgebildet ist.

Mir war klar, dass es ein Problem werden würde, jeden Tag mein Pausenbrot herzuschenken, aber der Gedanke, etwas Essbares wegzuwerfen, hat mir auch nicht gefallen. Trotzdem habe ich heute mein komplettes Lunchpaket auf dem Weg zum Klassenzimmer in eine Mülltonne geworfen und bin in der Mittagspause in die Bibliothek gegangen. Ich hatte eigentlich vor, während der Pause in ein paar Diätbüchern zu blättern, aber die Bibliothekarin hat mich an der Tür aufgehalten. »Pausenbrote werden draußen gegessen!«, schrie sie förmlich. Bibliothekarinnen sagen einem zwar ständig, man solle flüstern, aber du kannst mir glauben, dass ausgerechnet sie die lautesten Menschen sind, die ich in meinem ganzen Leben kennen gelernt habe.

Weil ich kein Pausenbrot bei mir hatte, bin ich einfach bis zu einer Kabine weitermarschiert. »Essen und Trinken ist in der Bibliothek verboten!« Na großartig, hätte ich gerne geantwortet, weil es nämlich auch für meinen Körper verboten ist, zu essen und zu trinken. Weil aber Bibliothekarinnen normalerweise nicht gerade für ihren Humor berühmt sind, habe ich ihr gesagt, dass ich mein Pausenbrot schon in der Morgenpause gegessen hätte und an einem Referat arbeiten wollte. In Wahrheit ist es jedoch so, dass ich einfach Hunger bekomme, wenn die anderen in der Mittagspause ihr Essen auspacken.

Und aus diesem Grund konnte ich es kaum noch erwarten, endlich mit Mom den Supermarkt zu verlassen. Aber weil Mom so wahnsinnig gerne einkauft, egal was, hat es eine Weile gedauert, bis sie endlich genau wusste, was sie kaufen wollte. Außerdem gehört sie auch nicht zu den Müttern, die mit einer Einkaufsliste in den Lebensmittelladen gehen. Mom schiebt einfach den Einkaufswagen durch alle Reihen rauf und runter und wirft alles hinein, was ihr gefällt. Allerdings sagt sie dabei immer dann, wenn sie einen Dickmacher wie Eiscreme oder Kekse in den Wagen wirft, »das mag Dad bestimmt«, damit alle, die zufällig in der Lebensmittelabteilung mithören, bloß nicht auf die Idee kommen könnten, Mom könnte diese Sachen für sich kaufen. Sie hält es nicht für besonders damenhaft, wenn man solche Dickmacher für sich selber kauft. Das Einzige, was Mom für sich selbst kauft, sind Frischkäse und Tomaten.

Als wir zur Abteilung mit den Milchprodukten kamen, steuerte Mom direkt auf die Vollmilch zu und hat sie in den Wagen getan. »Die ist für dich, Lori«, hat sie gesagt, damit bloß niemand auf die Idee kommen würde, die Milch wäre für sie. Aber ich habe Mom erklärt, dass es überflüssig sei, die Milch zu kaufen, weil ich nicht im Traum dran denken würde, sie zu trinken. Ich habe sogar versucht, ihr die Sache mit den Sammelbüchsen zu erklären und dass die Kinder in den Ländern wie zum Beispiel Afrika verhungern und dass sie lieber das Geld, das sie für die Vollmilch ausgibt, als Spende in die Sammelbüchse stecken solle. Ich habe ange-

nommen, dass dieser Vorschlag Mom gefallen würde, denn sie liebt es, sich großartig aufzudonnern, um ständig zu irgendwelchen Wohlfahrtsveranstaltungen zu rennen.
»Du wirst die Milch trinken, weil Dr. Katz sie dir verordnet hat, und ärztliche Anweisungen müssen befolgt werden«, meinte sie. Ich habe Mom gesagt, es sei mir total egal, dass er Arzt ist, weil ich trotzdem keine Anweisungen in puncto Essen von einem Mann entgegennehmen würde, der ein Truthahnkinn hat und dem der Bauch über den Hosenbund hängt. Mal ehrlich, was soll so einer schon von Ernährung verstehen? Aber Mom wiederholte nur, dass ich die Anordnungen eines Arztes zu befolgen hätte.

Als wir in den Gang kamen, in dem die Frühstücksflocken stehen, fing Mom an, gezuckerte Flocken wie »Frosted Flakes« und »Captain Crunch« in den Wagen zu packen. »Die mag David«, erklärte sie. Aber in meinen Diätbüchern steht, dass man auf gar keinen Fall Zucker essen soll, weil er nicht nur dick macht, sondern auch noch hungrig. Nur in einem einzigen Punkt sind sich alle meine Bücher einig: Wer Hungergefühle bekommt, kann sich eigentlich gleich umbringen. In diesem einen Buch ging es ausschließlich darum, Methoden zu erlernen, damit man bloß nicht hungrig wird, weil der Hunger ein Dämon ist, den man ständig bekämpfen muss. Darin steht auch, dass man ständig auf der Hut sein muss, weil Hunger ein raffinierter Teufel ist, der einen ständig in Versuchung führt, wenn man nicht aufpasst.

Als Mom dann den Wagen weitergeschoben hat, habe ich ein Päckchen Frühstücksflocken entdeckt, mit denen man angeblich seinen ganzen Tagesbedarf an Vitaminen und Mineralien decken kann. Sie enthalten zwar auch ein bisschen Zucker, aber in *Fun, Fit and Fabulous* steht, dass Zucker ein Energiespender sei. Weil ich mich in letzter Zeit ziemlich schlapp fühle, bin ich davon ausgegangen, dass ich durch den Zucker und die zusätzlichen Vitamine wieder genug Energie bekommen würde, um Sport zu treiben. Diese Frühstücksflocken heißen »Product 19«, und die Packung ist nicht über und über mit Fotos von diesem fetten Captain-Crunch-Kerl bedeckt. Und deshalb habe ich sie in den Wagen gelegt. »Was ist das?«, wollte Mom wissen. Meiner Meinung nach war doch ziemlich klar, was das war, trotzdem habe ich auf die Aufschrift gezeigt und gemeint: »Es ist ein ›Product 19‹ und es ist gesund.« Daraufhin hat Mom die Packung von sich gestreckt, als ob sie vergiftet sei oder so was, und gemeint: »Ich glaube nicht, dass Dr. Katz möchte, dass du die isst.« – »Und ich glaube, dass ein Arzt auch nicht möchte, dass ich ›Captain Crunch‹ esse«, habe ich geantwortet, woraufhin Mom wieder allen Leuten, die auch gerade Frühstücksflokken kauften, einen nervösen Blick zugeworfen hat.

Dann sind wir den nächsten Gang entlanggefahren, und ich habe Knäckebrot in den Wagen gelegt. »Was ist das?«, fragte Mom. Ich habe auf die Verpackung gedeutet und so getan, als würde ich einem kleinen Kind das Sprechen beibringen: »Es ist Knäckebrot«, erwiderte ich ganz langsam, was Mom wirklich wütend machte. »Ich werde Dr. Katz über diese Sache informieren müssen«, flüsterte sie, als ob es ein Staatsverbrechen wäre, Knäckebrot zu kaufen. Dann hat Mom mir einen Vortrag darüber gehalten, dass ich Clara, der verrückten Cousine meines Vaters, die in Berkeley lebt, ständig Räucherstäbchen anzündet und so Sachen wie Vollkornbrot und Biogemüse isst, immer ähnlicher würde. Und so ging das Reihe für Reihe weiter. Jedesmal wenn ich etwas Gesundes in den Wagen getan habe, hat Mom den Kopf geschüttelt und gemeint, dass ich mein Leben lang einsam und allein und Single bleiben würde, genau wie diese verrückte Cousine Clara.

Irgendwann einmal hat es mich gelangweilt Mom zuzuhören, und deshalb habe ich stattdessen auf allen Verpackungen den Hinweis mit den Zutaten gelesen. Eine der Hauptregeln in *Lernen Sie Ihre Lebensmittel kennen* lautet, dass man auf gar keinen Fall etwas Essbares in den Mund stecken soll, bevor man sich nicht genau über die Zutaten informiert habe. »Wenn Ihnen ein Fremder etwas gäbe, würden Sie es auch einfach in den Mund stecken?«, lautet eine Frage in diesem Buch. Es ist ganz offensichtlich, dass man darauf mit Nein antworten soll, weil sie anschließend schreiben: »Ahnungslose Esser machen das jeden Tag. Aus diesem Grund nimmt die Fettleibigkeit in einem gefährlichen Maße zu.« Und das stimmt ja auch. Schließlich habe ich gar nicht bemerkt, dass meine Beine immer dicker wurden.

Als wir schließlich zur Kasse kamen, habe ich eine von diesen Sammelbüchsen entdeckt. »Bitte helfen Sie den Hungernden!« stand darauf. Unter der Schrift war das Foto eines ausgemergelten Mädchens, das wahrscheinlich ungefähr so alt wie ich war. Aber sie hatte wirklich dünne Ärmchen und Beinchen und einen aufgeblähten Bauch, und sie hat mich mit diesen riesigen braunen Augen angestarrt, aus denen fast ihr ganzer Kopf bestand, mal abgesehen von ihren Lippen. Ihre Lippen zeigten fast wie die der Mona Lisa nach oben. Unser Kunstlehrer, Mr. Zielsky, hat einmal gesagt, dass die Lippen der Mona Lisa »geheimnisvoll wirken« sollen. Ich habe das nicht vergessen, weil ich ganz schlecht Geheimnisse für mich behalten kann. Aber das Geheimnis auf den Lippen dieses Mädchens war ziemlich klar: »Die Leute meinen, dass ich Hilfe brauche, weil ich Hunger habe, aber eigentlich sind sie es, die Hilfe brauchen. Denn ich bin wenigstens dünn.« Mir war absolut klar, dass sie genau das gedacht haben muss.

Ich habe weiterhin das Mädchen auf dem Plakat angestarrt, so wie wir bei Dr. Zielsky das Dia der Mona Lisa praktisch eine ganze Ewigkeit anstarren mussten. In den Diätbüchern steht, dass man einen dicken Bauch bekommen würde, wenn man nicht genügend Rumpfbeugen macht, aber sie haben vergessen zu erwähnen, dass man auch einen dicken Bauch bekommen kann, wenn man es mit der Diät übertreibt. Deshalb darf man nur so lange Diät halten, bis man ganz dünne Ärmchen und Beinchen hat, nicht aber diesen widerlich aufgeblasenen Bauch. Und genau das habe ich jetzt vor.

Schließlich habe ich aufgehört, auf den Bauch dieses Mädchens zu starren, aber ich konnte einfach nicht meinen Blick von ihrem Gesicht abwenden. Eine Sekunde lang habe ich gedacht, dass sie mir tatsächlich zugezwinkert hat, aber so genau konnte ich das nicht sagen, denn die Schlange vor der Kasse ist weitergerückt und wir waren plötzlich ganz vorne. Trotzdem glaube ich nicht, dass das Mädchen mir zugezwinkert hat, weil sie doch ihre unglaublich riesigen Augen ziemlich weit aufgerissen hatte. Sie hatte diese Art von großen Kulleraugen, von denen Mom und ihre Freundinnen immer sagen, dass sie wunderschön sind, wenn man nur ein bisschen Wimperntusche auf die oberen Wimpern gibt. Ich wünschte, ich wäre so wunderschön.

Eigentlich habe ich keinen Bock darüber zu reden, was beim Abendessen passierte, als ich mich geweigert habe, die Milch zu trinken. Grundsätzlich hat Mom gemeint, dass ich mich nur immer über alles beschweren müsse, aber ich wollte die Milch trotzdem nicht trinken. Dann hat Dad erklärt, dass ich den Tisch erst dann verlassen dürfe, wenn ich die Milch ausgetrunken hätte. Und deshalb bin ich bis um elf Uhr nachts allein im Dunkeln am Tisch gesessen. Dann kam Mom in einem hübschen rosa Nachthemd nach unten, knipste das Licht an und machte sich daran, ein Stück Pastete aus der Bäckerei aufzuschneiden. Während sie sich über die Küchenspüle beugte, hat sie wohl plötzlich gemerkt, dass ich sie anstarre.

Wahrscheinlich hatte sie völlig vergessen, dass ich noch unten saß. Ich wette, dass sie sich irgendeinen romantischen Film mit Robert Redford reingezogen hatte. Diese dämlichen Filme enden immer genau um dreiundzwanzig Uhr, wahrscheinlich, damit man gleich in einen Tiefschlaf fällt und davon träumt.

»Geh ins Bett«, meinte Mom, als sie mich da sitzen sah. Wie sie das gesagt hat, habe ich sofort gemerkt, dass sie immer noch sauer auf mich war, aber ich war einfach nur froh, dass ich endlich nach oben gehen konnte. Als ich dann am Gehen war, murmelte Mom irgendwas wie: »Aber du wirst morgen früh gleich nach dem Aufstehen deine Milch trinken.« Ich habe sie nicht richtig verstehen können, weil sie den Mund voll Pastete hatte und gleichzeitig gesprochen hat. Dieser Anblick von Mom hat mir wirklich einen Schrecken eingejagt.

Auf dem Weg nach oben musste ich plötzlich wieder an die Sammelbüchsen denken und habe versucht, mich daran zu erinnern, ob tatsächlich einer Geld reingesteckt hatte. Ich glaube, es waren nur ein paar Leute, obwohl das Mädchen auf dem Plakat wirklich total verhungert aussah. Man sollte ja annehmen, dass die Menschen helfen wollen, aber vermutlich jagt das Mädchen ihnen nicht genug Schrecken ein, weil sie einen aus diesen großen, wunderschönen Augen ansieht. Willst du wissen, was ich denke? Sie sollten anstelle dieses hübschen afrikanischen Mädchens lieber ein Foto von Mom auf das Plakat drucken, wie sie sich über die Küchenspüle beugt und dabei den Mund vollstopft. Das würde den Leuten Angst einflößen! Und statt »Bitte helfen Sie den Hungernden!« könnten sie darunter schreiben: »Bitte helft meiner Mom!« Vielleicht würden sie dann mehr Geld zusammenbekommen.

Lactose-Unverträglichkeit

Essen ist die beste Medizin!«, schrie mich Mom gestern Morgen an. Seit Dr. Katz das letzte Woche gesagt hatte, wirft sie mir das bei jeder Mahlzeit an den Kopf. Aber heute hatte sie fürs Frühstück etwas anderes geplant. Weil sie denkt, ich könnte Zucker in unseren weißen Müslischalen nicht sehen, hat sie ein bisschen davon in meine Schale getan, bevor ich zum Frühstück runterkam. Ihr Plan war, dass ich es nicht merken würde und meine »Product 19« einfach mit in die Schale füllen würde. Als ich das mit dem Zucker dann doch bemerkt habe, hat Mom behauptet, sie hätte keine Ahnung, wie er da reingekommen sei, und dass sie es ganz bestimmt nicht gewesen wäre. »Wirklich seltsam«, meinte sie, runzelte sie die Stirn und sah sich dann um, als gäbe es in unserer Küche einen Geist, der den Zucker in die Schale getan hat. Du siehst, Mom ist eine noch schlechtere Lügnerin als ich.

Anschließend hat sich Mom mit ihrer üblichen Toastscheibe an den Tisch gesetzt, und wir bekamen wieder einen Riesenkrach wegen meiner Milch. Ich wollte wissen, warum Mom ihren Kaffee mit Magermilch trinken kann und ich keine Magermilch trinken darf. Natürlich wurde Mom wegen dieser Frage wieder wütend auf mich und hat dann gemeint, dass ich so viel Magermilch trinken kann, wie ich will, wenn ich zur Frau geworden sei. Aber wann wird man denn zur Frau? Wenn man seine Periode hat oder die Highschool besucht oder wählen darf? Ich wünschte, ich wäre schon eine Frau, dann könnte ich Diät machen, und alle würden das ganz normal finden.

Ich habe dann doch nichts zum Frühstück gegessen, weil ich schon viel zu spät für die Schule dran war, als wir endlich zu streiten aufgehört haben und Mom eine saubere, leere Schale holte. Als ich gerade zur Tür rausging, lief Mom mir hinterher und schrie: »Und vergiss nicht unseren Termin bei Dr. Katz heute. Ich hole dich zehn Minuten nach drei pünktlich auf die Sekunde ab. Sei bloß da. Ich bin nicht dein Chauffeur, verstehst du?« Wahrscheinlich hat keiner Mom gesagt, dass man, wenn man Kinder hat, sie immer und überall hinfahren muss, bis sie sechzehn werden und den Führerschein machen dürfen. Denn in ihren dämlichen Soapoperas hat noch nie eine der Frauen ihre Kinder zu einem Arzttermin fahren müssen.

Jedenfalls habe ich überlegt, dass es wohl besser sei, wenigstens einen Teil von meinem Pausenbrot zu essen, weil ich doch zu Dr. Katz für den Gewichts-Check musste. Ich habe keine Ahnung, wie viel ich wiege, weil Dad Moms Waage auf das oberste Regalbrett in seinem Schrank gestellt hat, damit ich nicht drankomme, nicht mal mit einem Stuhl. Und wer weiß, was für ein Getränk sich Dr. Katz als neue Strafe nach der Vollmilch ausgedacht hat, wenn ich wieder abgenommen haben sollte. Sahne vielleicht? Deshalb habe ich auf dem Weg zu meinem Klassenzimmer dieses Mal mein Lunchpaket nicht in die Mülltonne geworfen. Es war sowieso egal, weil ich während der Mittagspause in der Bibliothek sowieso nicht zu meinem Hausaufgaben komme. Normalerweise lese ich einfach noch ein paar Diätbücher und mache Listen mit Lebensmitteln, die ich nicht mehr essen werde.

Und ich glaube, dass sich das sogar lohnt, denn in der Mittagspause haben alle an unserem Tisch bemerkt, dass ich abgenommen habe, und waren ziemlich neugierig, wie ich das geschafft habe. »Was isst du zum Frühstück?«, wollte Leslie wissen. »Genau 19 Flocken von den ›Product 19‹-

Frühstücksflocken mit fünfzig Milliliter Magermilch«, und meine Antwort hat so geklungen, als sei das keine Affäre. »Schmeckt das nicht wässrig?«, fragte Tracy. Wetten, dass Tracy eine Diät nicht mal fünf Sekunden lang durchhält? Alle in unserer Clique haben dieses Jahr angefangen, statt Cola Tab zu trinken, nur Tracy trinkt immer noch Coke. Ich vermute mal, dass sie deshalb ab und zu die Diätpillen ihrer Mom schluckt. »Nein, es schmeckt echt voll gut«, habe ich behauptet. In Wahrheit schmeckt es ziemlich krass, aber manchmal gebe ich gerne ein bisschen an, wenn ich plötzlich irgendwo zum Mittelpunkt werde.

Auch Lana hat mir ein paar Fragen gestellt. Sie hat ihr Sandwich hochgehalten – gepressten Truthahn auf Weißbrot mit Mayonnaise und Biosalat, den auch Dads Cousine Clara isst. »Und was ist mit meinem Brot?«, wollte sie wissen. »Geht das in Ordnung?« Lanas Mutter schneidet ihr die Brote immer in hübsche, kleine Dreiecke und steckt in jedes farbige Zahnstocher, so dass man die Mayonnaise durchsickern sehen kann. »Ein Teelöffel Mayonnaise hat hundert Kalorien«, habe ich erklärt und dann den Kopf geschüttelt, um ihr klarzumachen, dass man so etwas schon mal grundsätzlich nicht isst. Und daraufhin hat Lara ihr Brot weggelegt und dafür einen Apfel herausgeholt.

Dann haben mich alle umringt und gleichzeitig Fragen gestellt, als wäre ich ein Filmstar oder so was. Sie haben mich gebeten, ihre Lunchpakete anzusehen und ihnen zu erklären, wie man so dünn wie ich bleiben kann oder vielleicht noch dünner werden könnte. Ich weiß, so was zu sagen klingt eingebildet, aber am Ende der Mittagspause war ich wieder fast so beliebt wie damals in der Grundschule, als ich noch blonde Haare hatte. Und nur weil ich meine Pausenbrote nicht mehr gegessen habe. Wenn ich jetzt zum Beispiel Mortadella-Brote mit Mayonnaise auf Wonder-Bread-Toast gegessen hätte, würden mich jetzt alle ganz bestimmt für eine Schwindlerin halten. Und deswegen habe ich nur eine Banane gegessen. In letzter Zeit habe ich es mir angewöhnt, immer etwas Gesundes wie einen Apfel oder eine Banane in mein Lunchpaket zu tun, bevor ich zur Schule gehe, obwohl Mom dann gleich wieder zu fragen anfängt: »Was ist das?«

Wenn ich meine Pausenbrote gegessen hätte, hätte ich wahrscheinlich mehr gewogen, als mich Dr. Katz nach der Schule auf die Waage stellte. Stattdessen hatte ich ein Kilo und 360 Gramm abgenommen, und darüber war Dr. Katz nicht gerade froh. Er wollte uns sofort in seinem Büro sprechen, um über meinen Zustand zu reden. Er bezeichnet meine Diät gerne als »Zustand«. Wir haben uns also auf die beiden Stühle in seinem Büro gesetzt, und Dr. Katz saß hinter seinem riesigen Holzschreibtisch. Dahinter befindet sich ein großes Holzregal, voll gestopft mit Büchern. Und aus allen ragen diese Mundspatel heraus, die er als Lesezeichen benutzt. Ich habe versucht, die Buchtitel zu entziffern, aber da redete Dr. Katz auch schon drauflos.

»Ich bin schrecklich verwirrt«, erklärte Dr. Katz. »Du behauptest zu essen, aber deine Mutter sagt, dass du nichts isst. Außerdem zeigt die Waage an, dass du 27 Kilo und 210 Gramm wiegst. Was für eine Erklärung hast du denn dafür?«

Dr. Katz hat mich mit zusammengekniffenen Augen angesehen, als bräuchte er eine Sonnenbrille, weil ihn das Licht in seinem Büro so stark blendet.

»Ich weiß nicht, wie ich das erklären soll«, antwortete ich. »Vielleicht stimmt etwas mit Ihrer Waage nicht.« Ich habe tatsächlich vermutet, dass mit seiner Waage etwas nicht stimmt, denn meine Beine wirkten immer noch dick, wenn ich sie nicht übereinander schlage. »Also, bitte!«, unterbrach mich Mom, aber weil ihr nie einfällt, was sie danach sagen soll, haben wir alle wieder geschwiegen.

Dr. Katz hat mir tief in die Augen geblickt und seine Augen dabei so stark zusammengekniffen, dass ich dachte, sie würden ihm jeden Moment ganz zufallen. »Liebes, ich habe dir die ärztliche Anweisung gegeben – wenn du so willst, ein Rezept –, dreimal täglich einen Viertelliter Vollmilch zu trinken. Deine Mutter hat gesagt, dass du sie nicht getrunken hast.« Er war wirklich völlig vernarrt in diese drei Gläser mit einem Viertelliter Vollmilch.

»Von Vollmilch wird mir schlecht«, habe ich ihm beteuert. »Ich kann sie nicht verdauen.« Das war gelogen, aber gestern habe ich in der Mittagspause in der Bibliothek etwas über Leute gelesen, die Milch nicht verdauen können. Ich glaube, sie kriegen Krämpfe davon.

Doch da hat Mom mich wieder unterbrochen. »Sie hat als Baby Vollmilch getrunken und keine Probleme mit ihrer Verdauung gehabt.« Das stimmt natürlich. Mom hat mich nicht gestillt oder so was, wahrscheinlich weil das ihre Verabredungen zum Mittagessen verdorben hätte. Immer wenn sie in einem Restaurant eine Mutter entdeckt, die ihrem Baby die Brust gibt, erklärt sie dem Kellner, dass er das unterbinden soll. »Aber jetzt wird mir eben schlecht davon«, habe ich geantwortet, obwohl Mom zum ersten Mal viel logischer klang als ich.

Doch das Komische war, Dr. Katz hat mir geglaubt: »Manche entwickeln beim Eintritt in die Pubertät eine Lactose-Unverträglichkeit«, hat er Mom erklärt. Ich habe ständig im Kopf »Lactose-Unverträglichkeit« vor mich hin gesagt, damit ich es ja nicht vergessen würde. Mom kann sich nie etwas merken und ich wusste, dass Dad uns später danach fragen würde. »Die Sache ist die, Liebes, wenn dir Vollmilch nicht bekommt, dann müssen wir stattdessen etwas anderes finden, was die gleiche Anzahl von Kalorien hat.« Ich hätte Dr. Katz gerne gesagt, dass mir nichts mit der gleichen Anzahl von Kalorien bekommen würde, weil es mir einfach nicht bekommt, dick zu werden. Aber mir war klar, dass Dr.

Katz das nicht verstehen würde, und deshalb habe ich weitergelogen, obwohl ich das gar nicht wollte.

Ich habe Dr. Katz erzählt, dass ich sehr wohl genug Kalorien zu mir nehmen würde, sogar ohne die Vollmilch. Dann habe ich in meinen Rucksack gegriffen und eine Seite mit einer Tabelle aus meinem Notizblock gerissen, die ich heute in der Französischstunde gemacht habe. In meinem Buch *Ihr neues Ich* steht, man solle eine Tabelle anfertigen, die »Ihr altes Ich« heißt. In einer Spalte muss man alle Lebensmittel notieren, die man normalerweise isst, und in eine zweite Spalte muss man zu jedem Lebensmittel die entsprechende Anzahl von Kalorien schreiben. Damit soll einem selbst klar werden, was für ein Schwein »dein altes Ich« war, weil »dein neues Ich« solche Sachen nie essen würde. Aber ich habe Dr. Katz erzählt, dass ich alles auf meiner Liste essen würde. Doch da brüllte Mom wieder los:»Sehen Sie, sie liest jetzt sogar Diätbücher!« Ich habe Mom gefragt, was denn daran falsch sei, dass ich Diätbücher lese, wo sie doch auch ständig ihre *Redbook*, *Vogue* und *McCall's* liest. Aber sie hat dann Dr. Katz auf eine Weise angesehen, als wäre er derjenige, der meine Frage beantworten müsste.

Doch Dr. Katz fiel zu meinen Diätbüchern nicht sehr viel ein. Stattdessen hat er immer wieder meine Lebensmitteltabelle durchgelesen und dabei mit zwei Mundspateln auf seinen Schreibtisch geklopft, als wäre er Schlagzeuger in einer Rockband. Dann hörte er plötzlich damit auf und meinte: »Wenn du tatsächlich alles essen würdest, was auf dieser Liste steht, dann würdest du nicht abnehmen.« Und dann hat er mir wieder tief in die Augen geblickt, und ich habe ihm tief in die Augen geblickt. Ich überlegte, was ich daraufhin sagen könnte.»Ich glaube, mit meinem Stoffwechsel stimmt etwas nicht«, platzte ich heraus. Das mit dem Stoffwechsel weiß ich, weil Mom seit meiner Kindheit immer wieder davon anfängt, was für ein Glück es doch sei, dass ich viel essen kann, ohne dabei zuzunehmen, genau wie Dad. »Lori hat den Stoffwechsel von ihrem Vater und das gute Aussehen von mir«, erklärte sie immer, wenn jemand meinte, wie hübsch ich doch sei. Und dann meinte sie noch, was für ein Glück es doch sei, dass von uns beiden David ihren Stoffwechsel geerbt habe, denn schließlich sei er ja ein Junge und so. Sie möchte ihrer Tochter nicht wünschen, dass sie mit einem so schlechten Stoffwechsel »gestraft« sei. Als ob Mädchen mit einem schlechten Stoffwechsel Hexen sind.

Jedenfalls habe ich gehofft, dass Dr. Katz mich nun endlich damit in Ruhe lassen würde, aber das Schrecklichste kam erst noch. Er hat Mom erklärt, dass ich ins Kinderkrankenhaus müsse, um dort einen sogenannten Oesophagus-Magenbrei-Schlucktest machen zu lassen, damit wir abklären könnten, ob mit meiner Verdauung wirklich etwas nicht stimme. Dann hat er mir erklärt, dass ich dort eine rosa Flüssigkeit trinken müsste und die Ärzte dann Bilder davon machen würden, wie sie durch meinen Verdauungstrakt fließt. Er meinte, er würde das alles für uns organisieren, und es würde auf »ambulanter Basis« nur ein paar Stunden dauern. Mir war klar, dass ich deshalb wieder in der Schule fehlen würde, und das machte mich ganz kribbelig, weil ich vielleicht dadurch eine Probearbeit verpassen würde. Auch Mom wurde nervös. »Muss ich dort auf sie warten oder kann ich sie dort absetzen und wieder abholen, wenn alles vorbei ist?«, wollte sie von Dr. Katz wissen. Wie ich bereits gesagt habe, hasst es Mom, Chauffeur zu spielen.

Als wir nach Hause fuhren, hat Mom zum Programm ihres dämlichen Lieblingsradiosenders gesungen, über Liebe und Romantik und diesen Kram. Mom hat eine ziemlich gute Stimme, aber es nervt mich, weil sie immer so singt, als wäre sie die Frau, für die man den Song geschrieben hätte. Ich war diejenige, die die Anweisungen für das Krankenhaus an sich nehmen und aufbewahren musste, weil Mom immer alles verliert, zum Beispiel Parkscheine und Einkaufszettel, was Dad wütend macht. Ich hatte vor, Mom zu fragen, ob sie schon wüsste, wann der Test gemacht werden sollte, damit ich es meinen Lehrern rechtzeitig mitteilen könnte, aber als ich zu ihr rübergeschaut habe, habe ich Tränen in ihren Augen gesehen. Mom war immer so theatralisch, wenn sie die Stelle aus dem Song »Evergreen« singt, die folgendermaßen heißt: »Love, soft as an easy chair ... love ... fresh as the morning air«. Vielleicht erinnert sie das Ganze an einen unglaublich romantischen Augenblick mit einem längst verflossenen Liebhaber. Sie hat so laut gesungen, dass sie meine Frage vermutlich sowieso nicht gehört hätte.

Ich habe den Papierkram durchgeblättert, um zu sehen, ob da nicht vielleicht schon ein Termin festgelegt war, aber Dr. Katz hat eine furchtbare Handschrift, und deshalb konnte ich kaum etwas von dem lesen, was er geschrieben hat. Unter »Termin« war nichts vermerkt, aber dafür hatte er über jede Seite ganz oben etwas gekritzelt. Direkt unter meinen Namen hatte er in roten Großbuchstaben etwas geschrieben und umrandet, aber so schlampig, dass ich es nicht entziffern konnte. Doch ich habe nicht aufgegeben und so fest die Augen zusammengekniffen, bis ich die Buchstaben enträtseln konnte. Und schließlich kam ich drauf, was da stand: »LACTOSE-UNVERTRÄGLICHKEIT.« Gott sei Dank, dann wird auch keine Vollmilch in dieser rosa Flüssigkeit sein, die ich dort trinken muss.

Ein paar Zentimeter zu viel

Dad war schon zu Hause, als wir aus der Praxis von Dr. Katz zurückkamen. Weil die Börse in Los Angeles drei Stunden früher schließt, sitzt Dad schon immer gegen fünf Uhr nachmittags in seinem Arbeitszimmer und raucht Pfeife. Mom erzählte Dad, dass ich schon wieder zwei Pfund und dreihundertsechzig Gramm abgenommen hätte, und als Mom wieder zu schreien anfing, hat Dad einfach die Tür geschlossen. Ich bin draußen gestanden und habe trotzdem versucht zu lauschen, aber Dad hatte den Fernseher eingeschaltet, und eine Männerstimme brüllte eine Liste mit Aktienkursen. Zwischen diesen ganzen Zahlen konnte ich nur Worte wie »verrückt«, »Diät«, »lügen« und »Krankenhaus« verstehen. Über was auch immer sie da drin gesprochen haben, ich jedenfalls glaube, dass sie wohl beschlossen haben, mich bis zu der Untersuchung im Krankenhaus nicht mehr zu nerven. Stell dir vor, Mom hat nicht mal die Augen gerollt, als ich erwähnte, dass ich »Special K«-Frühstücksflocken kaufen wollte.

Der Grund, weshalb ich »Special K« kaufen möchte, ist, dass ich darüber einen Werbespot im Fernsehen gesehen habe, in dem eine lächelnde Frau in einem weißen Badeanzug ständig um einen Swimmingpool spaziert, damit man auch ganz genau sehen konnte, wie dünn sie ist. Aber dann kommt sie total nah an die Kamera heran, schaut einem direkt in die Augen und fragt: »Können Sie auch noch reinkneifen?« Sie meint damit den Bauch. Und natürlich lächelt sie einfach weiter, wenn sie in ihren Bauch kneift, weil da kein Gramm Fett ist. Und darüber ist sie ziemlich froh.

»Denn wenn Sie da noch ein paar Zentimeter zu viel haben«, erklärt sie, »dann brauchen Sie ›Special K‹-Frühstücksflocken.«

Obwohl mich diese Frau nervte, habe ich ihren Kneiftest an mir ausprobiert, als der Werbespot vorbei war. Wenn ich in die Stelle über meinem Bauchnabel kneife, dann ist da kein Gramm zu viel, aber wenn ich in den Unterbauch kneife, dann ist da eine Speckfalte von fast zweieinhalb Zentimetern. Und deshalb werde ich jetzt nicht mehr »Product 19«, sondern »Special K« essen. Und dazu nehme ich zum Frühstück dann noch eine Scheibe Toastbrot mit drei Glas Wasser, weil man da keine Angst zu haben braucht, dass es die Leute mit Vollmilch oder Zucker vergiften. »Trinken Sie täglich acht große Gläser Wasser«, steht in *In dreißig Tagen schlank,* »und Sie werden erstaunt sein, wie satt Sie sich fühlen.« Ich bin von dem Wasser noch nie satt geworden, aber trotzdem achte ich darauf, dass ich davon täglich acht große Gläser trinke. Man weiß ja nie. Aber leider sind Getränke bei uns im Klassenzimmer verboten, und deshalb musste ich in der Schule immer um Erlaubnis bitten, wenn ich was trinken wollte. Ich habe aber so oft darum gebeten, dass ich bei Mr. Darlington jetzt ganz automatisch mein Pult verlassen und in den Flur gehen darf, damit ich nicht alle fünf Minuten die ganze Klasse störe. Jetzt kann ich immer dann, wenn ich Lust habe, zum Wasserspender rausrennen, aber ich habe schon gemerkt, dass es ihn nervt.

Und deshalb hat mir Mr. Darlington heute im Geschichtsunterricht einen rosa Zettel in die Hand gedrückt. Darauf stand, dass ich mich umgehend unten bei der Schulpädagogin melden solle. Als ich zu Miss Shaws Büro runter bin, habe ich zuerst gedacht, nun würde wieder dieser übliche IQ-Testkram auf ihrem Schreibtisch ausgebreitet liegen. Doch nirgendwo lagen Puzzles oder Denkspiele. Und Miss Shaw hat mich mit einer unglaublich freundlichen Stimme gebeten, hereinzukommen und mich zu setzen. Irgendwas war wohl im Busch.

Miss Shaw hat nicht so ein schönes Büro wie Dr. Katz. Sie hat einen hässlichen Metallschreibtisch, der mit Papierstapeln übersät ist und Schubladen hat, die man nicht mal richtig schließen kann. Die Schule hat ihr einen von diesen orange Plastikstühlen mit hoher Rückenlehne und einem Schlitz drin gegeben. Wenn sie sitzt, befindet der sich genau in Höhe ihrer linken Schulter. Früher hatte sie auch noch ein Foto von sich und irgendeinem Typen auf dem Regal hinter ihrem Schreibtisch stehen, aber als ich das letzte Mal in ihr Büro kam, war das Foto nicht mehr da. Und auch der Diamantring nicht, den sie sonst immer getragen hatte.

Jedenfalls habe ich mich gesetzt und Miss Shaw gefragt, wo denn die die Puzzles seien. »Wir machen heute keinerlei Tests«, antwortete sie. Und dabei hat sie mich immer noch so breit angegrinst, dass ich sogar ihre Zähne und sonst noch was sehen konnte. Zwischen zwei Zähnen war irgendwas stecken geblieben, und ich habe vermutet, dass es von dem Muffin stammte, der auf ihrem Tisch stand. Sie ist sehr dünn, und ich konnte mir einfach nicht vorstellen, dass sie diesen Muffin da essen würde, aber das habe ich für mich behalten. Auch Miss Shaw hat geschwiegen, grinste aber weiter, als ob sie vorhätte, mir etwas ganz Schreckliches mitzuteilen. Ich habe angenommen, dass sie mir jetzt sagen würde, dass ich wegen meinem IQ jetzt doch früher auf die Highschool wechseln müsse, obwohl ich das ja gar nicht will.

Doch stattdessen sagte Miss Shaw: »Ich wollte nur mal sehen, wie es dir geht.« Also irgendwie fand ich das ziemlich ulkig, vor allem weil ich dafür die Geschichtsstunde habe verlassen müssen, aber ich habe Miss Shaw geantwortet, dass es mir gut ginge. Ich hätte nun wirklich gerne gewusst, um was es eigentlich geht. Dann beugte sich Miss Shaw nach vorne über ihren Schreibtisch und flüsterte, als wolle sie mir ein Geheimnis oder so was verraten: »Ich habe mir gedacht, wir sollten heute Morgen mal ein bisschen plaudern.« Plaudern? Als ob ich mich tatsächlich mit einer über Zwanzigjährigen anfreunden würde. »Sie wollen mit mir plaudern?«, habe ich Miss Shaw gefragt. »Ja«, hat sie wiederholt, »ich dachte, wir sollten einfach ein bisschen darüber plaudern, was mit dir in letzter Zeit los ist.«

Tatsache war, dass ich dadurch den Christoph-Columbus-Film in der Geschichtsstunde verpassen würde, und das hat mir wirklich Sorgen gemacht, weil wir darüber nächste Woche eine wichtige Prüfung haben werden. Ich musste in den Unterricht zurück, sonst würde ich bestimmt keine A-Note bekommen. Obwohl mir klar war, dass es wirklich eine Gemeinheit ist, so etwas zu tun, habe ich sie ganz unvermittelt gefragt: »Okay, plaudern wir. Unterhalten wir uns über Ihren Freund. Hat er jetzt eine neue Freundin?« Dieses Mal habe ich gelächelt, allerdings höchstens eine Sekunde, weil Miss Shaw plötzlich ganz weiß im Gesicht wurde. Ich habe mich scheußlich gefühlt, aber es war zu spät, die Frage zurückzunehmen, obwohl ich das wirklich am liebsten getan hätte. Ich habe mir auch eingebildet, dass Miss Shaw die Tränen in die Augen stiegen, aber weil sie auf ihren Schreibtisch runtergesehen hat, konnte ich das natürlich nicht genau sagen.

Und dann kam sie schließlich zur Sache. »Schau, Lori, die Wahrheit ist, dass wir uns alle ein bisschen Sorgen um dich machen. Mr. Miller hat gesagt, dass du jeden Tag während der Mittagspause allein in die Bibliothek gehst. Mrs. Jacobs sagt, dass du in deinem Zeugnis eine A+ verlangt hast, obwohl es bei uns keine A+ im Zeugnis gibt. Miss Drabin hat behauptet, du hättest eine respektlose Bemerkung über ihren Tennisrock gemacht, weil du ihn zu kurz findest. Mrs. Rivers hat erklärt, dass du darauf bestehst, dir bei den Hausaufgaben selbst die Aufgaben auszudenken. Und Mr. Darlington erzählt, dass du alle fünf Minuten das Klassenzimmer verlässt, um Wasser zu trinken.«

Miss Shaw hat lange abgewartet, ob ich etwas dazu sagen würde. Als ich nicht geantwortet habe, hat sie weitergeredet. Ich wusste genau, dass jetzt die schlechte Nachricht kommen würde, die Nachricht, dass ich ihrer Meinung nach schon jetzt auf die Highschool wechseln solle. Denn immerhin hatte sie ja gerade sämtliche Gründe aufgezählt, warum meine Lehrer mich loswerden wollen. Aber stattdessen hat Miss Shaw angefangen, irgendwas über meinen Gewichtsverlust zu reden, und dass ich ihr doch sagen soll, ob ich ein gesundheitliches Problem hätte. Ich habe nicht sonderlich aufgepasst, weil ich darüber nachgegrübelt habe, wieso ihr Freund sie sitzen lassen hat, obwohl sie doch so dünn ist.

»Hörst du mir eigentlich zu?«, wollte Miss Shaw wissen. »Ich bemühe mich hier, mit dir über deinen Zustand zu reden.« Alle nennen meine Diät einen »Zustand«. Miss Shaw sagte, sie hätte zuerst mit mir drüber reden wollen, aber wenn mir das unangenehm sei, über meinen Zustand zu reden, müsste sie meine Eltern anrufen. Da waren sie also, die schlechten Nachrichten. Und es war tausendmal schlimmer, als ich gedacht hatte. Ich sterbe, wenn Miss Shaw meine Eltern anruft, und deshalb habe ich ihr erzählt, dass sie Recht hätte, weil ich tatsächlich ein Gesundheitsproblem hätte. Ich habe ihr gesagt, dass ich eine Lactose-Unverträglichkeit habe und dass ich deshalb einen Oesophagus-Magenbrei-Schlucktest machen lassen müsse. Und um absolut sicherzugehen, dass sie mich jetzt in Ruhe lassen würde, habe ich erklärt, dass ich sogar einen halben Schultag verlieren werde, weil der Test im Krankenhaus gemacht würde. Dadurch klang die Sache wirklich ernst.

»Bitte, rufen Sie nicht meine Eltern an«, habe ich gebettelt, »sie machen sich sowieso schon Sorgen um meinen Zustand.« Weil ich Miss Shaw schön tun wollte, habe ich ganz bewusst das Wort »Zustand« benutzt.

Ich hatte ein schlechtes Gewissen, weil ich Miss Shaw angelogen habe, denn sie ist dann aufgestanden, um mich in den Arm zu nehmen, und meinte, dass schon alles wieder in Ordnung kommen würde und dass ich keine Angst vor dem Test im Krankenhaus haben müsse. Ich glaube, dass sie ziemlich nett ist. Ich weiß, es klingt verrückt, aber als sie mich umarmte, war ich schon fast so weit, ihr zu sagen, dass gar nichts in Ordnung ist. Ich hätte ihr gerne erzählt, dass meine Eltern mich einfach nicht das essen lassen, was ich will, und meine Freundinnen sich nur für ihre Klamotten interessieren und es überhaupt keinen interessiert, was ich eigentlich mag, und meine Lehrer mir ständig schlechte Noten geben, weil ich meine Aufgaben interessanter gestalte, und alle mich für abnormal halten, ganz gleich, um was es geht, und dass es einfach keine Gerechtigkeit mehr gibt, denn selbst sie ist ja von ihrem Freund verlassen worden, obwohl sie doch wirklich dünn ist.

Ich war drauf und dran, ihr das alles zu erzählen, aber sie hat mich immer noch festgehalten und plötzlich habe ich gespürt, wie sie ihren Bauch gegen meine Rippen presste. Und als mich Miss Shaw dann endlich wieder losließ, habe ich auf ihren Bauch gesehen und entdeckt, dass man auch bei ihr ein paar Zentimeter reinkneifen konnte. Solange sie hinter ihrem Schreibtisch gesessen war, war mir die Speckfalte gar nicht aufgefallen. »Informiere mich darüber, wie dein Test im Krankenhaus gelaufen ist«, meinte sie, aber ich hätte ihr am liebsten geraten, sich »Special K« zu kaufen, damit sie einen neuen Freund finden würde. Aber dann habe ich beschlossen, lieber meinen Mund zu halten. Denn ganz egal, was ich in letzter Zeit sage, ich werde immer gleich als komplett verrückt erklärt.

Bevor ich aus ihrem Büro ging, hat mir Miss Shaw für

morgen Vormittag einen gelben Zettel mit der Unterrichtsbefreiung gegeben. Ich habe mich mindestens fünfzigmal bei ihr bedankt und bin dann in die Geschichtsstunde zurückgerannt, weil sie erst in zehn Minuten zu Ende war. Aber draußen im Flur habe ich einen Moment angehalten, um den gelben Zettel zu lesen. Unter »Zeit des Fehlens« stand »Während der Mittagszeit«. Ich war glücklich, dass ich die Mittagspause verpassen würde. Und unter »Grund der Abwesenheit« stand »Gesundheitszustand«.

Im Klassenzimmer war es ziemlich dunkel, weil immer noch der Christoph-Columbus-Film lief, trotzdem konnte ich Mr. Darlington ausmachen, der hinter seinem Schreibtisch ein Kreuzworträtsel löste. Er hat auf seinem Bleistift rumgekaut, und als ich näher kam, versuchte er, das Kreuzworträtsel zu verstecken, weil die Lehrer ja Interesse für diese ganzen langweiligen Filme zeigen sollen, die wir ansehen müssen. Alle haben mich angeschaut, als ich ihm den gelben Zettel gegeben habe, aber Mr. Darlington hat die Klasse angewiesen, sich umzudrehen und sich den restlichen Film anzusehen. Dann bin ich zu meinem Pult gegangen, um mir Notizen zu machen. Es ist ein zweiteiliger Film, und der erste Teil endete damit, dass die Leute auf dem Schiff hungern mussten. Natürlich sollen wir deshalb alle aufgeregt sein und glauben, dass sie sterben müssen, obwohl wir doch alle wissen, dass sie wohlbehalten in Amerika angekommen sind und so viel Truthahn gegessen haben, dass sie davon fett wurden. Aber diesen Teil werde ich nicht sehen können, weil ich morgen im Krankenhaus bin.

Parkdeck F, rosa Bereich

Die Autofahrt rüber zum Kinderkrankenhaus verlief wie alle anderen Autofahrten mit Mom. Sie hörte ihren Lieblingssender und schmetterte lauthals irgendeinen Karen-Carpeter-Song mit, als sie plötzlich auf die Bremse stieg und »Scheiße!« schrie. Normalerweise heißt das, dass sie sich verfahren hat. Das Kinderkrankenhaus ist irgendwo in der Nähe von Hollywood, aber Mom verfährt sich immer, wenn wir uns zu weit von Beverly Hills wegbewegen.

Ich habe ins Handschuhfach gegriffen und nach einem Stadtplan gesucht, aber Mom hat ihn mir aus der Hand gerissen und ihn verkehrt herum gehalten. Gestern Abend hat Dad ihr noch die Fahrtroute aufgeschrieben, die Mom jetzt mit dem Stadtplan vor ihrer Nase ständig laut vorgelesen hat, als würde sie erwarten, dass er gleich zu reden anfängt und uns den Weg erklärt. Und stell dir vor, Mom versuchte trotzdem, die ganze Zeit über einfach weiterzufahren. Doch offenbar haben wir dabei irgendwelche Gesetze übertreten, denn plötzlich überholte uns ein Polizist auf seinem Motorrad. Trotzdem haben wir keinen Strafzettel gekriegt, wahrscheinlich weil Mom zu weinen anfing und immer nur wiederholte, dass sie doch ganz schnell ihre kranke Tochter ins Krankenhaus bringen müsse, als ob ich an meiner Diät sterben könnte. Daraufhin hat der Polizist seine Sirene angemacht und uns gesagt, wir sollten ihm einfach bis zur »Ambulanz-Annahme« folgen. Du kannst mir glauben, dass Mom diese Sonderbehandlung mächtig imponiert hat. Jedenfalls hat sie nicht mehr geweint, als wir dort angekommen sind.

Doch wegen dem Polizisten waren wir zu früh bei meinem Termin. Ich hatte keine Lust, mir in der Wartehalle Comicfilme im Fernsehen anzusehen, deshalb habe ich meinen Thomas-Jefferson-Aufsatz aus dem Rucksack geholt und noch einmal durchgelesen. Weil ich doch heute den zweiten Teil des Christoph-Columbus-Films versäume, hat Mr. Darlington gemeint, vielleicht würde ich mich besser fühlen, wenn ich versuchen würde, mir mit einem weiteren Aufsatz Pluspunkte zu holen. Und dann hätte ich gerne noch weitere Diätlisten für Leslie und Lana gemacht, aber das konnte ich logischerweise nicht tun, solange Mom neben mir saß. Ich fing an mich zu langweilen, und dann hat mein Magen komische Geräusche von sich gegeben, weil ich zwölf Stunden vor dem Test nichts essen und auch nichts trinken durfte. Hätte ich ja auch sonst nicht getan. Aber Mom meinte, das würde ganz so klingen, als ob ich hungrig sei, und dass wir noch zum Mittagessen gehen könnten, bevor sie mich zur Schule zurückbringen würde. Mom glaubt, dass »zum Mittagessen gehen« eine unheimlich aufregende Sache sei, und ich nehme mal an, dass sie einfach nur nett zu mir sein wollte. Aber ich denke mal, dass sie dabei total vergessen hat, was uns eigentlich in dieses Krankenhaus gebracht hat. Und außerdem hatte ich sowieso bereits beschlossen, den ganzen Tag nichts zu essen, um die Kalorien in diesem rosa Brei wieder wettzumachen.

Endlich hat mich eine freundliche Schwester mit weißen Haaren hereingerufen. Ich habe gesagt, dass sie wie der Nikolaus aussehen würde, nur ohne Bart, aber Mom hat wieder zu weinen angefangen. Mir war nicht wohl dabei, weil doch niemand in der Wartehalle saß, der Moms Hand hätte halten können, so wie ich es immer in der Praxis von Dr. Katz mache. Deshalb habe ich zu Mom gesagt, alles sei in Ordnung und sie solle sich keine Sorgen machen, aber sie hat trotzdem in ihre Handtasche gegriffen und ein paar Tempotaschentücher herausgeholt, um sich die Augen zu wischen. Dann meinte Mrs. Nikolaus, wir müssten jetzt gehen, aber ich habe sie noch gebeten, meiner Mom ein paar *Redbook*-Magazine zu bringen, damit sie etwas über Diäten, Make-up und den ganzen Kram lesen könne, während ich den Test mache. Und Mrs. Nikolaus hat mir versprochen, das zu tun.

Allerdings bin ich nicht gleich in den Testraum gekommen. Zuerst hat mich Mrs. Nikolaus in so einen winzigen Raum mit einem Waschbecken geführt und mir den rosa Brei gegeben. Er hat wie ein Erdbeer-Milchshake ausgesehen, aber ich wusste, dass keine Milch drin ist, weil ich ihnen schon die rosa Zettel gegeben hatte, über denen Lactose-Unverträglichkeit stand. Dann habe ich mich ganz irre angestrengt, ja nicht mehr an das Diätbuch zu denken, in dem steht, dass man nichts in den Mund stecken solle, das einem Fremde geben, konnte aber trotzdem das Glas nicht austrinken. »Keine Angst, es schmeckt nicht schlecht«, meinte Mrs. Nikolaus. »Ich habe ihn für dich gesüßt, damit es genauso wie was Süßes schmeckt.«

Ganz offenbar hatte sie vor, mich zu vergiften, und deshalb habe ich das Glas auf den Waschbeckenrand gestellt und Mrs. Nikolaus erklärt, dass ich kein gezuckertes Getränk trinken werde. Ich wollte einfach nur das Zeug, das sie brauchten, damit der Test funktioniert, auch wenn es scheußlich schmecken würde. Aber sie meinte, ich müsse mir keine Sorgen machen, weil sie in den Brei keinen Zucker getan hätte, weil ich ja Diabetikerin sein könnte. Sie meinte, dass sie was anderes zum Süßen benutzt hätte, und deshalb würde mir der Brei nicht schaden. Ich habe nicht gewusst, was sie mit schaden meinte, aber wenn der Brei mir wirklich nicht schaden sollte, dann durfte er einfach keine Kalorien haben. Deshalb wollte ich die Zutaten und Inhaltsstoffe wissen, aber ständig haben über die Lautsprecher irgendwelche Leute nach Mrs. Nikolaus gerufen und es war klar, dass sie unbedingt wollte, dass ich endlich das Zeug trinke. Trotzdem habe ich mich noch einmal danach erkundigt.

»Schau, Süße, ich habe jetzt keine Zeit für dich nach den Inhaltsstoffen zu suchen«, meinte sie, »und du musst das jetzt sofort trinken, weil die Ärzte bereits im Testraum auf dich warten.« Als sie mich »Süße« nannte, ist mir eingefallen, dass sie den Brei vielleicht mit Honig gesüßt hatte – fünfundsechzig Kalorien pro Teelöffel. Dann gab mir Mrs. Nikolaus zum zweiten Mal das Glas, aber ich habe es nur in meinen Händen gehalten. »Wir haben diese Flüssigkeit schon Tausenden von anderen Kindern gegeben und noch nie ist einem davon schlecht geworden«, meinte sie. Mir war es egal, ob mir schlecht davon werden würde, ich wollte einfach nur nicht dick davon werden. Aber dann ist mir eingefallen, dass ich ja nichts gefrühstückt hatte und auch nicht vorhatte, mittags etwas zu essen. Also habe ich die Augen geschlossen und den rosa Brei runtergeschluckt. Ich muss zugeben, dass er ziemlich gut geschmeckt hat.

Danach hat mich Mrs. Nikolaus in eine Umkleidekabine gebracht, wo ich einen von diesen Krankenhauskitteln anziehen musste, wie man sie im Fernsehen sieht. Ich habe versucht, ihn möglichst bauschig hängen zu lassen, damit die Ärzte nicht sehen konnten, wie dick ich aussehe, nachdem ich den rosa Brei geschluckt hatte. Gott sei Dank war es in diesem Testraum dunkel, mit Ausnahme von einer Menge Bildschirmen, die den Raum erhellten. Dort habe ich mich nur hinlegen müssen und habe dann die Ärzte beobachtet, die Aufnahmen davon gemacht haben, wie sich die rosa Flüssigkeit durch meinen Körper bewegt. Ich möchte ja nicht aufschneiden, aber auf diesen Bildern habe ich wirklich toll ausgesehen. Mein Magen hat wirklich ganz winzig gewirkt, fast wie eine Traube. Was allerdings keinen Sinn ergibt, weil ich immer noch fast einen Zentimeter zu viel drauf habe.

Deshalb wollte ich mir unter diesem Kittel meinen Magen noch mal ansehen, aber die Ärzte sagten, ich dürfe mich nicht bewegen. Sie meinten, dass ich mir alles auf dem Bildschirm ansehen könne, wenn ich wolle, aber ich müsse die ganze Zeit über stillhalten. Dann habe ich sie gebeten, mir gleich zu sagen, wenn sich die Flüssigkeit in Fett verwandelt, weil ich diesen Teil ganz genau mitkriegen wollte, aber sie haben nur gelacht, und ich habe nie erfahren, wann es passiert.

Und damit war der Test vorbei. Als ich in die Wartehalle rauskam, hat sich Mom eine Soapopera angesehen, die dort im Fernsehen lief. Ich ging zu ihr rüber und habe mich neben sie gesetzt, aber sie hat nicht mehr geweint. Sie hat nur auf irgendeinen Schauspieler auf dem Bildschirm gezeigt und gemeint: »Also, sieht der vielleicht nicht gut aus, Lori? Was meinst du?« Als ob sie vorhätte, eine Verabredung mit ihm für mich zu arrangieren, wenn ich zwanzig bin. Ich habe erklärt, er sei schon in Ordnung, aber Mom konnte gar nicht mehr aufhören, davon zu schwärmen, wie wunderbar er ist. Schließlich habe ich ihr Recht gegeben, damit wir endlich das Thema wechseln konnten. Dann hat Mom angefangen, ihren Kram zusammenzupacken, und mir fiel auf, dass Mrs. Nikolaus ihr nicht die *Redbooks* gebracht hatte, obwohl sie es versprochen hatte. Ich habe mich gefragt, wie Mom sich wohl die Zeit bis zum Beginn der Soapopera vertrieben hat, und habe mir deshalb schon fast Sorgen um sie gemacht. Aber weil keine Tempotaschentücher herumlagen, habe ich mal vermutet, dass es ihr gut ging.

Ich habe gewartet, weil Mom eine Ewigkeit brauchte, um ihre riesige Handtasche zu packen. Und dabei habe ich dieses Mädchen, das wohl in meinem Alter war, entdeckt. Sie saß auf der anderen Seite des Raums mit ihrer Mutter. Die beiden haben über irgendwas gelacht, was sie wohl beide lustig fanden. Ich habe mir die lackierten Fingernägel des Mädchens angesehen, ihre hübschen Klamotten und ihre dünnen Beine und dann gedacht, dass sie ein bisschen wie Donna Landers aussah. Sie hatte große blaue Augen und eine purpurfarbene Baseballmütze aus Satin auf, so eine, wie es sie bei Fred Segal's gibt. Dann hat sie gemerkt, dass ich sie angesehen habe, nur dass sie nicht wie Donna so getan hat, als würde sie jede Sekunde einschlafen. Sie hat mich sogar angelächelt, aber ich habe nicht zurückgelächelt, weil es mir so peinlich war, dass ich sie angestarrt hatte. Ich habe einfach nur den Blick gesenkt und dabei entdeckt, dass das Mädchen und ihre Mutter Händchen hielten. Aber dann hat das Mädchen »Hi« gesagt, und deshalb musste ich einfach wieder aufblicken. Und dabei habe ich dann bemerkt, dass das Mädchen unter ihrer Baseballmütze aus Satin gar keine Haare hatte. Sie hatte ihre Haare nicht zu einem Pferdeschwanz zusammengebunden und unter die Mütze gesteckt, wie ich anfangs angenommen hatte. Ehrenwort, sie war noch kahler als Dad.

Endlich hatte Mom ihre Handtasche gepackt, und wir konnten gehen. Deshalb bin ich aufgestanden und habe »Tschüss« gesagt, und das Mädchen hat mit »Tschüss« zurückgegrüßt. Unsere Mütter haben sich angelächelt, und dann hat ihre Mutter meiner Mom erklärt, dass der Gewichtsverlust nach der Behandlung wieder aufhören würde und dass sie hier im Kinderkrankenhaus ein großartiges Programm hätten und meiner Mom nur sagen wollte, dass ich hier in guten Händen sei. Danach ist Mom natürlich das Lächeln vergangen. »Vielen Dank«, meinte sie, was aber alles andere als nett klang. Eher schon so, wie Mom zu Kellnern »vielen Dank« sagt, wenn sie auf ihren Eistee zu lange warten muss. Dann hat sie mich bei der Hand gepackt und praktisch durch die Tür nach draußen gezerrt.

Auf dem Weg zum Parkplatz hat Mom kein Wort gesprochen, und als wir dort ankamen, hat sie das Auto wieder nicht gefunden. »Scheiße!«, meinte sie, was manchmal eben auch heißt, dass sie keine Ahnung hat, wo unser Auto ist. Dad schlägt Mom ständig vor, sie solle sich doch das Parkdeck aufschreiben, auf dem wir parken, was sie aber nicht tut. Wahrscheinlich, weil die Tempotaschentücher in ihrer Tasche keinen Platz mehr für ein bisschen Papier lassen. Aber mir ist eingefallen, dass wir auf dem Parkdeck F parken, und zwar im rosa Bereich, rosa für den »rosa Brei«. Es war halb eins, als wir im Auto saßen, und damit war die Hälfte der Mittagspause in der Schule vorbei. Deshalb hat Mom vorgeschlagen, irgendwo unterwegs ein Sandwich zu kaufen.

Ich habe Mom erklärt, dass ich von dem rosa Brei satt sei, aber da wurde sie furchtbar wütend auf mich. Erstens, weil ich angeblich satt war, und zweitens, weil ich so schrecklich aussehe, dass sie mit mir nicht mal in ein Krankenhaus gehen kann, ohne dass die Leute gleich denken, ich hätte irgendein schreckliches Leiden. Sie hat so laut geschrien, dass sie dabei sogar vergessen hat, die Worte »Krankenhaus« und »Krebs« so zu flüstern, wie sie es normalerweise tut. Sie hat ein ziemliches Theater gemacht, vielleicht weil sie sich in der Wartehalle diese ganzen Soapoperas reingezogen hatte. Ich habe ihr versucht zu erklären, dass die Frau natürlich denken musste, dass ich krank sei, weil doch nur kranke Leute irgendwelche Tests im Krankenhaus machen lassen. Und dass es eben überhaupt nichts damit zu tun hat, wie ich aussehe. Aber Mom hat nur wiederholt, dass sie mir ein Sandwich kaufen wird, ganz egal, ob ich es esse oder nicht. »Tut mir Leid, Lori.« Mir schon lange, wenn du's genau wissen willst.

Figur und Fakten

Als ich gestern Abend in meinem Zimmer neue Diätlisten für mich und meinen Vogel Chrissy erstellt habe, hat Dad an die Tür geklopft. Bevor ich ihn aufgefordert habe reinzukommen, habe ich noch schnell *Ihren persönlichen Kalorientabellen-Begleiter* und die Zutatenliste der Vogelkörner in meinen Schreibtisch verschwinden lassen. Er meinte, dass er gern mit mir reden würde. Danach hat er meine schlaffe Stoffpuppe Ann zur Seite geschoben, sich auf mein Bett gesetzt und tief durchgeatmet. Da war mir klar, dass dies nichts Gutes bedeuten würde.

»Deine Mutter und ich, wir sind sehr besorgt um dich«, fing er an. Womit er lediglich meinte, dass ich Mom mit meiner Diät nervös mache, und wenn Mom wegen irgendwas nervös wird, treibt sie Dad derartig in den Wahnsinn, dass sie jedes Mal einen riesigen Streit bekommen. Dann will Mom, dass Dad mich wieder zur Vernunft bringt, und Dad kommt dann in mein Zimmer und behauptet, dass er sich wahnsinnige Sorgen machen würde. Er hat urplötzlich angefangen, mir jede Menge Fragen zu stellen, wie zum Beispiel: Warum willst du nichts essen? Warum hältst du dich für dick? Warum bist du so »deprimiert«? Warum kannst du nicht auf Dr. Katz hören? Warum bist du nicht glücklich?

Ich habe Dad gesagt, dass ich nicht aus dem Grund nichts mehr esse, weil ich glaube, dass ich dick sei, sondern deshalb, weil ich weiß, dass ich dick sei. Ich habe ihm gesagt, dass ich so »deprimiert« sei, weil ich es furchtbar finden würde, so dick zu sein. Ich habe ihm erklärt, dass ich nicht auf Dr. Katz höre, weil ein Mensch, der selber dick ist, ja wohl kaum beurteilen kann, wer wirklich dick ist. Und ich habe ihm gesagt, dass ich erst dann wieder glücklich sein werde, wenn ich wirklich dünn bin. Aber Dad meinte, dass meine Antworten nicht wirklich logisch klingen würden.

Dann hat sich herausgestellt, dass Dad ein paar Erkundigungen eingezogen und dabei Folgendes herausgefunden hatte: Ein Mädchen meines Alters benötigt während des Wachstums 2000 Kalorien am Tag (aber ich will nicht wachsen, ich will schrumpfen). Weil ich einen schnellen Stoffwechsel habe, brauche ich während des Wachstums 2500 Kalorien (nein, nur weil ich einen schnellen Stoffwechsel habe, muss ich nachts, wenn bereits alle schlafen, nicht so viele Streckübungen mit den Beinen machen). Während der Entwicklung wird das Fett unproportional verteilt, aber wenn man dann diese »Veränderungen« hinter sich hat (dabei bekam Dad fast einen roten Kopf, und das Wort »Pupertät« hat er nicht mal rausgebracht), entwickeln sich die Fettpartien wieder ganz normal zurück (Fett entwickelt sich niemals ganz normal zurück, man bekommt davon bloß »Wabbelpudding-Schenkel«, ehrlich, ich habe es in Moms *Redbook* gelesen).

Dann meinte Dad, falls ich ihm nicht glauben würde, könnte Dr. Katz mir Tabellen über Dinge wie Größe und Gewicht und den durchschnittlichen Hüftumfang eines Mädchens meines Alters zeigen. Er meinte, Dr. Katz würde mir bei meinem nächsten Termin die Fakten und Zahlen zeigen, und dann würde mir schon klar werden, wie lächerlich ich mich aufführe. »Mich interessieren nicht die Fakten, mich interessieren nur die Figuren, meine Figur, und dass diese dünn bleibt«, habe ich geantwortet, aber Dad fand das absolut nicht komisch. Er hat dabei ständig das rote Haar meiner Stoffpuppe Ann glatt gestrichen. Du kannst mir glauben, die haben inzwischen alle ihren Humor verloren.

Schließlich meinte Dad, dass wir das Ergebnis des Tests abwarten sollten, bevor wir weitere Pläne machen würden. Ich hätte ihm gerne gesagt, dass ich bereits einen Plan habe – ich habe für den kommenden Monat schon meine sämtlichen Mahlzeiten geplant, und ich habe sogar schon eine Liste von Dingen, die ich bis zum Ende meines Lebens nicht mehr essen werde –, aber ich bin davon ausgegangen, dass er mich sowieso nicht verstehen würde. Deshalb habe ich Dad dafür gedankt, dass er sich die Mühe gemacht hat, sich mit mir zu unterhalten. Und ich habe ihn gebeten, dass er Mom ausrichten solle, dass es mir Leid täte, dass ich ihr die ganze Zeit über Sorgen bereiten würde. Und ich habe das nicht einfach nur so dahin gesagt. Ich habe so ein schlechtes Gewissen, weil ich alle nur nervös mache, sogar meinen Vogel Chrissy. Ich erschrecke ihn nachts immer furchtbar, wenn ich meine Runden durchs Zimmer laufe, und deshalb habe ich gestern Nacht ein Tuch über seinen Käfig gehängt, aber ich glaube nicht, dass das geholfen hat.

Jedenfalls ist es mir heute in der Schule den ganzen Tag über nicht gelungen, die Angst vor meinem Termin bei Dr. Katz, und was er zu dem Ergebnis von meinem Test sagen würde, zu verdrängen. Die meisten Lehrer waren in letzter Zeit ziemlich nett zu mir. Ich nehme mal an, weil Miss Shaw ihnen erzählt hat, dass ich wegen meines »Gesundheitszustands« sogar vom Schulunterricht befreit werden musste. Nur Miss Drabin wollte mich nicht mehr zur Sportstunde mit den Jungs lassen, weil das ihrer Meinung nach zu anstrengend für mich sei. Aber das hat mir nicht sehr viel ausgemacht, weil die Mädchenklasse heute für den Präsidentschaftspreis für Sport und Fitness getestet wurde. Und ich bin in absoluter Topform, weil ich nachts in meinem Zimmer ständig Rumpfbeugen und Streckübungen mit den Beinen gemacht habe und meine Runden gelaufen bin. Deshalb habe ich heute sechzig Rumpfbeugen in einer Minute geschafft und bin sieben Runden in zwölf Minuten gelaufen und habe noch zehn Klimmzüge gemacht, womit ich praktisch den Preis gewonnen habe. Alle haben mir zugejubelt und behauptet, ich sei irre toll gewesen. Aber dann ist Leslie eifersüchtig geworden, weil ich alle Rekorde gebrochen habe und sie bislang die beste Athletin in unserer Klasse war. Sie hat sogar zu Miss Drabin gesagt, dass ich mich bei den Klimmzügen nur deshalb so leicht getan hätte, weil ich keine Titten mit mir herumschleppen müsste. Und dann hat auch noch Lana angefangen, sich über mich lustig zu machen, und deshalb hat mir dann schließlich keiner mehr gratuliert.

Doch dann hat Miss Drabin Leslie und Lana erklärt, dass man sich über ein gesundheitliches Problem nicht lustig machen dürfe, aber Leslie hat behauptet, ich sei eine Lügnerin, weil ich ja nur eine Diät machen würde. »Ihr beide macht doch eine Diät! Ihr macht die von mir empfohlene Diät!«, habe ich geschrien, aber das hat keiner mitbekommen, weil in dem Moment der Basketball der Jungs direkt dahin geflogen ist, wo wir gerade standen, und alle hinter ihm hergelaufen sind. Daraufhin hat Miss Drabin nur Mr. Brodsky angelächelt und gemeint, wir könnten heute früher in den Umkleideraum gehen, um uns umzuziehen. Ich hatte eigentlich vor, die Pause zwischendrin auszunutzen, um mich in Miss Drabins Büro zu schleichen und mich dort auf die Waage zu stellen, aber die hatten bereits Leslie und Lana in Beschlag genommen. Und ich wollte nicht zu spät zum Naturkundeunterricht kommen. Nie wieder werde ich in meinem Leben eine Diätliste für Leslie und Lana zusammenstellen. Ehrenwort.

Heute bin ich nach der Schule dann endlich in die Praxis von Dr. Katz gegangen, aber er hat den Test mit keinem Wort erwähnt. Er hat nur wieder jede Menge Fragen gestellt, wie es mir in der Schule geht und ob mit meinen Freunden alles in Ordnung sei. Ich habe ihm geantwortet, dass in der Schule alles prima laufen würde und auch mit meinen Freunden alles in Ordnung sei, was natürlich gelogen ist, aber ich hatte absolut keine Lust auf ein langes Gespräch. Alles, was ich wollte, war, dass Dr. Katz mich auf die Waage stellt, damit wir die Sache endlich hinter uns hätten.

Mein Plan sah so aus: Wenn ich zugenommen hätte, dann würde ich zwei Tage lang nur noch flüssige Nahrung zu mir nehmen, und anschließend würde ich zwei Tage lang pro Tag fünfhundert Kalorien zu mir nehmen, um mein Energiepotential aufzubauen, und danach würde ich dann täglich vierhundert Kalorien zu mir nehmen, bis ich wirklich dünn bin. Aber wenn ich abgenommen hätte, dann würde ich bis zu dem Tag, an dem ich wirklich dünn bin, nur noch vierhundert Kalorien täglich essen.

Doch Dr. Katz schien es absolut nicht eilig zu haben, mich zu wiegen. Stattdessen stellte er mir noch eine Menge neuer Fragen. Erst einmal wollte er wissen, wieso ich immer noch abnehme, obwohl ich doch angeblich keine Probleme hätte. Ich habe geantwortet, dass er mich doch noch gar nicht gewogen hätte und deshalb auch nicht wissen könne, ob ich wirklich schon wieder abgenommen hätte. Aber Dr. Katz meinte, dass er »das starke Gefühl« hätte, dass ich seit der letzten Woche wesentlich weniger wiegen würde. Und er hat sogar behauptet, dass er »das starke Gefühl« hätte, dass ich innerhalb einer Woche fast ein halbes Kilo abgenommen hätte. Und als ob er ein Wahrsager oder so was wäre, hat er dann behauptet, dass er das »starke Gefühl« hätte, dass es in der Schule überhaupt nicht gut laufen würde, und dass er »instinktiv« wüsste, dass alles nur noch schlimmer würde, wenn ich nicht endlich darüber reden würde. Ich habe schon gedacht, dass er mir vielleicht aus der Hand lesen will, aber stattdessen hat er mich dann endlich aufgefordert, meine Schuhe auszuziehen und auf die Waage zu steigen.

Durch die geradezu übersinnliche Prophezeiung von Dr. Katz, ich hätte in dieser Woche bestimmt fast ein halbes Kilo abgenommen, habe ich mich geradezu dünn gefühlt. Als ich dann auf die Waage stieg, habe ich mir eingebildet, ich wäre diese Schauspielerin aus *A Chorus Line*, die soeben die Bühne betritt. Ich hatte riesige Brüste und einen tollen Hintern und war so leicht, dass ich fliegen konnte. Ich habe Dr. Katz beobachtet, wie er das Metallgewicht nach links gezogen hat, und als die Waage immer noch nicht in Balance kam, mit einem argwöhnischen Blick noch weiter nach links zog. Dann runzelte er die Stirn und hat mich gebeten, wieder meine Schuhe anzuziehen, um in sein Büro zu gehen, damit wir uns unterhalten könnten.

Bevor wir uns in seinem Büro unterhalten haben, ist Dr. Katz in das Wartezimmer gegangen und hat Mom etwas zugeflüstert. Er hat mir mitgeteilt, dass der Oesophagus-Magenbrei-Schlucktest ohne Befund war und dass meine Mom behauptet, dass ich immer noch nicht richtig esse, und dass sie einen Anruf von der Schule bekommen hat, weil man dort der Meinung sei, dass ich mich inzwischen noch weniger normal als sonst benehme, und dass ich innerhalb von einer Woche fast ein ganzes Kilo abgenommen habe und es sich dabei nicht um den Gewichtsverlust durch Wasser handeln würde. Und dabei hat Dr. Katz nach zwei seiner Mundspatel auf dem Schreibtisch gegriffen. Er hat wahnsinnig lange versucht, ein Gespräch mit mir über die Schule, meine Freunde, über Jungs und die Pupertät in Gang zu bringen. Aber als ich ihm geantwortet habe, dass mich diese Dinge im Gegensatz zu so was wie Schach-Strategien und das Leben der Frauen im Zeitalter von Thomas Jefferson wahnsinnig langweilen, hat Dr. Katz erklärt, dass er darauf bestehe, dass ich einen Psychiater aufsuchen solle. »Sie wollen mich tatsächlich zu einem Seelenklempner schicken?«, habe ich gefragt. Ich konnte es nicht fassen, dass Dr. Katz mich für verrückt hält. »Nun, Liebes, es gibt Leute, die einen Psychiater als Seelenklempner bezeichnen«, antwortete er, »aber ich bin der Meinung, dass du unbedingt jemanden brauchst, mit dem du über deinen Zustand reden kannst.« – »Welchen Zustand denn?«, habe ich gefragt, aber Dr. Katz hat mir wieder mal keine Antwort gegeben. Er drückte nur auf einen Knopf an seinem Telefon, um der Schwester zu sagen, dass Mom zu uns reinkommen soll.

Als Mom reinkam, hat Dr. Katz ihr mitgeteilt, dass ich einen Psychiater namens Sol Gold aufsuchen solle. Dr. Katz erklärte, dass er Dr. Gold seit vielen Jahren kennen würde und dass Dr. Gold mir in meinem Zustand bestimmt helfen könne. »Welchen Zustand?!«, habe ich nochmals gefragt, aber Dr. Katz schwärmte einfach weiter, wie toll doch Dr. Gold sei. Irgendwie habe ich mich gefragt, woher Dr. Katz denn wusste, wie toll dieser Dr. Gold ist, aber dann ist mir eingefallen, dass er wahrscheinlich wegen seiner Gewichtsprobleme auch zu Dr. Gold geht. Und das ganz offensichtlich ohne jegliches Ergebnis.

Dann hat Mom wiederum Dr. Katz erklärt, wie praktisch es doch sei, dass ich nach der Schule zu Fuß zur Praxis von Dr. Gold gehen könne. Sie würde sich ja von Beverly Hills »nur einen Steinwurf« entfernt befinden, also praktisch nur ein paar Blocks von unserem Haus entfernt. Aber ich habe Dr. Katz erklärt, dass ich keine Zeit hätte, zu Dr. Gold zu gehen, weil ich mittwochs Schreibmaschinenunterricht hätte, dienstags und donnerstags im Nebenfach Literatur für Begabte studieren würde, am Freitag ergänzende Wissenschaften und am Montag gerade mit Klavierstunden begonnen hätte. Ich wäre einfach viel zu beschäftigt. Und genau wie Dad mir vorausgesagt hatte, kam Dr. Katz daraufhin mit seinen Fakten und Zahlen an. Dr. Katz hat ein paar Bücher aus dem Regal gezogen und die Seiten aufgeschlagen, die er mit seinen Mundspateln markiert hatte. Dann hat er mir gezeigt, dass ich diesen Tabellen nach mit meinem Gewicht für meine Größe im untersten Fünftel liegen würde und im untersten Vierzehntel bezüglich der Größe für mein Alter und bald gar nicht mehr auf diesen Tabellen auftauchen würde, wenn ich nicht ordentlich esse. Irgendwie fand ich, dass wäre doch sehr nett, und deshalb habe ich gefragt, ob ich eine dieser Größe- und Gewichtstabellen anstelle eines Luftballons mit nach Hause nehmen dürfte. Aber Dr. Katz hat mir weder die Tabelle noch einen Luftballon gegeben. Er hat nur einen Schwall Luft ausgestoßen, der nach Corned Beef gestunken hat, und ich habe fest die Luft angehalten, um ja keine Kalorien durch meine Nase aufzunehmen.

Danach dankte Mom Dr. Katz für den Namen des Psychiaters und erklärte ihm, dass der Seelenklempner sicher eine gute Sache für mich sei, weil ihr schon immer klar war, dass ich anders sei. Am meisten beklagte sie sich bei Dr. Katz darüber, dass alle anderen Mädchen in meiner Schule zum ersten Mal allein Shopping gehen und über Jungs reden würden, während ich den ganzen Tag nichts anderes täte, als Kalorien zusammenzuzählen. Sie war der Meinung, das Problem könnte vielleicht mit meinem übertriebenen Interesse am Mathematikunterricht zusammenhängen und dass ich vielleicht nicht mehr so wild darauf wäre, ständig nur Zahlen zusammenzuzählen, wenn man mich aus der Mathematikklasse für Achtklässler nehmen und mich wieder in die reguläre Klasse der Fünftklässler tun würde.

Aber Dr. Katz bat Mom, sie solle erst einmal ein Buch aus seinem Regal lesen, das *Der goldene Käfig* heißt, bevor sie mich aus der Mathematikklasse der Achtklässler nimmt. Es sah nagelneu aus. Ich habe vermutet, dass darin noch mehr Fakten und Zahlen stehen würden, aber dieses Mal hat Dr. Katz das Buch nicht geöffnet, um mir weitere Tabellen zu zeigen. Dafür hat er einfach mit Mom weitergeredet, so, als ob ich gar nicht anwesend wäre. Es ärgert mich total, wenn das die Leute machen, obwohl ich natürlich trotzdem zuhöre.

Dr. Katz teilte Mom mit, daß ich an einer Krankheit namens »Anorexia nervosa« leiden würde. Als ich das Wort »nervosa« gehört habe, habe ich überlegt, ob Mom vielleicht auch diese Krankheit haben könnte, weil sie doch immer so nervös ist. Aber Dr. Katz erklärte, dass wäre Lateinisch und es bedeutet, dass man Angst hat, an Gewicht zuzunehmen. Dann hielt er *Der goldene Käfig* hoch und schrieb den Buchtitel für Mom auf einen Rezeptblock. Er hat sie gebeten, das Buch sehr aufmerksam zu lesen, weil es ihr dabei helfen würde, meinen Zustand zu begreifen, und dass sie dafür sorgen sollte, dass es auch mein Dad liest. »Welcher Zustand?«, habe ich nun zum millionsten Mal gefragt, aber Dr. Katz hat lediglich Mom gesagt, dass sie Dr. Gold anrufen solle und für den kommenden Freitag bei ihm einen Termin für einen weiteren Gewichts-Check machen solle.

Auf dem Heimweg habe ich Mom erklärt, dass ich keine Lust hätte, zu Dr. Gold zu gehen, aber sie hörte mir gar nicht zu, weil sie voll damit beschäftigt war, einen Debby-Boone-Song zu trällern. Wahrscheinlich war sie ziemlich erleichtert darüber, dass sie mich nun zu einem Seelenklempner schicken konnte, den ich zu Fuß erreichen konnte. Und ich sage dir ganz ehrlich, irgendwie möchte ich mich sogar unbedingt mit diesem Dr. Gold unterhalten. Denn wenn er wirklich so toll ist, wie Dr. Katz behauptet, dann wird er auf Anhieb erkennen, dass es meine Mom ist, die eine Nervenkrankheit hat – und nicht ich.

Lass mich schrumpfen!

Heute hatte ich meinen ersten Termin bei Dr. Gold, und natürlich war Mom vor diesem Termin viel nervöser als ich. Vor der Schule hat sie meinen ganzen Kleiderschrank auf den Kopf gestellt und alle möglichen Klamotten rausgezogen, die sie niedlich fand, als ob wir entscheiden müssten, was ich auf eine Party anziehe. Ich musste sogar dreimal den Pullover wechseln, und am Schluss hatte ich dann diesen kratzigen aus Mohair an. »Ich kann's nicht fassen, dass ich mich für diesen Seelenklempner rausputzen muss!«, habe ich protestiert, aber Mom antwortete, ich sei überhaupt nicht herausgeputzt. Aber als ich dann Julie an der Ecke getroffen habe, um mit ihr zur Schule zu gehen, wollte sie sofort wissen, wieso ich denn heute so rausgeputzt sei. Ich habe ihr erklärt, dass ich überhaupt nicht herausgeputzt sei, aber Julie meinte, dass ich normalerweise nicht mit Mohairpullis und Lipgloss herumlaufe, wenn ich nicht gerade zufällig auf jemanden stehe. Den ganzen Weg über hat sie mich damit genervt, weil sie überzeugt war, dass ich ihr nur verheimliche, auf wen ich stehe.

In der Schule konnte ich Julie endlich abschütteln, aber als ich zu der Mülltonne rübergehen wollte, in die ich normalerweise mein Lunchpaket werfe, hat mich Jason im Flur in eine Ecke gedrängt. Jason versucht ständig, irgendwas zusammen mit den beliebten Jungs zu unternehmen, aber glaube mir, sie hassen ihn alle wie die Pest, weil er ununterbrochen blöde Witze reißt. Nun ist es so, dass ich nicht mal mitbekommen habe, dass am Freitag unser Schulkarneval stattfindet, denn ich habe weder mit Leslie noch sonst jemandem geredet, weil sie so ein Theater wegen diesem Präsidentschaftspreis für Sport und Fitness veranstaltet haben. Ich war also ziemlich überrascht, dass Jason mich gebeten hat, mit ihm hinzugehen. Schließlich hatte ich gar nicht vor da hinzugehen, aber selbst wenn, dann würde ich niemals mit Jason hingehen, auch wenn ich mich damit total unbeliebt machen würde.

Das Problem ist, ich wollte nicht unhöflich sein, weil alle so gemein zu Jason sind, aber ich wollte auch nicht, dass Leslie oder Lana mich mit ihm auf dem Gang erwischen. Deshalb habe ich Jason erklärt, dass es nichts mit ihm persönlich zu tun hätte, weil ich gar nicht vorhätte, auf den Karneval zu gehen. Das war natürlich voll gelogen, denn wenn Chris mich fragen würde, dann würde ich wahrscheinlich mit ihm hingehen. Aber ich bin einfach mal davon ausgegangen, dass Jason mir das abnimmt, weil er total unterbelichtet ist. Aber leider ist er sogar so unterbelichtet, dass er trotzdem mit mir hin wollte und keine Ruhe gegeben hat, obwohl ich mir doch eigentlich diese Lüge erst mal nur ausgedacht habe, um seine Gefühle nicht zu verletzen. Dann hat die Glocke geläutet und ich bin den ganzen Weg zu meinem Klassenzimmer gerannt, damit ich von Mr. Miller keine Strafpunkte bekomme. Doch am schlimmsten war, dass ich überhaupt keine Chance mehr hatte, mein Lunchpaket wegzuschmeißen. Was hieß, dass ich bis zur Pause den Essensgeruch in meinem Pult hatte, was mich in gewisser Weise hungrig gemacht hat.

Bis die Schule endlich vorbei war und es Zeit für meinen Termin in der Praxis von Dr. Gold wurde, juckte dieser Mohairpulli, den ich wegen Mom hatte anziehen müssen, wie verrückt. Sie hatte beschlossen, mich hinzufahren, denn sie meinte, dass sie auf gar keinen Fall wolle, dass Dr. Gold denkt, ich wäre ein Waisenkind. Ganz offensichtlich schien sie sich unendlich viele Gedanken darüber zu machen, was

Dr. Gold von ihr halten würde, obwohl ich ja diejenige bin, die angeblich verrückt ist. Im Wartezimmer von Dr. Gold gab es keine *Redbook*-Magazine, und deshalb hat Mom wohl beschlossen, mich auf das Gespräch vorzubereiten, während wir warten mussten. »Versuch dir einzuprägen, was er sagt, wenn er dir erklärt, warum du uns das antust«, meinte sie. »Und vergiss nicht, ihm zu sagen, dass wir das alles nicht mehr länger ertragen können und dass wir einfach nicht mehr wissen, was wir mit dir sonst noch anfangen sollen.«

Endlich erschien Dr. Gold, der Moms Hand schüttelte und mich bat, reinzukommen. Mom lächelte und begann zu erklären, welche Sorgen sie sich um mich machen würde, aber gerade in dem Moment, wo Dr. Gold die Türe hinter uns schließen wollte, fing sie an zu weinen. Ich habe Dr. Gold gesagt, dass es vielleicht besser sei, wenn Mom meinen Termin übernehmen würde, aber Dr. Gold erwiderte lediglich, dass dies meine Sitzung sei und er nicht vorhatte, meine Zeit zu verschwenden. Dann hat er mit Mom geredet, bis sie sich beruhigt hat und ging. Ich wünschte, er würde mir irgendwann einmal zeigen, wie man das schafft. Ich vermute mal, dass Dr. Katz Recht hatte, als er meinte, dass Dr. Gold irre toll sei, aber als Dr. Gold dann reinkam und sich in seinen riesigen Ledersessel setzte, war mir klar, dass er mir nicht helfen konnte. Du solltest ihn mal sehen. Er ist fast genauso dick wie Dr. Katz.

»Warum erzählst du mir nicht einfach ein bisschen darüber, was in letzter Zeit passiert ist?«, meinte Dr. Gold mit einer unheimlich sanften Stimme. Vermutlich hat Dr. Katz vergessen mir zu sagen, dass man mit einem Seelenklempner nur flüstern darf, und deshalb flüsterte ich Dr. Gold zu, dass ich wisse, dass Dr. Katz ihm bereits alles über mich erzählt habe, und dass es doch doof von mir wäre, das alles nochmals zu wiederholen. Aber Dr. Gold flüsterte, er würde es gerne noch einmal mit meinen eigenen Worten hören, was nun eigentlich los sei, und ich muss ehrlich zugeben, dass es mir irgendwie gefallen hat, dass er danach fragte. Weil sich ja ansonsten keiner mehr dafür interessiert, was ich eigentlich denke. Und daraufhin habe ich Dr. Gold zugeflüstert, dass eigentlich überhaupt nichts passiert sei in letzter Zeit, außer dass alle ein wahnsinniges Theater veranstalten würden, weil ich eine Diät mache. Und dass ich überhaupt nicht verstehe, warum ich deshalb zu einem Psychiater müsse, weil doch alle, die in unserer Schule beliebt sind, auch eine Diät machen.

Daraufhin nickte mir Dr. Gold nur eine ganze Weile lang zu. Ich hatte keine Ahnung, warum er sich überhaupt die Mühe gemacht hat, mir eine Frage zu stellen, wenn er nicht mehr weitersprechen wollte. Er hat mich echt gelangweilt, und deshalb habe ich auf meine Oberschenkel runtergesehen und dabei versucht, acht Streckübungen pro Bein in Folge mal vierzig Kalorien mal sieben Tage zu multiplizieren, was meiner Kopfrechnung nach fast ein Pfund Gewicht ergab. Mitten in meine Multiplizierung hinein hat Dr. Gold mich dann plötzlich gefragt, ob die Mädchen, die an meiner Schule eine Diät machen, auch Übergewicht hätten. Die Frage war so blöd, dass ich bei meiner Antwort glatt vergessen habe zu flüstern: »Ich habe doch gerade gesagt, dass sie beliebt sind. Wieso sollten sie dann Übergewicht haben?« Logo, oder? Aber Dr. Gold hat nur wieder genickt. Und dann wollte er wissen, ob ich mich für übergewichtig halte. Ich habe deshalb auf meine Oberschenkel gezeigt, damit er es selbst sehen konnte, und daraufhin hat er wieder wie verrückt genickt. Na endlich hat es mal einer kapiert.

Und dann hat Dr. Gold Papier und einen Bleistift hervorgeholt und mich gebeten, Zeichnungen von meinen Freundinnen und mir zu machen. Ich habe ihm erklärt, dass ich nicht gut malen kann, aber er hat mir nur den Bleistift hingehalten und gelächelt. Allmählich kam mir der Gedanke, dass mit Dr. Gold irgendwas nicht stimmen könne – also wirklich, wer nickt und lächelt denn die ganze Zeit über ohne irgendeinen Grund? Er hat mir irgendwie Angst eingeflößt, und deshalb habe ich gedacht, ich sollte mal besser das zeichnen, was er von mir verlangt. Ich habe also den Bleistift genommen und zuerst Leslie, Lana und Tracy und dann mich gezeichnet. Mal abgesehn davon, dass auf der Zeichnung nicht Tracy diese Elefantenschenkel hat, sondern ich. Dann habe ich die Zeichnungen Dr. Gold gegeben.

Dr. Gold hat die Zeichnungen genommen und wieder nur genickt. Dann hat er mir wieder ein Papier gegeben und mich gebeten, mein »Idealbild« zu malen, also so, wie ich gerne aussehen würde. Und die ganze Zeit über hat er immer nur geflüstert. Eigentlich wollte ich mich schon beschweren, aber als ich gemerkt habe, dass Dr. Gold mich immer noch angelächelt hat, habe ich beschlossen, das zu tun, was er will. Ich habe regelrecht eine Gänsehaut wegen ihm bekommen.

Ich habe also den Bleistift genommen und das Mädchen gemalt, das ich gerne sein würde. Es war groß und dürr, hatte aber mein Gesicht und meine Haare. Dieses Mal hat Dr. Gold nicht mehr genickt, als ich ihm die Zeichnung gegeben habe. »Die ist ja spindeldürr«, meinte er, als ob ich dieses Mal meine Aufgabe nicht ordentlich ausgeführt hätte. »Versuche doch einfach mal ein realistisches Bild von der Person zu zeichnen, die du gerne sein möchtest. Und mach dir keine Gedanken darüber, dass du nicht so gut malen kannst.« Wahrscheinlich hat er gedacht, dass ich eine miserable Zeichnerin sei. Ich habe versucht ihm zu erklären, dass ich eigentlich exakt so aussehen möchte, aber Dr. Gold hat erwidert, dass ich gar nicht mehr am Leben wäre, wenn ich so aussehen würde wie auf meiner Zeichnung. »Gut, wenn Ihnen das Ergebnis nicht gefällt, dann sollten Sie mich nicht darum bitten, eine Zeichnung davon zu machen, wie ich gerne aussehen würde«, habe ich geantwortet und dann noch gemeint, am besten sollten wir die ganze Sache einfach vergessen. So ein Idiot!

Aber Dr. Gold machte absolut nicht den Eindruck, als ob er die Sache vergessen wolle, weil er immer noch auf meine Zeichnungen starrte und dabei mit dem Kopf nickte. Schließlich begann er, mir Fragen über meine Familie zu stellen. »Erzähle mir doch bitte mal, was während des Abendessens bei dir zu Hause so passiert«, meinte er. Ich habe überlegt, wie viel Zeit eigentlich noch übrig war, bis ich endlich nach Hause gehen konnte, um meine Sportübungen zu machen. Aber ich wollte nicht, dass Dr. Gold unserem Dr. Katz mitteilen würde, dass ich verrückt sei. Und deshalb beschloss ich, ihm zu antworten. »Nun gut, wir essen etwa gegen neunzehn Uhr. Maria und Mom bereiten das Abendessen und Dad reißt Witze und David und ich lachen darüber und erzählen, wie viel Spaß wir in der Schule hatten«, gab ich zur Antwort. Mal abgesehen davon, dass ich dabei das Familienleben aus der Serie *The Brady Bunch* geschildert habe. Wenn du die Wahrheit wissen willst, ich hatte einfach keinen Bock mehr, Dr. Gold noch irgendwas Persönliches zu erzählen. Anschließend wollte Dr. Gold wissen, was ich einfach gerne nur so zum Spaß mache. Ehrlich gesagt war ich ziemlich überrascht, weil es nicht eine der üblichen Fragen war, die mir in letzter Zeit Erwachsene normalerweise gestellt haben. Und deshalb habe ich ihm erzählt, dass ich gerne Schach spiele und Bücher lese und Mathematikaufgaben löse. Aber kaum, dass ich es ausgesprochen hatte, hätte ich es am liebsten wieder zurückgenommen. Weil ich vermutet habe, dass Dr. Gold ganz bestimmt Dr. Katz mitteilen würde, dass ich verrückt sei, weil ich nicht geantwortet habe, dass ich gerne Shopping gehe oder den ganzen Tag über den Jungs hinterherlaufe.

Aber Dr. Gold hat mich nicht für verrückt erklärt. Stattdessen hat er ein Schachbrett aus seinem Schreibtisch gezogen und angefangen, die Figuren aufzubauen. Er hat sogar erklärt, dass ich die Weißen haben könnte, wenn ich will, denn die Weißen dürfen anfangen. Und dann haben wir bis zum Ende der Stunde Schach gespielt. Ich war noch drei Züge vom Sieg entfernt, als das Licht anging, was hieß, wie Dr. Gold mir erklärte, dass ein anderer Patient durch die Eingangstür gekommen war, der nun auf seinen Termin wartete. Bestimmt noch so eine Frau, die auf Diät ist.

Beim Gehen habe ich dann Dr. Gold gefragt, ob er denken würde, dass ich verrückt bin. Ich wollte es unbedingt wissen. Er antwortete, kein Mensch würde mich für verrückt halten. Ich habe ihm gesagt, dass meine Eltern mich sehr wohl für verrückt halten, und auch meine Lehrer und Freundinnen und auch Dr. Katz. Dazu hat er gar nichts gesagt, und deshalb wollte ich von ihm wissen, wieso ich zu einem Seelenklempner gehen muss, wenn ich gar nicht verrückt bin. Und dann hat Dr. Gold mir erklärt, dass die Leute eigentlich nur einen Psychiater aufsuchen, damit sie mit jemandem reden könnten. Wetten, dass Dr. Katz ihm erzählt hat, dass ich in der Schule keine Freunde mehr hätte?! Ich wusste, dass Dr. Gold wollte, dass ich endlich gehen würde, weil da ja noch jemand auf ihn wartete. Aber davor hatte ich noch eine letzte Frage.

»Warum nennt man Psychiater denn Seelenklempner?«, habe ich ihn gefragt. Zum ersten Mal musste Dr. Gold lachen. Und dann erklärte er mir, dass man sie eigentlich als »Schrumpfköpfe« bezeichnen würde und dass diese Bezeichnung durch irgendwelche Ammenmärchen über alte Heiler überliefert wurde, die angeblich die Macht besessen haben, den Kopf ihrer Patienten schrumpfen zu lassen. Und danach hat er mich dann praktisch durch die Ausgangstür geschoben. Zuerst bin ich zum Lift gegangen, aber dann habe ich beschlossen, aus Gründen der Fitness die Treppen zu nehmen. Normalerweise zähle ich die Treppenstufen, um herauszufinden, wie viele Kalorien ich dabei verbrenne, aber dieses Mal habe ich immer noch darüber nachdenken müssen, was Dr. Gold gesagt hat. Denn wenn ein Seelenklempner es schafft, dass du schrumpfst, dann ist es vielleicht gar nicht so übel, einmal pro Woche Dr. Gold aufzusuchen.

Als ich von meinem Termin bei Dr. Gold nach Hause kam, wollten Mom und Dad wissen, wie denn unsere erste Sitzung war. »Was hat Dr. Gold gesagt?«, fragte Mom. Wahrscheinlich wollte sie nur herausbekommen, warum ich ihnen das Leben versaue. Ich habe ihr erzählt, dass wir nur eine Weile lang Schach gespielt hätten, was Dad nicht unbedingt gefiel. »Ich zahle diesem Mann achtzig Dollar, nur damit ihr Schach spielt?«, meinte er. »Vermutlich ja«, gab ich ihm zur Antwort, aber dann fiel mir ein, dass seine Ader wieder anschwellen könnte. Und ich war absolut nicht in der Stimmung auf einen weiteren Streit, da wir vorhatten, gleich zum Elternabend aufzubrechen. Bevor mich also einer anschreien konnte, bin ich einfach in mein Zimmer hochgerannt. Ganz abgesehen davon, dass ich es gar nicht erwarten konnte, endlich diesen kratzigen Mohairpullover loszuwerden.

Einfach entzückend!

Der Elternabend war totaler Schwindel. Die Lehrer haben allen Eltern erzählt, dass ihre Kinder unglaublich klug, überaus fleißig und sehr höflich seien, selbst den Eltern, die absolut dumme, faule und ungezogene Kinder haben. Mr. Miller hat sich nicht einmal darüber beschwert, dass ich mich inzwischen weigere, unser Staatsgelübde zu sprechen, weil ich der Meinung bin, dass es eben nicht wirklich absolute Freiheit und Gerechtigkeit für alle gibt. Stattdessen hat er zu Mom und Dad gesagt, dass ich einfach entzückend sei. »Vielleicht ein bisschen zu zwanghaft, aber ansonsten einfach entzückend! Einfach entzückend!« Genau so hat er es zweimal wiederholt, nur für den Fall, dass es Mom und Dad beim ersten Mal nicht mitbekommen haben könnten.

Und dann haben sich auch die anderen Eltern alle zu uns gestellt und haben Mom und Dad gesagt, dass sie doch unheimlich stolz auf mich sein müssten. Sie haben sich darüber unterhalten, dass ich den Preis für Naturwissenschaften der weiterführenden Schulen und den Präsidentschaftspreis für Sport und Fitness gewonnen habe und auch noch die Hauptrolle in unserem französischen Theaterstück spielen werde und dass mein Foto in einem Ausschnitt der Schülerzeitung abgebildet ist, weil ich für den »ungewöhnlichsten« Modellentwurf für eine Stadt ausgezeichnet worden bin. Ich dachte nur, hoffentlich wird Mom nicht wütend auf mich, weil ich schon wieder einmal als ungewöhnlich aufgefallen bin. Aber sie hat nur mein Foto angesehen und diese Stelle gar nicht gelesen. »Warum siehst du nie so aus wie deine Freundinnen?«, wollte sie wissen. Vermutlich deshalb, weil neben meinem Foto eines von Leslie und Lana bei der Talentshow abgebildet war. »Was für reizende, schmale Körper sie doch haben.« Um wie Leslie und Lana auszusehen, müsste ich fünf Kilo abnehmen.

Ich habe es bei diesen ganzen Erwachsenen einfach nicht mehr ausgehalten, deshalb bin ich abgehauen und habe Leslie und die anderen beim Springbrunnen entdeckt. Aber als ich mich ihnen genähert habe, konnte ich hören, dass sie sich mal wieder nur über die Klamotten der anderen unterhalten haben, und diese Gespräche hasse ich einfach. Und abgesehen davon ist Leslie immer noch sauer auf mich wegen dem Präsidentschaftspreis für Sport und Fitness, und deshalb hat sie alle gegen mich aufgehetzt. Deshalb habe ich mich zur Toilette aufgemacht, denn ich dachte mir, da könnte ich mich einfach auf einem Toilettensitz niederlassen und Schachzüge auf die Sohlen meiner Turnschuhe malen. Aber da waren schon Lana und Tracy, um vor dem Spiegel ihre Haare zurechtzuschütteln. Sie haben jede Menge Haarspray benutzt, und als ich ihnen erklären wollte, dass sie damit unsere Luft verpesten, hat sich Lana zu Tracy umgedreht und gemeint: »Nein, Lori, du bist diejenige, die unsere Luft verpestet.« Und dann haben sie sich angesehen und fast schlappgelacht.

Logischerweise konnte ich auch dort nicht bleiben, aber ich hatte keine Ahnung, wo ich sonst hin sollte. Deshalb bin ich durch die Gänge gewandert, bis ich schließlich bei der Mülltonne gelandet bin, in die ich immer mein Lunchpaket werfe, bevor ich ins Klassenzimmer gehe. Der Hausmeister hatte die Tonne bereits geleert, weil unsere Eltern denken sollten, dass es in dieser Schule besonders sauber zugehen würde. Und dann habe ich mich gefragt, ob dem Hausmeister eigentlich irgendwann einmal meine Lunchpakete da drinnen aufgefallen sein könnten. Irgendwie habe ich mir gewünscht, dass er sie entdeckt hat und sie einem gegeben hat, der sie wollte, aber andererseits bezweifle ich das doch sehr. Und dann musste ich plötzlich nur noch an den Hausmeister denken und dass ich überhaupt nicht weiß, wie er eigentlich aussieht, weil er erst dann kommt, wenn die Schule aus ist. Weil es doch so ist, dass keiner von uns eigentlich weiß, ob es ihn überhaupt gibt. Wetten, dass er genauso einsam ist wie ich?! Als ich darüber nachgedacht habe, wie einsam wir doch alle sind, wurde ich so traurig, dass ich fast weinen musste. Aber dann ist mir eingefallen, dass Mom und Dad sich vielleicht Gedanken darüber machen, wo ich abgeblieben bin. Und deshalb bin ich wieder zu den Erwachsenen zurückgegangen. Aber ganz anders, als ich vermutet hatte, haben sie mich nicht einmal vermisst. Sie waren viel zu sehr damit beschäftigt, sich mit Leslies Eltern über schicke Restaurants und solchen Kram zu unterhalten. Sie haben nicht mal gemerkt, dass ich weg war.

Und da habe ich dann mitgekriegt, wie Fred Smuckler mit seiner Mutter reinkam. Ich war ziemlich überrascht, dass Fred beim Elternabend auftauchte, weil er ein völlig vertrottelter Kerl mit vorstehenden Vorderzähnen ist. Denn der redet schon während der Schulzeit mit keinem, und deshalb war mir völlig schleierhaft, warum er jetzt am Abend wieder herkam, nur um seine Klappe zu halten. Wahrscheinlich hatten ihn, so wie mich, einfach seine Eltern hergeschleppt. Seine Mutter hat ihn angeschrien, weil er seine Brille, die sehr teuer ist, in einem der Klassenzimmer verloren hat. Ich habe Fred bis dahin noch nie ohne seine riesige Brille gesehen, aber auch ohne sie sah er immer noch megadoof aus. Leider ist es bei ihm in keinster Weise so wie bei Miss IQ, die, wie sich herausstellt, auf einmal richtig hübsch aussieht, wenn sie ihre Brille abnimmt.

Jedenfalls sind Fred und seine Mutter zu der Wand rübergegangen, an die man unsere ganzen Arbeiten gepinnt hatte. Ich hatte auch vor, mir die Arbeiten anzusehen, aber nicht solange Fred noch dort stand. Ich wollte nicht, dass Leslie ein

Gerücht in die Welt setzt, nur weil ich mit ihm spreche, deshalb habe ich mir eine andere Wand angesehen. Aber dann ist die wohl oberpeinlichste Geschichte überhaupt passiert. Fred und seine Mutter kamen zu mir rüber und haben sich einfach zu uns gestellt. Logischerweise hat das Leslie einen Mordsspaß gemacht. Sie waren nur deshalb zu uns rübergekommen, weil Freds Mutter meinen Eltern sagen wollte, dass sie von meiner Schreibmaschinenarbeit ganz begeistert sei. Sie redete endlos darüber, wie wunderbar es doch wäre, dass ich bereits gelernt hätte, wie man den Rand in Geschäftsbriefen einhält, weil das doch in jedem Falle für ein Mädchen sehr wichtig sei.

»In welchem Fall?«, wollte ich wissen, aber Freds Mutter hat nur gelacht und gemeint, dass ich mir keine Sorgen machen müsste. »So schlank, wie du bist, wirst du wohl kaum Probleme haben, einen Ehemann zu finden«, erklärte sie. »Wahrscheinlich bist du schon verheiratet, bevor du überhaupt einen Gedanken daran verschwendest, Sekretärin zu werden.« Als ob ich vorhätte, nur deshalb mein Leben lang Sekretärin zu sein, weil ich möglicherweise nicht heirate. Und dann hat Mom entdeckt, dass irgendein Idiot meinen Namen »Lori«, den ich unter meine Arbeit geschrieben hatte, in »Hori« abgeändert hatte. Sehr lustig, ehrlich. Ehrenwort, in meiner Klasse halten sich offenbar alle für Bob Hope.

Ich weiß, das klingt blöd, aber ganz plötzlich hatte ich das Gefühl, gleich wieder loszuheulen. Dieser Elternabend machte mich ganz krank, und alle an dieser Schule haben mich auch ganz krank gemacht. Ich glaube, Fred hat mitbekommen, wie ich mich gefühlt habe, weil er dann etwas irre Nettes getan hat. Ich konnte es nicht fassen! Er ist zu seinem Pult gegangen, hat einen Bleistift rausgeholt und ging damit wieder zu der Wand zurück, um meinen Namen in »Lori« abzuändern. Und er hat das auch noch getan, ohne dabei auch nur ein einziges Wort zu sprechen. Ich habe »danke« gesagt, und Fred hat mich irgendwie angelächelt, sodass man seine Vorderzähne sehen konnte. Und dann konnte ich das Lachen von Leslie durch den ganzen Raum hören. Ich wusste, dass sie jetzt losziehen und allen erzählen würde, dass Fred in mich verknallt sei, oder noch schlimmer, dass ich in ihn verknallt sei, aber eigentlich hat mir das auch nichts mehr ausgemacht. Mir ist sogar der Gedanke gekommen, ob es nicht Leslie gewesen sein könnte, die »Hori« da hingeschrieben hat. Oder ob sie Lana dazu angestiftet hat. Du kannst mir glauben, Lana würde alles tun, um was Leslie sie bittet. Wahrscheinlich würde sie sogar mit ihrer Diät aufhören, wenn Leslie das möchte.

Gott sei Dank sind wir dann bald darauf heimgegangen. Aber als ich nach oben ging, hat Dad die Schreibmaschinenarbeit von mir entdeckt, die aus meiner Tasche raushing. Ich habe versucht, sie wieder reinzustecken, aber dann fiel zufällig auch noch die andere Arbeit raus, die ich von der Wand genommen hatte. Es war Leslies Geschichtsarbeit, die eigentlich von der Suffragetten-Bewegung der Frauen handeln sollte. Aber sie hatte natürlich über die Klamotten von Susan B. Anthony geschrieben. Na ja, jedenfalls war ich dermaßen wütend auf sie, weil sie »Hori« da hingeschrieben hatte, dass ich den Namen »Leslie« unter ihrer Arbeit durchgestrichen und durch »Puslie« ersetzt habe. Später habe ich aber deswegen ein schlechtes Gewissen bekommen und habe die Arbeit von der Wand abgemacht. Dad war davon absolut nicht begeistert. Er hat gesagt, dass er morgen früh sofort Dr. Gold anrufen würde, denn er würde nicht im Traum daran denken, ihn dafür zu bezahlen, dass er mit mir Schach spielt, während ich ein großes Problem habe und sogar den anderen ihr Eigentum stehlen würde. Ich würde gerne wissen, ob er Dr. Gold dabei auch erzählen wird, dass Mr. Miller mich als »einfach entzückend« bezeichnet hat. Doch das bezweifle ich. Ich glaube nämlich, Dad hat das gar nicht mitbekommen, obwohl es Mr. Miller zweimal wiederholt hat.

Sprich nicht mit vollem Mund!

Dad hat Dr. Gold angerufen und ihm erzählt, was beim Elternabend passiert ist. Und Dr. Gold schlug vor, dass wir für eine Familientherapiestunde vorbeikommen sollten. Offenbar hat Dad doch nicht auf alles, was mich betrifft, eine logische Antwort in dem Buch *Der goldene Käfig* gefunden. Er hat das Buch in einer Nacht ausgelesen und dann Mom gegeben, aber die war mehr daran interessiert, einen ihrer dämlichen Liebesromane zu lesen. Deshalb habe ich Mom gefragt, ob sie mir *Der goldene Käfig* leihen könnte, und sie war einverstanden, weil sie vermutlich eh nicht so schnell dazu kommen würde. Aber sie war trotzdem ziemlich froh, dass wir das Buch gekauft hatten: »Zumindest versteht einer, was ich alles durchmache«, hat sie geseufzt. Ich glaube nicht, dass Dr. Katz wollte, dass sie es aus diesem Grund liest.

Ich konnte es kaum erwarten *Der goldene Käfig* zu lesen, weil das Buch eine Ärztin namens Hilde Bruch geschrieben hat. Da Hilde eine Frau ist, habe ich gehofft, sie würde darin erklären, dass es das Normalste der Welt für eine Frau sei, eine Diät zu machen. Aber leider hat sich herausgestellt, dass dieses Buch echt doof ist. Vor allem deshalb, weil da drinsteht, dass der einzige Grund, weshalb ich nichts essen wollte, der ist, dass ich nicht erwachsen werden wollte. Und das stimmt absolut nicht. Ich kann es gar nicht erwarten, erwachsen zu werden, weil es dann alle völlig normal finden würden, wenn ich eine Diät mache.

Allerdings hat mir der Teil gefallen, in dem Hilde die Geschichten der Teenager Kate, Hazel und Karla erzählt, die sich genauso einsam gefühlt haben wie ich. Sie schreibt sogar über ein Mädchen namens Celia, deren Mutter exakt wie meine Mom ist. Hilde schreibt, dass sich Celias Mutter »auf außerordentlich kindische Weise verhalten« hätte. Es hat mir gefallen, etwas über diese Mädchen zu lesen, weil die sich ganz im Gegensatz zu Leslie und Lana auch für Malerei, Musik, Bücher und Mathematik interessiert haben. Mal abgesehen davon, dass ihnen auch noch ziemlich coole Sachen eingefallen sind, wie zum Beispiel beim ärztlichen Gewichts-Check unter den Trainingshosen Gewichte anzubringen. Und einige haben sich nach dem Essen sogar übergeben, damit sie bloß keine der Kalorien verdauen mussten. Du kannst mir glauben, auf so was wäre ich echt nie gekommen.

Und weil das Büro von Dad nur einen Häuserblock von Dr. Golds Praxis entfernt ist, haben sich Mom, David und ich mit Dad zu diesem Termin dort im Wartezimmer getroffen. Natürlich waren wir zu früh dran, deshalb hat Dad sein *Wall Street Journal* rausgezogen, während Mom ihre Fingernägel feilte und David sich gegen die Wand lehnte, damit Mom und Dad sich auf die Stühle setzen konnten. Ich schwöre dir, David macht immer nur auf lieb Kind.

Mich hat diese Warterei ziemlich gelangweilt, deshalb bin ich im Kopf noch mal meinen Text für dieses französische Theaterstück durchgegangen, bei dem ich mitmache. Ich spiele ein Kaninchen namens »Janot Lupin«, das der Anführer einer Gruppe von Tieren auf einem Bauernhof ist. Es ist zwar nicht das aufregendste Stück unter der Sonne. Aber wir hatten keine große Auswahl, weil wir bis jetzt erst die Verben mit den drei einfachen Zeitstufen durchnehmen. Es gibt da diese eine Szene, in der ich wahnsinnig hungrig bin, weil die Landbesitzer uns nichts zu fressen geben. In der muss ich immer nur sagen: »J'ai faim.« Falls du es nicht wissen solltest, das bedeutet »Ich bin hungrig«, aber in Wirklichkeit heißt es »Ich habe Hunger«. Genau so sagen das echte Franzosen. Ich finde es hübsch, dass die Franzosen *nicht hungrig* sind wie wir

Amerikaner, sondern dass sie *Hunger haben*. Es ist viel einfacher zu versuchen, etwas nicht zu haben, als es nicht sein zu wollen.

Ich habe meinen Text ziemlich lange eingeübt, bis uns Dr. Gold dann endlich in sein Büro gebeten hat. Ich saß in einem ähnlichen Ledersessel wie der von Dr. Gold, David hat sich auf den anderen Stuhl gesetzt, und Mom und Dad mussten auf der riesigen Couch Platz nehmen. Man hat ihnen angesehen, dass sie sich auf dieser Psychiatercouch ziemlich unwohl gefühlt haben. Dad ist hin und her gerutscht, und Mom hat ihre Beine derart oft übereinander und wieder auseinander geschlagen, dass ich schon Angst hatte, ihre Strumpfhose könnte reißen, was sie garantiert zum Heulen gebracht hätte. Dann hat Dr. Gold uns angelächelt und sich dafür bedankt, dass wir uns alle bei ihm eingefunden haben. Und einen Moment lang habe ich schon befürchtet, dass er genau wie das letzte Mal nicht mehr aufhören würde zu lächeln. Aber Dr. Gold hat mich überrascht. Er hat Mom und Dad ohne Umschweife gebeten, ihm zu erzählen, warum es bei uns zu Hause nicht so richtig zu klappen scheint. Sie haben sich danach erst einmal angesehen und dann beschlossen, dass Dad reden sollte, wahrscheinlich weil er in unserer Familie immer die ganzen »Warum«-Fragen beantworten muss. »Nun, Doktor, ehrlich gesagt haben wir keine Ahnung, warum sich Lori so verhält«, antwortete er, obwohl doch Dr. Gold sich nicht nur nach mir, sondern der ganzen Familie erkundigt hat. Immer bin ich an allem schuld. Dann erklärte er, es sei alles in bester Ordnung gewesen, bis ich in Washington mit dieser lächerlichen Diät angefangen hätte, und dass er sich niemals hätte vorstellen können, dass ich so stur sein kann. Hör mal, wer da spricht! Dad ist doch König Sturkopf höchstpersönlich. Oder bin ich vielleicht diejenige, die andere Menschen dazu zwingt, während der Ferien in einem Restaurant zu hocken, bis sie ihren Kartoffelsalat aufgegessen haben?

Aber Dr. Gold nickte nur mehrmals und man konnte sehen, dass Dad nicht gerade begeistert darüber war. Wahrscheinlich wartete er nur darauf, dass Dr. Gold ihm einen Vorschlag machen würde, mit dem man mich wieder zum Essen bringen könne, wie eines dieser Rezepte, die Dr. Katz immer ausschreibt: »Vollmilch trinken« oder »*Der goldene Käfig* kaufen«. Aber da Dr. Gold einfach nur weitergelächelt hat, hat Dad ihn geradeheraus gefragt, was eigentlich mein Problem sei. »Glauben Sie, dass es etwas mit den Veränderungen zu tun hat, die sie jetzt durchmacht?«, wollte er wissen. Wenn Dad »Veränderungen« sagt, meint er eigentlich die Pubertät, was David und mich immer zum Lachen bringt, und deshalb haben wir uns ganz bewusst nicht angesehen. Danach erklärte dann Dad, David hätte sich nie so verrückt aufgeführt, als er diese »Veränderungen« durchgemacht hat. Aber dass ich eben schon immer ein sehr sensibles Kind gewesen sei und ich mir vielleicht deshalb alles viel zu sehr zu Herzen nehmen würde. »Meinen Sie, dass das ihr Problem sein könnte?«, wollte Dad wissen.

Statt Dad eine Antwort zu geben, stellte ihm Dr. Gold eine neue Frage. »Haben Sie eine Ahnung, wie sich Ihre Tochter fühlt?« Aber da hat ihn Mom ziemlich schnell unterbrochen. »Sie denkt doch die ganze Zeit nur über Mathematik und Kalorien nach«, meinte sie. »Glauben Sie, dass Sie ihr helfen können?« Als ob mein Interesse an Mathematik irgendeine schreckliche Geisteskrankheit sei. Dann hat sie zu weinen angefangen und nach ihren Tempotaschentüchern gesucht. Dr. Gold hat in seinem Behandlungsraum jede Menge Schachteln mit Papiertaschentüchern, wahrscheinlich damit den Frauen, die auch eine Diät machen, nicht die Wimperntusche zerläuft.

Gott sei Dank hatte Dr. Gold keine Lust über mein Mathematikproblem zu reden. Er war immer noch daran interessiert, ob Dad eine Ahnung hatte, was ich fühle, und nicht, was ich denke. Und irgendwann hat dann Dad zugegeben, dass er, mal abgesehen davon, dass ich mich für dick halten würde, keine Ahnung hätte, wie ich mich fühlen würde. Und dass er das absolut nicht verstehen könne. »Keiner versteht das, schauen Sie sie doch einmal an!«, schrie Mom, während sie auf mich deutete. Weil Mom sich ununterbrochen eingemischt hat, fragte sie Dr. Gold, ob sie denn eine Ahnung hätte, warum ich mich für dick halten würde, aber sie hatte keine Lust, diese Frage zu beantworten. Mom interessierte es viel mehr, darüber zu reden, wie sie sich fühlt.

Mom meinte, dass sie sich traurig fühlen würde, weil sie und Dad mir doch die beste Ausgangsposition bieten würden, wobei die beste Ausgangsposition natürlich gar nichts bringt, wenn mit mir irgendwas nicht stimmen würde. »Man tut ja alles, was man nur kann. Sie bekommen eine Zahnspange, damit ihre Zähne gerade werden, man fährt sie tagaus, tagein herum, zum Arzt für die Spritzen, zu den Tanzstunden, damit sie eine aufrechte Körperhaltung lernen, oder zum Shopping, damit sie hübsch aussehen. Man tut alles nur Erdenkliche, aber was nützen einem denn all diese Anstrengungen, wenn dein Kind nicht normal ist.« Mom weinte so sehr, dass sie kaum mehr sprechen konnte, obwohl sie sich weiterhin echt bemühte. »Auf so was sind wir einfach nicht vorbereitet ...«, meinte sie, bevor sie von ihren Gefühlen völlig überwältigt wurde und einfach nicht mehr weiterreden konnte. Sie deutete nur weiterhin in meine Richtung, damit Dr. Gold auch ja wusste, dass ich dieses »so was« war, auf das sie einfach nicht vorbereitet war, nur für den Fall, dass er das nicht selbst kapieren würde.

Nun bin ich davon ausgegangen, dass Dr. Gold endlich mitbekommen hätte, dass Mom manchmal einfach total durchdreht, aber ich vermute mal, dass er einfach kein besonders guter Psychiater ist. Er hat sogar zu Mom gesagt, dass er verstehen würde, wie schmerzlich das alles für sie sein müsse, oder sonst irgendwas anderes Blödsinniges. Dr. Gold hat immer noch nicht kapiert, dass Mom sogar zu flennen anfängt, wenn der Parkplatzwächter aus Versehen ihre Autotür laut zuknallt. Zumindest hat sich Mom danach beruhigt. Und dann kam David an die Reihe, der nun herausfinden sollte, wie ich mich fühle. Irgendwie erinnerte mich das Ganze an die Fernsehserie *Family Feud* (= »Familienfehde«, Anm. d. Ü.). David zuckte mit den Schultern und meinte, er hätte nicht die geringste Ahnung, mal abgesehen davon, dass ich mich in letzter Zeit noch idiotischer als normalerweise benehmen würde, um möglichst viel Aufmerksamkeit zu erregen. »Ihre Schwester hat also das Gefühl, dass sie etwas mehr Aufmerksamkeit benötigt?«, fragte ihn Dr. Gold. Doch bevor David antwortete, hat er erst einmal Mom und Dad angesehen, weil er ja, wie ich dir bereits gesagt habe, doch gerne auf lieb Kind macht. »Sie muss immer im Mittelpunkt der Aufmerksamkeit stehen«, antwortete David, woraufhin plötzlich Mom anstelle von Dr. Gold zu nicken begann.

Dr. Gold hatte das Nicken einfach vergessen, weil es ihn völlig aufregte, was David eben gesagt hatte. Er meinte, dass keiner von uns wirklich wisse, was der andere fühlt, und wie wunderbar es doch sei, dass wir uns nun alle einander mitteilen würden. Dann wollte er, dass ich mich meiner restlichen Familie mitteilen würde, damit sie erfahren, was ich eigentlich fühle, weil sie das nicht wüssten, aber allesamt sehr daran interessiert seien. Obwohl das totaler Quatsch ist, habe ich ihm trotzdem geantwortet.

»Ich habe das Gefühl, dass alle anderen in meiner Familie total verrückt sind, und ich habe das Gefühl, dass es irgendwie unfair ist, dass ich diejenige bin, die deswegen einen Seelenklempner besuchen muss«, lautete meine Antwort. Daraufhin hat sich Dr. Gold in seinem Sessel aufgerichtet und erklärt, dass ich unglaublich kommunikativ sei und außerdem die Einzige in unserer Familie, die ihre Aussagen mit

»Ich-Sätzen« formulieren und statt »denken« das Wort »fühlen« benutzen würde.

Und daraufhin hielt Dr. Gold eine lange Ansprache über Kommunikation und hat uns beigebracht, wie wir das zu Hause praktizieren können. »Vielen Dank, Doktor«, meinte Dad, als er am Ende unserer Sitzung Dr. Gold die Hand schüttelte. Mir war klar, dass Dad tatsächlich dachte, es würde völlig reichen, wenn wir uns eine Woche lang mitteilen würden, damit ich mit meiner Diät aufhöre. Mom umarmte danach Dr. Gold überschwänglich und meinte, dass sie sich plötzlich wie befreit fühlen würde, weil sie nun nichts mehr für sich behalten müsste. Was völlig absurd ist, weil Mom sowieso ständig mit allem herausplatzt, was ihr gerade in den Sinn kommt. David hat nur »vielen Dank« gesagt. Bevor Dr. Gold die Tür hinter uns geschlossen hat, meinte er noch zum Schluss: »Und denken Sie daran, formulieren Sie Ihre Sätze mit ›Ich fühle‹.«

Als wir nach Hause kamen, ging Dad in sein Arbeitszimmer, und Mom verschwand im Schlafzimmer, um all ihre klatschsüchtigen Freundinnen anzurufen. David verschwand sofort in seinem Zimmer und machte die Tür hinter sich zu, aber ich konnte seine Stereoanlage, auf der er in voller Lautstärke Peter Frampton spielte, bis nach unten hören. Das zum Thema Kommunikation. Ich ging nach oben in mein Zimmer, um herauszufinden, ob diese Mädchen in *Der goldene Käfig* weniger als ich wiegen würden, wenn sie fünfzehn Zentimeter kleiner wären, wobei keine von ihnen weniger als fünfundzwanzig Pfund auf die Waage brachte. Danach habe ich dann für jede erdenkliche Größe Berechnungen angestellt, nur für den Fall, dass ich womöglich größer werden könnte. Ich habe immer wieder neue Berechnungen gemacht, bis man mich zum Abendessen nach unten gerufen hat.

Kaum dass ich die Küche betreten hatte, erklärte mir Mom, dass sie Dr. Gold wirklich mag. Es war sonnenklar, dass sie total in ihn verliebt ist. Außerdem war sie wie irre drauf versessen, sich mitzuteilen: »Weißt du, Lori, eigentlich wollte ich dir ja schon lange etwas sagen«, meinte sie. »Es geht um deine Haare. Die haben wirklich einen neuen Haarschnitt nötig. Dein ganzer Stufenschnitt ist herausgewachsen, und mit ein paar dünnen Strähnchen, besonders wenn sie dein Gesicht umrahmen, würdest du ganz bestimmt hinreißend aussehen.« Dann wandte sie sich Dad zu und meinte: »Ich liebe es, mich mitzuteilen.« Und ich hasse Dr. Gold.

Ich habe Mom erklärt, dass Dr. Gold meinte, dass wir einander mitteilen sollten, was unsere ureigensten Gefühle seien und nicht die der anderen. Darum hätte er sich auch so viel Zeit genommen, uns beizubringen, dass wir unsere Sätze mit einem »Ich fühle« formulieren sollen. »Nun gut, auch recht«, meinte Mom. »Ich habe das Gefühl, dass etwas mit deinem Haar geschehen muss. Womit ich dir lediglich sagen will, wie ich darüber fühle.« Ich habe dir ja bereits erklärt, dass Mom einfach nie kapiert, um was es wirklich geht.

Zum Abendessen gab es Hühnchen in einer ekligen Sauce, dazu eine dieser Tiefkühlmischungen aus Erbsen und Karotten und triefend ölige Bratkartoffeln in irgendeiner klebrigen Brühe. Ich habe mir ein halbes Brüstchen genommen und die ganze Sauce abgekratzt und es danach mit einer Papierserviette abgerieben, damit bloß keine Reste dran kleben. Das habe ich durch mein Diätbuch *Diättipps, die Spaß machen* gelernt. Danach habe ich sieben Erbsen und acht Karottenstückchen auf meinen Teller gelegt, aber die Zahl Acht hat mir nicht gefallen, weil sie mich an das Wort »essen« erinnert hat (die Acht spricht sich im Englischen »ate«, das geschriebene »ate« bedeutet wiederum »Ich habe gegessen«; Anm. d. Ü.), deshalb habe ich wieder ein Stückchen zurückgelegt. Und diese Bratkartoffeln habe ich selbstverständlich erst gar nicht angerührt.

Als ich mich an den Tisch gesetzt habe, stellte Maria an jeden Platz einen kleinen Salatteller. Mom hat mir erklärt, dass sie auf meinen dieses Mal kein Dressing gegeben hätten, weil es ihr inzwischen völlig egal sei, wenn ich mich wie ein Kriegsgefangener ernähren würde. »Ich liebe es, mich mitzuteilen«, posaunte Mom ständig hinaus. Dann meinte Dad, dass er das Gefühl hätte, es wäre wohl besser, wenn sie es den Ärzten überlassen würden, sich um mich zu kümmern, denn schließlich seien sie die Profis, und ich bräuchte ja schließlich professionelle Hilfe.

Weil sie nun gar nicht mehr aufhören wollten, sich gegenseitig mitzuteilen, habe ich mich auf meinen Salat konzentriert. Ganz bewusst habe ich nur ein einziges Crouton gegessen und dieses außerdem viermal ordentlich durchgekaut. Danach habe ich dann den trockenen Salat gegessen. Allerdings habe ich ein Blatt auf dem Teller gelassen, damit ich mich nicht wie ein Schwein fühlen würde, weil ich ihn ganz aufgegessen hatte. Und danach habe ich dann wieder mit meinem Spielchen angefangen, bei dem ich von allem einen kleinen Rest auf dem Teller übriglassen muss – zum Beispiel eine Gabel voll Brüstchen oder eine Erbse oder eines von diesen Karottenstückchen. Allerdings habe ich dabei ständig die Regeln geändert, bis ich dann irgendwann einmal von allem immer zwei Stückchen auf dem Teller lassen musste und dann drei und schließlich vier. Weil ich nicht mehr damit aufhören konnte, die Regeln zu ändern, habe ich schließlich beschlossen, von allem noch einen zusätzlichen Bissen zu essen. Das Brüstchen habe ich mir bis zum Schluss aufgehoben.

Im Gegensatz zu sonst lief auch nicht der Fernseher während des Abendessens, weil Mom und Dad ganz versessen darauf waren, zu kommunizieren. Sie haben jeden einzelnen Satz mit den Worten »Ich habe das Gefühl« begonnen, sogar bei Dingen wie »Ich habe das Gefühl, dass dieses Brüstchen gut schmeckt«. Es war genauso wie bei Mrs. Rivers mit ihren

Füllwörtern für den aussagekräftigen Aufsatz, nur dass auf unserer Liste ein einziges Füllwort stand, nämlich »Ich fühle«. Und deshalb habe ich dann irgendwann einmal gesagt, dass wir uns wieder wie normale Menschen unterhalten sollten, weil wir nämlich wie ein Haufen kompletter Idioten klingen würden.

»Benutz ›ich fühle‹«, erklärte David. Er wollte mich natürlich nur in Schwierigkeiten bringen, und deshalb habe ich ihm unter dem Tisch einen Schlag versetzt, und daraufhin hat er zurückgeschlagen, woraufhin ich noch stärker zurückgeschlagen habe. »Fühlst du das?!«, habe ich geschrien und ihm mit meinem Fuß einen Tritt versetzt. Daraufhin meinte Dad: »Ich habe das Gefühl, dass ihr beide auf der Stelle mit diesen Tritten aufhören sollt, ansonsten könnt ihr eine Woche lang das Fernsehen vergessen!« Woraufhin David mich so böse wie noch nie zuvor angefunkelt hat.

»Statt so mürrisch dreinzublicken, solltest du lieber deine Gefühle ausdrücken, Lori«, meinte Mom. Ganz offensichtlich hatte Dr. Gold meine ganze Familie einer Gehirnwäsche unterzogen. »Ihr treibt diesen ganzen Kommunikations-Quatsch einfach viel zu weit«, habe ich zu ihnen gesagt. »Ich habe nicht das Gefühl, dass es so ist«, erklärte Dad. »Und ich habe auch nicht das Gefühl«, antwortete Mom. Daraufhin habe ich dann das übriggebliebene Stückchen Brüstchen aufgegessen und gemeint: »Aber ich habe das Gefühl«, woraufhin Mom meinte, es wäre unhöflich, mit vollem Mund zu sprechen.

Von der Luft leben

Heute wollte ich mit Dr. Gold wieder Schach spielen, aber er wollte sich lieber über meine Träume unterhalten. Ich habe in letzter Zeit kaum geschlafen, deshalb konnte ich mich nicht daran erinnern, ob ich in der letzten Nacht überhaupt etwas geträumt habe. Doch Dr. Gold meinte, dass jeder träumen würde. Ich müsste mich einfach ein bisschen entspannen, dann würde ich mich auch wieder an meinen Traum erinnern. Dann wollte er, dass ich mich auf die riesige Couch lege, aber ich dachte gar nicht daran, das zu tun. Denn erstens einmal bin ich nicht verrückt, und zweitens verbrennt man im Liegen viel weniger Kalorien. Also blieb ich auf meinem Stuhl sitzen und habe weiterhin versucht, mich an einen Traum zu erinnern, aber es ist mir trotzdem keiner eingefallen.

Dafür ist mir der Traum eingefallen, den dieses Mädchen namens Ida in dem Buch *Der goldene Käfig* beschrieben hat. Hilde fand den Traum von Ida so toll, dass sie ihn als Titel für ihr Buch gewählt hat. Es ging darum, dass sich Ida wie ein Spatz in einem goldenen Käfig gefühlt hatte. Obwohl alles in ihrer Umgebung wunderschön und golden aussah, hatte sie trotzdem das Gefühl in einem kleinen Vogelkäfig gefangen zu sein. Ich weiß, wie es ist, wenn man sich gefangen fühlt, aber ich konnte Idas Traum nicht als meinen ausgeben, weil das ein Plagiat wäre. Zumindest bezeichnet das Mrs. Rivers so. Gott sei Dank ist mir irgendwann doch mein eigener Traum eingefallen.

In diesem Traum bin ich mit einem Motorboot aufs offene Meer hinausgefahren, und der Wind hat mir die Haare zerzaust, was aber gar nichts ausmachte, weil Mom nicht da war und mich nicht anbrüllen konnte, weil ich mir keinen Schal um den Kopf gebunden hatte. Ich bin wirklich schnell gefahren, und mein Boot war das einzige auf See und ich tatsächlich der einzige noch lebende Mensch auf Erden.

»Wo wolltest du denn hin?«, fragte mich Dr. Gold, aber ich habe ihm erklärt, wenn er mich ständig unterbrechen würde, würde ich ihm meine Träume nicht mehr erzählen. Denn schließlich ist es schon schwierig genug, sich überhaupt an Träume zu erinnern, aber es ist praktisch unmöglich, wenn man dabei auch noch wie bei der Folter ins Verhör genommen wird.

»Also kurzum«, fuhr ich fort, »ich bin da draußen mit dem Boot unterwegs gewesen, und irgendwie habe ich wohl auch gewusst, dass ich der einzige Mensch weit und breit war. Und natürlich hatte ich anfangs Angst, dass ich es nicht schaffen würde, ganz alleine zu überleben, weil es ja in der Nähe weder so was wie Häuser noch Essen gab.«

»Erzähle mir mehr über das Essen«, forderte mich Dr. Gold auf, aber ich habe ihm einen scharfen Blick zugeworfen, und daraufhin hat er »Tut mir Leid, erzähle weiter«, geflüstert. Allerdings hatte ich absolut keine Lust mehr weiterzureden. Denn wenn es nach mir gegangen wäre, dann hätten wir Schach gespielt. Wetten, dass Dad ihm verboten hat, das noch einmal mit mir zu machen?!

»Jedenfalls habe ich Angst bekommen«, erzählte ich, »wie ich denn alleine überleben sollte, aber dann ist mir klar geworden, dass ich ja irgendwie sowieso schon immer alleine war. Weil mich doch sowieso keiner mehr leiden kann. Und anders als mein Vogel Chrissy macht es mir nichts aus, allein zu sein.«

»Kannst du mir ein bisschen mehr darüber sagen?«, flüsterte Dr. Gold, aber daraufhin habe ich ihm geantwortet, dass ich ihm ganz bestimmt nichts mehr erzählen würde, weil er sein Versprechen gebrochen hätte. Ich habe ihm erklärt, dass es mir absolut nichts ausmachen würde, ganz alleine zu sein, weil keiner ein Wort von dem verstehen würde, was ich sage, nicht mal er. Da könne ich ja genauso gut in die Luft reden. Und dann ist mir der wichtigste Teil meines Traums wieder eingefallen – die Sache mit der Luft.

Folgendes passierte: Ich bin mit dem Boot weitergefahren, aber ich konnte nicht sehen, wohin ich fuhr, weil mich die Sonne blendete und ich keine Sonnenbrille hatte. Aber ich hatte keine Angst, weil ich wusste, dass mich das Boot an einen sicheren Ort bringen würde. Ich musste sogar lachen, und dabei habe ich meinen Mund geöffnet und unheimlich viel Luft eingeatmet. Die Luft schmeckte so, als hätte man alles Mögliche zusammengemischt – rote Pflaumen und salzige Fritten, Erdbeergelee und cremige Oreos-Schokoladenkekse. Sie schmeckte gleichzeitig nach allem und nichts und so, als ob man eine Menge Malfarben in der Kunststunde zusammenrühren würde, die dann die Farbe Schwarz ergeben.

Aber die Sache war die, dass ich so viel Luft in den Mund bekommen habe, dass ich dachte, meine Backen würden platzen. Sogar das Atmen ist mir schwer gefallen. Ich habe versucht, die Luft durchzubeißen, um schlucken zu können, aber ich habe sie nicht runterbekommen. Doch sie ging nicht weg, und ich hatte das Gefühl sterben zu müssen, und deshalb habe ich weiterhin wie wahnsinnig gekaut. Und dann konnte ich auf einmal wieder atmen und war ganz satt. Aber das Allerschönste an diesem Traum war, dass dann eine Welle kam und mein Boot direkt in den Himmel trug. Ich hatte keine Angst mehr, ob ich überleben würde, weil ich ja offensichtlich ganz wunderbar überlebt hatte, einfach nur indem ich die Luft gekaut hatte.

Während ich Dr. Gold meinen Traum erzählte, habe ich ihn die ganze Zeit über nicht angesehen, denn ich war viel zu sehr beschäftigt damit, mir jedes einzelne Bild in meinem

Kopf vorzustellen. Aber als ich ihn dann wieder angesehen habe, runzelte er seine Augenbrauen zerknirscht. Und mir war klar, dass ihm der Traum von Ida sicher sehr viel besser gefallen hätte als meiner. Außerdem bereute ich es, dass ich ihm trotz allem meinen Traum doch noch erzählt hatte. Ich habe mir jetzt vorgenommen, Dr. Gold gar nichts mehr zu erzählen, weil er es Dr. Katz weitererzählt. Gestern hat nämlich Dr. Katz gemeint, dass sie mich ins Krankenhaus stecken, wenn ich mich nicht weiterentwickle. Und daraufhin habe ich dann Dr. Katz erklärt, dass ich mich nicht weiter-, sondern zurückentwickeln will. Aber Dr. Katz erklärte, dass die Sache gar nicht komisch sei, weil ich dieses Mal nicht nur für einen halben Tag ins Krankenhaus kommen würde, wie es bei meinem Oesophagus-Magenbrei-Schlucktest der Fall gewesen war.

Jedenfalls habe ich mir heute Abend im Fernsehen *Drei Engel für Charlie* angesehen und mich dabei gefragt, wie viel die Engel wohl wiegen und wie sie es schaffen, auf diesen hochhackigen Riemchensandalen so schnell zu rennen, als Dad an meine Tür klopfte und wissen wollte, ob ich Lust auf eine Partie Schach hätte. Ich habe gemeint, dass ich mir gerade *Drei Engel für Charlie* ansehen würde, aber weil ich mich beim Anblick der dürren Engel richtig fett gefühlt habe, habe ich den Fernseher ausgemacht, um mit ihm Schach zu spielen. Doch dann hat Dad gemeint, dass ich viel dürrer als alle drei Engel wäre, aber er hat dann nicht mehr weitergeredet, weil ihm wahrscheinlich eingefallen ist, dass Mom und er nicht mehr über mein Gewicht reden dürften. Dr. Gold hat es ihnen verboten.

Aber weil Dad schon mal damit angefangen hat, habe ich gemeint, dass ich ja wohl keine Diät machen müsste, wenn ich wirklich so dünn wie die Engel wäre. »Schau dir mal an, wie dünn die sind«, habe ich Dad erklärt, und er hatte dann auch keinerlei Probleme damit, sie sich anzusehen. Er hat sie sogar so lange angeschaut, bis sie über den Häuserblocks hinweg irgendeinem Kahlkopf hinterhergerannt sind. Ich vermute mal, dass die Engel nur aus einem einzigen Grund so schlank bleiben, nämlich weil sie die ganze Zeit über nur rennen und so was. Ich habe Dad erklärt, dass ich es den Engeln zum Beispiel sofort glauben würde, wenn sie mir zum Beispiel anstelle von Leuten wie Dr. Katz oder Dr. Gold sagen würden, dass ich zu dünn sei.

Danach haben wir dann doch nicht mehr Schach gespielt, weil Dad in sein Arbeitszimmer ging, um einen alten Freund aus seiner Studentenverbindung anzurufen, der ein Fernsehspiel bearbeitet, in dem auch Jaclyn Smith mitspielt. Dieser Freund von Dad meinte, dass Jaclyn Smith eine der nettesten Personen sei, die er jemals getroffen hätte, und dass er sie fragen würde, ob sie Lust hätte, sich mit mir zu treffen. Doch dann hat Dad mir erklärt, es müsse mir schon ernst damit sein, wenn ich behaupte, dass ich wirklich mit meiner Diät aufhören würde, wenn sie findet, dass ich zu dünn sei. Denn sonst würde ich ernsthaft in große Schwierigkeiten geraten. Aber ich habe absolut keine Angst, dass ich deshalb in Schwierigkeiten geraten könnte, weil ich einfach nicht glaube, dass mich jemand wie Jaclyn Smith für zu dünn halten könnte. Das kann ich mir ehrlich gesagt absolut nicht vorstellen!

»Hallo, Engel ... hier spricht Charlie«

Ich nehme mal an, dass man im Fernsehen viel kleiner wirkt, als man in Wirklichkeit ist, denn als ich Jaclyn Smith persönlich gesehen habe, war sie viel größer, als ich erwartet hatte. Ich bin natürlich ziemlich aufgeregt gewesen, weil ich sie kennen lernen sollte. Ich habe vermutet, dass Dad auch aufgeregt sein würde, und zwar wegen der Art und Weise, mit der er sie im Fernsehen betrachtet hatte. Aber er hat so getan, als sei es ihm völlig egal. Dad fährt nicht so auf Fernsehstars ab wie Mom. Mom war praktisch gesehen viel aufgeregter als ich.

»Ich kann es kaum erwarten, Jaclyn kennen zu lernen«, meinte sie immer wieder. Dads Freund, der Filmredakteur, hatte uns erzählt, dass alle, die mit Jaclyn Smith befreundet sind, sie einfach nur »Jackie« nennen würden, aber Mom fing schon jetzt an sie so zu nennen, obwohl sie Jaclyn noch nicht einmal kennen gelernt hatte. So wie Mom ja alle Leute, die sie nicht kennt, immer sofort als »Schätzchen« bezeichnet. »Möchtest du denn nicht hübsch aussehen, wenn Jackie uns besucht?«, hat Mom mich gestern ständig gefragt. Schließlich habe ich Mom erklärt, sie solle sich nicht den Kopf darüber zerbrechen, was ich anziehen könnte, und daraufhin hat sich Mom dann den Kopf darüber zerbrochen, was sie nun eigentlich anziehen soll. Heute Morgen hat sie wohl an die zehn verschiedene Klamotten anprobiert, obwohl sie Jaclyn Smith vielleicht mal fünf Sekunden sehen wird. Außerdem wird sie uns ja nicht mal zum Mittagessen begleiten.

Jaclyn sollte mich um zwölf Uhr abholen, und deshalb standen um Viertel vor zwölf plötzlich vier Freunde von David vor der Haustür. Außerdem haben sie auch noch ihre Fahrräder in der Auffahrt stehen lassen, was Mom jedes Mal wütend macht. Ich habe David gesagt, er solle seine Freunde am besten gleich wieder heimschicken, aber er hat nur geantwortet, dass ihn am Samstag immer seine Freunde besuchen und es ihn nicht die Bohne interessieren würde, dass Jaclyn Smith bei uns vorbeikommen würde. »Und warum hast du dann Moms Zeitschrift mit Jaclyn Smith' Foto auf dem Umschlag geklaut?«, wollte ich wissen. Ich habe die Zeitschrift auf Davids Stereoanlage liegen sehen. Woraufhin einer von Davids Freunden »Reingefallen!« brüllte und ich nur meinte: »Kommt bloß nicht runter, um Jaclyn anzuglotzen, wenn sie herkommt, sonst hol ich deine ganzen *Playboy*-Hefte unter deiner Matratze vor und zeig sie Mom und Dad!« Aber David hat sich einfach aus dem Staub gemacht und gemeint: »Mir doch egal.« Was, wie ich wusste, absolut gelogen war.

Danach bin ich nach oben und habe an der Fensterbank gewartet. Obwohl es inzwischen schon zehn Minuten nach zwölf war, habe ich trotzdem weitergewartet, nur für den Fall, dass der Fahrer von Jaclyns Limousine besonders langsam fahren würde. Ich bin automatisch davon ausgegangen, dass sie als Fernsehstar natürlich in einer Limousine kommen würde. Aber auch um Viertel nach zwölf war sie immer noch nicht da, und um fünf nach halb eins war ich sicher, dass sie überhaupt nicht mehr kommen würde, und wollte mich schon in mein Zimmer aufmachen, um die ganze Sache zu vergessen. Dabei habe ich dann Mom im Flur entdeckt, die auf und ab ging und ununterbrochen vor sich hin sagte: »Wo bleibt Jackie nur? Wo bleibt Jackie nur?« Irgendwie erinnerte sie mich an diese Frau, diese Miss Havisham, über die ich etwas in meiner Literaturklasse für Begabte gelesen hatte. Weil ich viel zu viel Angst hatte, an ihr vorbeizugehen, bin ich zum Fenster zurückgegangen und habe mir gedacht, was für eine Lügnerin diese Jaclyn Smith doch sei, weil sie behauptet hat, uns zu besuchen, obwohl sie es doch von Anfang an gar nicht vorgehabt hatte. Und deshalb habe ich ein Blatt Papier genommen und angefangen, an Samanthas Vater bei ABC einen Brief zu schreiben, weil ich ihm mitteilen wollte, was für eine schreckliche Serie doch *Drei Engel für Charlie* sei. Denn erstens tragen echte Detektive doch keine eng anliegenden Kleider und Bikinioberteile, und zweitens sollte man in einer Serie, die schließlich *Drei Engel für Charlie* heißt, wenigstens hin und wieder mal diesen *Charlie* zu sehen bekommen.

Aber den Brief habe ich dann doch nicht weggeschickt, weil um halb eins der gelbe Mercedes von Jaclyn vor unserem Haus gehalten hat. »Sie ist da!«, habe ich geschrien. Und Mom ist zum Fenster gerannt. Dann haben wir beide beobachtet, wie sich die Wagentür öffnete. Zuerst konnten wir ein langes, schlankes Bein sehen, danach eine Unmenge von wunderschönem, dunklem Haar und dann ging Jaclyn Smith so anmutig wie ein echter Engel auf unser Haus zu. Ich konnte sehen, wie sie einen Blick auf die vielen Fahrräder in unserer Auffahrt geworfen hat. Und dann habe ich gehört, wie David und seine Freunde zur Haustür gerannt sind. Das hat sich wie das Getrampel einer wilden Rinderherde angehört. Ich habe mich sofort nach unten aufgemacht, um sie aufzuhalten, aber da war es schon zu spät, weil die Türglocke läutete. »Ich werde das mit den *Playboy*-Heften erzählen!«, habe ich geschrien, bevor ich die Tür geöffnet habe.

Ich konnte es einfach nicht fassen, dass da tatsächlich Jaclyn Smith vor mir stand. Ich wollte unbedingt mit ihr los, bevor sie mitbekam, dass David und seine Freunde sie anglotzen, aber auf einmal tauchte Mom oben auf der Treppe auf. »Jackie, ich bin Roz. Wollen Sie denn nicht reinkommen, bitte?«, meinte Mom, und ihre Stimme klang total anders. Sie klang so wie die von dieser Soapopera-Schauspielerin, die Mom so irre toll findet. Und als ich zur Treppe hochsah, habe ich dort nur zwei wunderschöne Beine und eine riesige Mähne aus dunklem, hochgeföhntem Haar gesehen. Und dann kam Mom praktisch auf Zehenspitzen eine Stufe nach der anderen auf ihren dünnen Stöckelschuhen herunter. Ich schwör dir, Mom war nicht mehr meine Mom. Sie war Charlies vierter Engel: Kelly, Sabrina, Kris und Roz.

Als Jaclyn schließlich ins Haus kam, sind David und seine Freunde etwas zurückgewichen, als hätten sie irgendwie Angst vor ihr. Jaclyn hat sie mit einem »Hi« begrüßt, und sie haben alle auf den Boden gesehen und gleichzeitig »Hi« gemurmelt, mit Ausnahme von Philip, der wie ein Schwachsinniger kicherte. Vollidioten. Und dann hat sich Mom bei »Jackie« zigmal dafür bedankt, weil sie mit mir ausgehen wollte. Ich wollte unbedingt fort, bevor Mom nochmals »Jackie« zu ihr sagen würde, aber dann kam Dad die Treppe runter. Und das war dann voll peinlich. Dad hat Jaclyn die Hand geschüttelt und gemeint, dass er sich unglaublich freuen würde, sie kennen zu lernen. Jede Wette, dass das stimmte. Er wollte ihre Hand gar nicht mehr loslassen.

Dann sind wir endlich zum Mittagessen gefahren. Jaclyn hat die Wagentür für mich geöffnet, und ich bin in den Mercedes gestiegen. Irgendwie hatte ich erwartet, dort das Funkradio vorzufinden, über das Charlie immer seine Engel ruft, aber als Jaclyn anfing, sich mit mir zu unterhalten, ist mir eingefallen, dass sie ja nicht diese Kelly ist, die sie in der Fernsehserie spielt. Sie hat mir Fragen über mich gestellt, zum Beispiel, was ich gerne mache und für was ich mich so interessiere. Ich war froh, dass sie nicht gelächelt und so dummes Zeug gefragt hat wie: »Sag mal, hast du eigentlich schon einen Freund?«, wie es normalerweise alle Erwachsenen tun. Sie hat nicht mal mit dem Kopf geschüttelt, als ich ihr erzählte, dass wir alle wegen der Sonne sterben werden, weil die Frauen so viel Haarspray benutzen. Stattdessen meinte sie nur, dass es ihr auch lieber wäre, wenn man bei *Drei Engel für Charlie* nicht so viel Haarspray verwenden und dass sie zu Hause niemals Haarspray benutzen würde.

Nun sollte man ja annehmen, dass jemand wie Jaclyn Smith in einem dieser schicken Restaurants in Beverly Hills essen möchte, aber da muss ich dich wirklich enttäuschen. Weil wir nämlich in eine ganz normale Imbissstube gegangen sind. Normalerweise mache ich mir an den Samstagen wirklich Sorgen, weil ich da mein Mittagessen nicht wie an den Schultagen einfach in die Tonne werfen kann, aber heute fand ich es aufregend, zum Mittagessen zu gehen. Ich konnte es gar nicht erwarten herauszufinden, was jemand, der so dünn wie Jaclyn Smith ist, normalerweise isst. Schließlich habe ich noch nie gesehen, dass die Engel in *Drei Engel für Charlie* irgendwann einmal was gegessen hätten. Sie machen in der Serie ja nichts anderes, als schön auszusehen, in Charlies Büro herumzusitzen oder Leuten hinterherzujagen.

Jedenfalls hat sich dann herausgestellt, dass Jaclyn einen Hamburger bestellt hat. Und zwar nicht den Hamburger »Diätplatte« mit einem normalen Hamburger, aber ohne Brötchen und mit fettarmem Frischkäse und Tomatenscheiben als Beilage. Ich habe hundertachtzig Kalorien für das Brötchen geschätzt, dazu hundert Kalorien für die Zutaten wie Gürkchen, Salat, Ketchup und Öl, und zweihundertfünfundvierzig Kalorien für den hundert Gramm schweren Hamburger. Ich habe einen Thunfischsalat mit separaten Dressing bestellt und ein bisschen von dem Salat gegessen. Jaclyn hat nur die Hälfte von ihrem Hamburger gegessen, weil er, wie sie meinte, nicht besonders gut schmecken würde. Deshalb habe ich das auch von meinem Thunfischsalat behauptet. Und glücklicherweise hat sie keine Fragen gestellt, obwohl das ja gelogen war. Ich habe mich gefragt, ob Jaclyn auch gelogen hat oder ob sie den ganzen Hamburger aufgegessen hätte, wenn er gut geschmeckt hätte. Aber das habe ich bezweifelt.

Nachdem wir mit dem Essen fertig waren, sind Jaclyn und ich zur Kasse gegangen, um bei einem Typen namens Bill zu zahlen. Zumindest stand das auf seinem Namensschild. Aber Bill hat behauptet, dass er eigentlich Schauspieler sei und im Restaurant nur zwischen seinen Engagements arbeiten würde, was ganz eindeutig erstunken und erlogen war. Er sah überhaupt nicht aus wie einer dieser sexy Typen, die Mom sich so gerne im Fernsehen ansieht. Aber jeder Blinde konnte sehen, dass er auf Jaclyn stand. Denn als sie ihm das Geld gab, hat er ihre Hand so festgehalten, wie sie das in alten Filmen machen, wo der Mann dann die Fingerspitzen küsst. Natürlich hat Bill sie nicht geküsst. Er hat nur gesagt, dass es einfach unglaublich wäre, dass eine so wunderschöne Frau wie sie keinen Ehering tragen würde. Wahrscheinlich dachte Bill, dass Jaclyn schlank genug wäre, um zu heiraten, während ich später höchstens mal Sekretärin werden könnte.

Als wir wieder im Auto saßen, habe ich Jaclyn erzählt, dass Bill vollkommen anders flirten würde als die Jungs in meiner Schule. Bill hat sich beim Flirten zwar ziemlich plump angestellt, aber trotzdem war er immer noch nett und hat ihr Komplimente gemacht. Ich habe Jaclyn erzählt, dass alle behaupten, dass Chris mich mögen würde, dass er sich aber ständig über mich lustig macht. Zum Beispiel sagt Michael immer zu Chris, wenn sich Chris und Michael auf dem Gang treffen: »Ist Lori nicht hübsch?«, woraufhin Chris antwortet: »Ja, hübsch gescheit.« Und dann lachen sie sich fast kaputt. Zumindest weiß Bill, auf welche Art und Weise man mit einer Frau flirtet, obwohl er nur Kassierer in einer Imbissstube ist.

Nach dem Mittagessen sind wir dann noch kurz zu Jaclyns Haus gefahren. Als wir durch die Eingangstür gingen, sind zwei große schwarze Pudel auf uns losgerannt. Bevor ich ihnen ausweichen konnte, ist einer an mir hochgesprungen und hat mich zu Boden geworfen, was irre weh getan hat. Es hat sich angefühlt, als hätte ich mir meinen Hüftknochen oder so was gebrochen, aber ich habe Jaclyn gesagt, dass es nicht so schlimm sei, weil ich gemerkt habe, dass es ihr unheimlich Leid getan hat. »Das ist das erste Mal, dass die Pudel jemanden umgerannt haben«, meinte sie. »Mein Gott, bist du zierlich.« Ich habe überlegt, ob Jaclyn damit eigentlich hatte sagen wollen, dass ich zu dünn sei, aber ich glaube, in diesem Fall gilt das nicht. Weil es aus dem Zusammenhang gerissen war, wie Mrs. Rivers sagen würde.

Jaclyn hat mir etwas Eis für meine Hüfte gegeben und die Hunde in ein anderes Zimmer gebracht. Dann haben wir uns in ihr Wohnzimmer gesetzt und sie hat mir erzählt, wie sie Schauspielerin geworden ist, und von ihrer Familie und ihrem einhundertundeins Jahre alten Urgroßvater aus Texas berichtet. Wir haben nicht über so langweiliges Zeug wie Shopping geredet. Bevor wir gingen, habe ich auf dem Fußboden einige Kartons mit Fotos entdeckt. Es waren Fotos von Jaclyn, aber nicht solche, wie sie Mom immer von sich vor irgendwelchen Sehenswürdigkeiten machen lässt. Es waren Schwarzweißporträts, und auf einigen hatte sich Jaclyn nicht einmal die Mühe gemacht zu lächeln. Mom lächelt auf all ihren Fotos, als hätte sie gerade eine Million Dollar gewonnen, obwohl in einer ihrer Zeitschriften steht, dass man auf gar keinen Fall lächeln solle, weil man davon Falten bekommen würde. Als Jaclyn gemerkt hat, dass ich mir die Fotos angesehen habe, hat sie mich gefragt, ob ich eines haben möchte. Ich habe ihr gesagt, dass ich das haben will, auf dem sie nicht lächelt. Und daraufhin hat sie mir das und noch zwei andere gegeben. Und dann hat sie auf das, was mir am besten gefiel, noch »Meiner besten Freundin Lori alles Liebe und viel Glück« geschrieben, was schon recht seltsam ist, weil doch in letzter Zeit ansonsten keiner mehr mit mir befreundet sein will.

Erst als wir bereits auf dem Weg zu mir nach Hause waren, ist mir wieder eingefallen, dass ich sie ja noch gar nicht gefragt habe, ob ich zu dünn bin oder nicht. Ich wüsste, Dad würde mich umbringen, wenn ich das vergesse. Aber eigentlich war ich viel mehr daran interessiert, wie Jaclyn es schaffte, so dünn zu bleiben. Und deshalb habe ich ihr erzählt, dass die Mädchen in meiner Schule mich alle darum gebeten hätten, sie nach ein paar Diättipps zu fragen. Ehrlich gesagt, wusste überhaupt keiner in meiner Schule von diesem Mittagessen mit ihr, aber ich dachte mir, vielleicht würde Jaclyn dann etwas über ihre Diäten erzählen, und ich könnte dann irgendwann die Frage über mein Gewicht anbringen. Aber Jaclyn kannte keine Diättipps, weil sie als Kind so dünn war, dass sie die ganze Zeit Protein-Mixgetränke trinken musste, um endlich einmal zuzunehmen. Sie hat allerdings gemeint, dass sie heute diese Getränke nicht mehr trinken würde, weil man als Frau wesentlich schneller zunimmt. Wahrscheinlich hat sie deshalb beim Mittagessen nur die Hälfte von ihrem Hamburger aufgegessen.

Inzwischen waren wir schon fast zu Hause angekommen, und mir war klar, dass ich jetzt Jaclyn ganz direkt fragen musste, ob sie mich für zu dünn hält. »Du bist nicht zu dünn«, hat sie geantwortet. Allerdings hat sie mich dabei nicht genau angesehen, um das zu überprüfen. Sie hat sich auf den Wagen vor uns konzentriert und dabei gemeint, dass jeder Körper anders sei. Und Leute, die behaupten, dass ich zu dünn sei, sollte ich einfach ignorieren. »Das Wachstum verläuft bei jedem anders«, meinte sie. Ich habe ihr erzählt, dass ich in den vergangenen Monaten immer wieder versucht hätte, den anderen zu erklären, dass ich nicht zu dünn sei, aber auf mich würde ja keiner hören. Und dann habe ich noch gesagt, dass ich das nicht einfach ignorieren könne, weil Dr. Katz mich ins Krankenhaus schicken will, wenn ich nicht mit meiner Diät aufhören würde und bis zur nächsten Woche wieder zugenommen hätte.

»Du machst eine Diät?«, hat mich Jaclyn gefragt. Dieses

Mal hat sie meine Figur gemustert. »Nun ja, eigentlich keine richtige Diät, ich achte nur sehr auf das, was ich esse«, gab ich ihr zur Antwort. Ich hatte schon befürchtet, dass sie mir nun auch einen Vortrag wegen meiner Diät halten würde, so wie alle anderen. Aber sie hat nur mit dem Kopf genickt, und dann haben wir nichts mehr gesagt, weil wir vor unserem Haus gehalten haben. Sie hat mich dann noch eingeladen, sie bei den Dreharbeiten von *Drei Engel für Charlie* zu besuchen, wenn sie wieder mit den Aufnahmen beginnen würden. Und ich habe ihr gesagt, dass ich gern kommen würde, falls man mich bis dahin nicht schon ins Krankenhaus gesteckt hätte. Bevor ich aus dem Wagen gestiegen bin, hat sie aber noch meine Hand genommen und gelächelt. »Ich würde dir wirklich wahnsinnig gerne zeigen, wie man so ein Protein-Mixgetränk macht«, meinte sie, »wir könnten uns dazu einen ganzen Tag vornehmen.« Und das hat sie auch noch ehrlich gemeint. Sie hat mir sogar ihre private Telefonnummer gegeben.

Gott sei Dank waren die Fahrräder von Davids Freunden in der Auffahrt verschwunden, aber als ich auf die Haustür zuging, konnte ich jede Menge Schritte hören. Es war mir klar, dass Mom und David uns vom Fenster aus beobachtet hatten, obwohl sie natürlich so getan haben, als hätten sie gar nicht gehört, dass ich ins Haus gekommen bin. David hat so getan, als würde er an einem Modell bauen, und Mom hatte ein *Redbook*-Magazin auf dem Schoß. Ich bin auf David losgegangen, weil er seine ganzen Freunde mitgebracht hatte, um Jaclyn kennen zu lernen, aber mein Hüftknochen hat immer noch weh getan. Und dann hat Mom mich festgehalten, weil sie die Autogrammfotos in meiner Hand entdeckt hat. »Ist Jackie nicht wunderbar?«, meinte sie nur und hatte plötzlich diesen verträumten Ausdruck, den sie immer bekommt, wenn sie ihre Soapoperas anschaut. »Du hast das gleiche Haar wie Jackie«, meinte sie. »Wenn du es bloß öfter stylen würdest, anstatt diesen lächerlichen Pferdeschwanz zu tragen.« Ich habe Mom erklärt, dass sie die Fotos behalten könne, wenn sie möchte. Und dann bin ich nach oben verschwunden. Dad war oben in seinem Arbeitszimmer und wollte sofort wissen, wie Jaclyn meine Frage, ob ich zu dünn sei, beantwortet hätte. »Sie hat gemeint, dass jeder Körper anders sei, und ich sollte es einfach ignorieren, wenn die Leute sagen, dass ich zu dünn sei«, habe ich ihm geantwortet, was ja stimmte. Aber Dad hatte wohl das Gefühl, ich würde ihn anlügen. Er war sicher, so wie ich aussehen würde, könnte sie garantiert so etwas nicht gesagt haben. Doch selbst wenn ich die Wahrheit gesagt hätte – was er bezweifelte –, hätte Jaclyn so was nur deshalb gesagt, weil sie höflich sein wollte. Mom und Dad haben ihr nichts über meinen »Zustand« erzählt, weil sie davon ausgegangen waren, dass sie sofort wüsste, was mit mir los sei, wenn sie mich sehen würde.

Ich habe Dad erklärt, dass Jaclyn nicht einfach irgendwas daherreden würde, nur um höflich zu sein. Weil sie absolut keine Schwindlerin sei. Aber Dad hat mir erklärt, dass jeder Mensch ab und an mal schwindeln würde. Man nennt das Etikette, hat er gemeint, als ob mir Mom nicht schon zigtausendmal dieses Wort beigebracht hätte. Es hat mir absolut nicht gefallen, dass Dad behauptet hat, Jaclyn sei eine Schwindlerin. Und deshalb habe ich von Dad wissen wollen, wie man es denn merken würde, ob jemand das auch meint, was er sagt, oder ob er es nur der Etikette wegen sagen würde. »Was sie über dein Gewicht gesagt hat, war einfach nur der Etikette wegen«, antwortete Dad. Dann hat er den Kopf geschüttelt und einen langen Zug aus seiner Pfeife genommen. Womit er wahrscheinlich nur sagen wollte, dass seiner Meinung nach der ganze Plan, bei dem Jaclyn Smith mich dazu hätte überreden sollen, wieder zu essen, total in die Hose gegangen sei.

E steht für Elektrolyte

Heute Abend sind wir alle zusammen zur Praxis von Dr. Gold gefahren, um eine »Notsitzung« zu machen, zumindest haben sie alle ständig so bezeichnet. Mir war aber nicht klar, um was für einen großartigen Notfall es sich dabei eigentlich handelte. Jedenfalls sollten wir über meinen Gesundheitszustand reden. Doch in dem Moment, als wir dort ankamen, habe ich den wahren Grund für diese Sitzung erfahren. Dr. Gold hat erklärt, dass wir nun alle entscheiden müssten, ob ich ins Krankenhaus müsse. Weil Dr. Gold mir ja ständig versichert, dass er mich nicht für verrückt hält, habe ich anfangs gedacht, dass ich mir deshalb keine Sorgen machen müsse. Aber dann stellte sich heraus, dass Dr. Gold alles Dr. Katz in die Schuhe schieben wollte.

Erst einmal hat Dr. Gold erklärt, dass Dr. Katz wegen meines Zustands sehr besorgt sei. Er hat gemeint, das sei wegen der unzähligen Bluttests, die Dr. Katz immer macht, wenn er mein Gewicht überprüft. Dr. Katz hat also Dr. Gold erzählt, dass die Anzahl meiner roten Blutkörperchen und meine Elektrolyte-Werte sehr schlecht seien. Aber als ich Dr. Gold gefragt habe, was Elektrolyte seien, gab er mir keine Antwort. Er war viel zu sehr damit beschäftigt, allen zu erklären, dass Dr. Katz ihm mitgeteilt habe, dass ich diese Woche fast ein weiteres Pfund abgenommen und wie sehr sich Dr. Katz darüber aufgeregt hätte.

Als dann Dr. Gold endlich aufgehört hat, Dr. Katz für alles verantwortlich zu machen, wollte er wissen, wie wir uns nach diesen Informationen fühlen würden. Als Mom das Wort »fühlen« hörte, wurde sie plötzlich hellwach. »Ich habe das Gefühl, dass es für Lori das Beste wäre, wenn sich die Ärzte in einem Krankenhaus um sie kümmern würden«, antwortete sie. Sie liebt es, »Ich habe das Gefühl« zu benutzen, vor allem in Anwesenheit von Dr. Gold. Aber Dr. Gold nickte nur und wandte sich dann zu Dad. »Herr Doktor, ich möchte, was für Lori das Beste ist«, erwiderte er. Außerdem wollte er wissen, ob das Krankenhaus unsere Krankenversicherung akzeptieren würde. »Doktor, wissen Sie, ob ›Anorexia nervosa‹ eine anerkannte Diagnose ist?« Ich wusste nicht, was schlimmer war: Mom, die ständig »Ich habe das Gefühl« sagte, oder Dad, der alle naselang »Doktor« sagte. Ich war froh, dass David als nächster an der Reihe war. Wenn sich überhaupt jemand für mich einsetzen würde, dann David. Nun ja, es stimmt zwar, dass wir in letzter Zeit oft streiten, aber immerhin waren wir ja einmal die allerbesten Freunde. Ich wusste, dass ich in einem Notfall – und Dr. Gold bezeichnete das hier ja als eine »Notsitzung« – auf ihn zählen konnte.

Aber David hat erst einmal gar nichts gesagt. Er hat mir nur unseren komischen Blick zugeworfen, was mich fast zum Lachen gebracht hätte. Ich habe angenommen, dass er wahrscheinlich Angst hatte, sich in Anwesenheit von Mom und Dad für mich einzusetzen, weil er ja immer auf lieb Kind macht. Aber bestimmt würde es höchstens eine Minute oder so dauern, bis er den Mumm dazu hätte. Denn schließlich würde ich sogar etwas Nettes über Leslie sagen, wenn jemand vorhaben würde, sie ins Krankenhaus zu stecken, obwohl ich sie überhaupt nicht mehr ausstehen kann.

»David, der Doktor redet mit dir«, meinte Dad, aber David sah immer noch auf den Boden. Dann hat Dr. Gold zu David gesagt, dass er sagen kann, was er sagen möchte, weil es für jedes Familienmitglied wichtig ist, seine Meinung auszudrücken und sich mitzuteilen. Und auf einmal stieß David hervor: »Ich denke, dass sie ins Krankenhaus gehen soll. Sie macht uns alle nervös.« Ich konnte es nicht fassen. Und da habe ich dann kapiert, dass diese ganze Sitzung eine verdammte Falle war und dass sie schon alle gewusst hatten, dass man mich ins Krankenhaus stecken würde, bevor wir überhaupt hierherkamen. Diese Verräter!

Ich habe Dr. Gold erklärt, dass überhaupt kein Notfall bestanden habe, aber er hat versucht, ganz unschuldig zu tun, als ob er mit der ganzen Sache absolut nichts zu tun hätte. Stattdessen wollte er von mir wissen, wie ich mich denn jetzt nach allem, was die anderen über mich gesagt hätten, fühlen würde. Aber ich wollte ihn nicht ansehen, weil ich das Gefühl hatte, gleich loszuheulen. Ich habe immer noch überlegt, was wohl Elektrolyte sind, und wenn das so was wie Elektrizität ist, warum bin ich dann bis jetzt noch nicht durch einen Stromschlag getötet worden, wo ich doch täglich acht große Gläser voll Wasser trinke. Es wäre mir wirklich am liebsten gewesen, wenn mich auf der Stelle ein Stromschlag getötet hätte. Aber weil mich Dr. Gold immer noch anstarrte, habe ich schließlich gemeint, dass ich alles tun würde – früher auf die Highschool gehen oder irgendwo auf ein Internat, weil ich ja nur alle nervös mache –, einfach alles, wenn ich nicht ins Krankenhaus müsse. Ich musste ständig an das Mädchen im Kinderkrankenhaus denken, die mit der Baseballmütze aus Satin, die keine Haare drunter hatte. Und ich hatte Angst davor, in einem Krankenhaus übernachten und neben glatzköpfigen Kindern schlafen zu müssen. Ich habe versprochen, alles zu tun, aber bitte steckt mich bloß nicht in ein Krankenhaus.

Dann hat Dr. Gold wissen wollen, was ich denn mit »alles« meine. Er hat mich gefragt, ob das auch heißen würde, dass ich wieder essen würde, aber das hatte ich damit absolut nicht gemeint. Als ich »alles« gesagt habe, habe ich damit alles gemeint, was ich wirklich tun kann. Aber ich kann doch nichts essen, solange ich so fett bin. Ganz eindeutig war das eine Fangfrage. Aber bevor ich darauf antworten konnte, hat Dad zu Dr. Gold gesagt, dass wir das alles schon mal durchgemacht hätten, weil ich versprochen hätte wieder zu essen und es dann doch nicht getan hätte. Dann hat er angefangen die ganze Geschichte mit Jaclyn Smith zu erzählen, aber ich habe erklärt, dass ich nur versprochen hätte, dann zu essen, wenn Jaclyn Smith mir sagen würde, dass ich zu dünn sei, was sie aber nicht getan hat. Etikette hin oder her. Trotzdem hat Dad die ganze Geschichte erzählt, wahrscheinlich, weil er dabei seine Gedanken an Jaclyn auffrischen konnte.

Doch dann ging bei Dr. Gold das Licht an, was bedeutete, dass unsere Sitzung zu Ende war. Bevor wir gingen, hat Dr. Gold mir gesagt, dass ich ins Krankenhaus müsse, aber nur weil sich alle große Sorgen um mich machen würden. So ein Quatsch. Ich kenne keine Eltern, die ihre Kinder nur deshalb ins Krankenhaus stecken, weil sie sich so große Sorgen um sie machen. Dann hat Dr. Gold gemeint, dass er morgen Dr. Katz anrufen würde, um alles vorzubereiten, damit ich am Dienstag, den Tag nach dem Heldengedenktag, in die Abteilung für Kinderheilkunde eingeliefert werden könnte. Aber ich wette mit dir, dass sie das alles schon vor Tagen arrangiert hatten. Mom hat nicht mal gefragt, ob sie mich zur Abteilung für Kinderheilkunde fahren müsse, wahrscheinlich, weil sie auch voll in den Plan eingeweiht war. Eigentlich müsste sie doch sehr froh sein, dass sie jetzt keinen mehr herumchauffieren muss, solange ich weg bin.

Als Dr. Gold uns dann alle zur Tür brachte, wollte ich von ihm wissen, warum ich überhaupt zu dieser »Notsitzung« mitkommen musste, nachdem sich doch sowieso keiner für meine Meinung interessiert hatte. Ich habe Dr. Gold als Lügner und Verräter bezeichnet, aber er meinte nur, dass wir darüber später sprechen würden und dass ihn meine Meinung sehr wohl interessiere: »Nun hör mal, Lori, wir alle haben das Gefühl, dass deine Meinung von extremer Wichtigkeit ist«, hat er geantwortet, obwohl sie ihm doch vor gerade mal fünf Minuten absolut nicht von extremer Wichtigkeit gewesen war. »Alles nur Etikette!«, habe ich geschrien, bevor mich Mom und Dad zur Tür rausbugsierten.

Auf dem Heimweg hat Dad jedes einzelne Straßenschild und alle Namen der Geschäfte laut vorgelesen, obwohl die Praxis von Dr. Gold doch nur ein paar Häuserblocks von unserem Haus entfernt liegt und Dad diese Schilder jeden Tag sieht. Es ist eine Angewohnheit von Dad, wenn er uns aufmuntern will. »Wilshire Boulevard, Saks Fifth Avenue, Keine Linksabbieger.« Ehrenwort, er konnte einfach nicht mehr damit aufhören. David und ich haben als Kinder ein ähnliches Spiel gespielt, wenn wir mit der Familie nach San Diego runter in die Ferien gefahren sind. Die Spielregel lautete, dass man auf einem Straßenschild ein Wort finden musste, das mit dem letzten Buchstaben des Wortes begann, das ein anderer gerade ausgerufen hatte. Aber wir haben dabei immer versucht, ein Wort zu finden, das mit einem Vokal anfing oder aufhörte, weil die besonders schwer zu finden waren. Aber die allerbesten Wörter waren natürlich die, die mit einem Vokal anfingen und mit einem Vokal aufhörten. Die haben wir »Volltreffer« genannt.

Aber das war früher, als David mich noch mochte. Ich habe versucht, mich daran zu erinnern, wann wir dieses Spiel das letzte Mal zusammen gespielt hatten, aber ich konnte einfach nicht nachdenken, weil Dad ständig neue Schilder hinausposaunte. »Halten verboten, Rechte Spur bitte rechts abbiegen.« Es ist mir voll auf die Nerven gegangen, aber Dad hat einfach nicht aufgehört. Vielleicht wollte er statt Börsenmakler ursprünglich mal ein berühmter Sprecher werden. »Rodeo Drive, The Beverly Wilshire«, fuhr er fort. Bis ich endlich auf die Idee kam, das Spiel für mich alleine zu spielen. Deshalb hielt ich nach einem Schild Ausschau, das mit einem »e« anfängt, weil »Wilshire« mit einem

»e« aufhört. Ich konnte aber keines finden, aber dann ist mir plötzlich ein Wort eingefallen, das sowohl mit einem »e« beginnt und auch damit aufhört. Ein Volltreffer!

Ich schrie: »Elektrolyte!«, woraufhin sich die ganze Familie umdrehte und mich ansah, als hätte ich nun vollkommen den Verstand verloren. Wetten, dass sie es gar nicht mehr erwarten können, dass ich endlich ins Krankenhaus komme?!

TEIL III
Sommer 1978

Ein »Breck«-Mädchen

Das Krankenhaus, in dem ich bin, heißt Cedars-Sinai, und Gott sei Dank ist es nicht weit von uns zu Hause entfernt, weil Dad auf der ganzen Fahrt hierher ohne Pause die Straßenschilder laut vorgelesen hat. Und dann hat Mom Dad auch noch erklärt, wie er fahren soll, und Dad ist mehrmals bei Rot über die Ampel, weil er immer nervös wird, wenn er zu spät dran ist. Als wir dann endlich im Krankenhaus angekommen sind, hatte ich davon höllische Kopfschmerzen. Ehrlich gesagt, konnte ich es gar nicht erwarten, dass wir endlich da sind und ich von einem Arzt ein paar Aspirin kriegen könnte.

Wenn man bedenkt, dass das Cedars ein Krankenhaus ist, dann ist es dort wirklich sehr nett. Mom hat gesagt, dass eine Menge Filmstars dort ihre Babys auf die Welt bringen oder sich das Gesicht liften lassen, aber das ist im Südflügel. Ich bin in der Abteilung für Kinderheilkunde, und die befindet sich im Nordflügel. Gleich bei unserer Ankunft hat die Empfangsdame Dad einen Stapel Formulare zum Ausfüllen gegeben, und dann haben wir uns auf ein Sofa im Warteraum gesetzt. Mom hat aus ihrer Tasche einen Liebesroman gezogen, und Dad zog aus der Innentasche seines Anzugs einen Stift. Ich habe Dad heimlich über die Schulter geguckt, weil ich wissen wollte, was er über mich schreibt.

Die Formulare hatten alle einen bestimmten Namen, und das erste hieß »Patienteninformation«. Direkt darunter stand, dass alle Eintragungen als »streng vertraulich« behandelt würden. Allerdings stand dann noch klein gedruckt darunter, dass alle Personen des »Behandlungspersonals« und alle Angestellten der Krankenversicherung die Berichte einsehen dürften, dass aber auch sie die Informationen als »streng vertraulich« behandeln müssten. Und in noch kleinerer Schrift stand zusätzlich, dass bei Minderjährigen wie mir die Informationen an die Schule, die Eltern und mit deren Einverständnis auch an andere weitergegeben werden dürften. Insgesamt gesehen klang das für mich alles andere als streng vertraulich. Nach einer Reihe von Fragen über meine Adresse, Telefonnummer, meinen Arzt, mein Alter, meine Größe und mein Gewicht – wo Dad nichts eintrug – gab es ein Kästchen, das hieß: »Grund der Einweisung«. Dieses Kästchen hat Dad ebenfalls frei gelassen. Ich habe ihm gesagt, er solle dort »Diät« eintragen, weil ich ja aus diesem Grund hier bin, aber Dad hat trotzdem nichts eingetragen, was aber vielleicht auch gut war. Denn die Wahrheit ist doch, dass mit mir alles in bester Ordnung ist.

Als Dad endlich alle Formulare ausgefüllt hatte, brachte uns eine Schwester auf mein Zimmer. Alle hier tragen Namensschilder, und auf ihrem stand »Elizabeth«. Sie hat ein glänzendes Plastikarmband mit meinem Namen an meinem Handgelenk angebracht, obwohl ich es ja eigentlich hasse, Schmuck zu tragen, weil er einem immer im Weg ist, wenn man etwas schreiben will oder Sport treibt. Aber Elizabeth meinte, ich müsste das Armband trotzdem tragen, weil das Vorschrift sei.

Während Dad draußen mit der Frau von der Versicherung gesprochen hat, hat Mom meinen Trainingsanzug aus meinem Koffer geholt. Gleichzeitig gingen eine Reihe von Ärzten ein und aus, die mir immer wieder dieselben Fragen stellten. Eigentlich sind diese Ärzte alle Medizinstudenten und sollen während ihrer Ausbildung meine Krankengeschichte studieren. Trotzdem hatte ich keinen Bock drauf, alles an die tausendmal zu wiederholen. Deshalb habe ich schließlich einen, der Doug heißt, gefragt, ob er mir nicht ein paar Aspirin bringen könne, weil mir der Kopf fast explodierte. Aber er hat mir keine Aspirin gebracht. Er hat einfach nur »Kopfschmerzen« in mein Patientenblatt geschrieben. Dann verschwand er und kam mit Mike zurück, der wissen wollte, warum ich ihnen nicht gleich gesagt hätte, dass ich Kopfschmerzen habe. Mike erklärte, dass es sehr wichtig sei, dass ich immer ehrlich sei, weil sie mir doch nur helfen wollten.

Ich habe Mike erzählt, dass ich wegen einer Diät und nicht wegen meiner Kopfschmerzen hier sei, trotzdem wollte er auf mein Patientenblatt nicht »Diät« schreiben. Er meinte, dass er in ein paar Stunden von Dr. Katz sowieso den »wahren« Grund erfahren würde, und deshalb könnte ich gleich die Wahrheit sagen. Also habe ich Mike nochmals erklärt, dass ich mit ihm um tausend Dollar wetten würde, dass Dr. Katz ihm erzählen würde, dass ich wegen einer Diät hier sei. Daraufhin meinte er, es täte ihm Leid, dass er mich eine Lügnerin genannt hätte, aber dieses Mal notierte Mike in seine Patientenblatt »unkooperativ«. »Ich bin nicht unkooperativ, aber es fehlt mir wirklich nichts«, versuchte ich ihm zu erklären, aber dann hat sich Mom eingemischt und gemeint: »Oh, bitte! Sie leidet an einer schweren Form von Anorexia nervosa.«

Daraufhin haben sich Mike und Doug angesehen und ratlos mit den Schultern gezuckt. Man konnte sehen, dass sie den Bereich »Anorexia nervosa« während ihrer Medizinerausbildung offenbar verpasst hatten. Deshalb habe ich sie gebeten, mir ihre Patientenblätter auszuhändigen, damit ich es für sie eintragen könne. Durch den *Goldenen Käfig* wusste ich, wie man es schreibt. Außerdem habe ich das Wort »unkooperativ« auf Mikes Patientenblatt durchgestrichen und durch »einfach entzückend« ersetzt, aber ich glaube nicht, dass sie es überhaupt gemerkt haben.

Als sie endlich weg waren, meine Mom: »Sind sie nicht

reizend? Der Große ist einfach anbetungswürdig.« Ich vermute mal, sie meinte damit Doug, weil er ziemlich groß ist, aber ich konnte mich lediglich an die Pickel auf seiner Stirn erinnern. »Er ist in Ordnung«, meinte ich, aber daraufhin hat sie nur geantwortet, dass ich niemals einen Mann wie Doug zum Heiraten finden würde, wenn ich nicht endlich etwas für meine Figur tun würde. Ehrlich gesagt, macht es mir viel mehr Sorgen, dass ich heute meine Mathearbeit verpasse.

Die Ärzte haben Mom und Dad gebeten, vor dem Mittagessen zu gehen, das in meinem Krankenhaus um elf Uhr stattfindet. Sie haben mir einen Abschiedskuss gegeben, und als Mom zu weinen anfing, hat Dad ein Taschentuch aus seiner Anzugtasche gezogen, damit sie sich die Tränen abwischen konnte. Ich denke mal, dass sie mich jetzt nicht mehr braucht, um an ihre Taschentücher zu kommen. Dann sind Mom und Dad gegangen, und auf einmal bekam ich es mit der Angst zu tun. Es fing damit an, dass ich die Tabletts mit dem Essen draußen auf dem Flur gerochen habe und wusste, dass sie auch eines zu mir reinbringen würden. Dann habe ich bemerkt, dass man kein einziges Fenster in meinem Zimmer öffnen konnte, und natürlich würde der Essensdampf direkt in meinen Magen eindringen. Ich wollte einfach nur noch nach Hause, deshalb habe ich versucht, auf dem Flur hinter Mom und Dad herzulaufen, aber Elizabeth hat mich von hinten zu fassen bekommen.

»Ja, wo willst du denn hin?«, hat sie mich gefragt. Ich habe Elizabeth angeschrien, dass sie mich loslassen soll, aber sie hat mich so lange festgehalten, bis ich aufgehört habe, mich aus ihrem Griff zu winden. Dann hat sie mich zu meinem Zimmer zurückgebracht, und dabei ist sie die ganze Zeit hinter mir gestanden, damit ich mich nicht umdrehen und nochmals davonlaufen konnte. Sie hat mir erzählt, dass sie aus Connecticut stammt und deshalb weiß, wie es ist, wenn man nicht bei seinen Eltern sein kann. Ich habe sie gefragt, ob ihre Eltern sie auch schon mal aus dem Haus geschmissen hätten, nur weil sie eine Diät gemacht hat. Aber dann hat mir meine Frage Leid getan. Elizabeth sieht nicht so aus, als ob sie jemals eine Diät gemacht hätte, aber vielleicht liegt es daran, weil sie eine Schwesternuniform trägt. Und in Moms Zeitschrift steht, dass man in weißer Kleidung dick wirkt. Dort steht, dass man niemals Weiß tragen solle, außer am Hochzeitstag. An diesem Tag würde man nicht dick aussehen, weil man sowieso erst einmal sechs Monate lang eine Diät machen müsste, um in das Hochzeitskleid zu passen.

Als wir zu meinem Zimmer zurückgegangen sind, habe ich mir die Zimmer der anderen Kinder angeschaut. Die meisten lagen im Bett und waren an Maschinen angeschlossen. Weil Elizabeth mitbekommen hat, dass ich mir die anderen Zimmer anschaute, meinte sie, ich solle mir keine Gedanken machen, weil alle im Krankenhaus schon dafür sorgen würden, dass ich bald wieder gesund wurde und nicht so wie diese Kinder ende. Ich habe ihr versucht zu erklären, dass ich ganz bestimmt nicht an irgendwelche Maschinen angeschlossen werde, weil ich ja praktisch gesehen gar nicht hierher gehöre. Ich habe Elizabeth gesagt, dass ich sogar so gesund sei, dass man mich kurz nach meinem elften Geburtstag fragte, ob ich nicht einen Werbespot für »Breck«-Shampoo machen möchte. Der Text lautete: »Mein Haar ist ja so gesund!«, und dabei sollte ich die Tochter von irgendeiner schönen Frau spielen. Aber ich habe abgelehnt, weil ich nicht zwei Tage in der Schule fehlen wollte. »Stellen Sie sich vor, ich hätte ein ›Breck‹-Mädchen werden können!«, habe ich Elizabeth erzählt, bevor ich etwas Schreckliches gesehen habe.

Doug und Mike haben ein Kind in einem Rollstuhl den Flur entlanggeschoben, aber ich konnte nicht erkennen, ob das Kind ein Junge oder ein Mädchen war, weil es kahlköpfig war und eine Seite von seinem Gesicht so aussah, als ob man sie weggeschnitten hätte. Ich habe nur das Kind angestarrt, aber Elizabeth schien das gar nicht zu bemerken. Sie meinte nur, dass mein Haar noch gesund war, als ich elf wurde, weil ich damals mehr gewogen hätte, und dass ich jetzt bestimmt kein »Breck«-Mädchen mehr werden könnte, weil ich krank sei. »Haben Sie denn nicht das Kind dort gesehen?«, habe ich sie gefragt. »So schaut man aus, wenn man wirklich krank ist!« Aber alles, was Elizabeth mir zur Antwort gegeben hat, war: »Krankheit zeigt sich auf die unterschiedlichste Weise, Lori. Es mag dich vielleicht überraschen, aber auch du siehst für eine Menge Leute krank aus.«

Bruchrechnen

Dr. Katz hat folgende Regeln aufgestellt:

(1) Ich werde jeden Morgen gewogen, ohne auf die Waage sehen zu dürfen. Die Ärzte werden mir mitteilen, wenn ich mein »Zielgewicht« fast erreicht habe. (Aber sie wollen mir nicht sagen, wie viel mein Zielgewicht ist.)

(2) Sobald ich annähernd mein Zielgewicht erreicht habe, gibt es für mich »Vergünstigungen« – so darf ich mir dann zum Beispiel meine Mahlzeiten selbst zusammenstellen, Besuch empfangen oder in einen lebensgroßen Spiegel sehen. (Dr. Katz weiß nicht, dass ich mich im Fensterglas sehen kann, wenn ich nach Einbruch der Dunkelheit auf mein Sofa am Fenster steige.)

(3) Während der Mahlzeiten muss eine Schwester neben mir sitzen, die nicht eher gehen darf, bevor ich nicht fünfundsiebzig Prozent dessen gegessen habe, was sich auf meinem Tablett befindet.

(4) Ich darf nicht mehr acht große Gläser Wasser täglich trinken, weil alle Getränke, die ich zu mir nehme, kalorienreich sein müssen. (Sie haben mir nicht einmal einen Becher fürs Badezimmer gegeben. Und ich kann nicht aus der Hand trinken, weil ich Angst habe, dass die Seife, die ich benutze, womöglich auch Kalorien haben könnte.)

(5) Für alle Gymnastikübungen, die ich mache, gibt es Strafen. (Allerdings haben sie mir nicht gesagt, wie ich bestraft werden soll.)

(6) Ich darf die Krankenstation nicht unbeaufsichtigt verlas-

sen. (Doch solange ich nichts esse, darf ich die Krankenstation nicht einmal unter Aufsicht verlassen.)

Ein Internat hätte bestimmt nicht schlimmer sein können.

Als Dr. Gold gestern hier auftauchte, habe ich ihm klargemacht, dass sie mich auch mit diesen Vorschriften nicht dazu bringen werden, dass ich wieder was esse. Und außerdem möchte ich erst einmal selbst meine Mahlzeiten wählen können, weil sie mir zum Mittagessen so Sachen wie Avocado auf den Teller getan haben, obwohl ich so was nicht mal gegessen habe, als ich noch nicht fett war. Falls sie eine Banane auf mein Tablett legen würden, habe ich ihm erklärt, würde ich diese vielleicht aufessen, was ja schließlich besser als nichts wäre. Und daraufhin hat Dr. Gold dann den Ärzten dort erklärt, dass ich meine Mahlzeiten selbst aussuchen könne. Und aus diesem Grund ist dann gestern Abend Bonnie zu mir ins Zimmer gekommen.

»Hi! Ich bin Bonnie, deine Ernährungsberaterin!«, meinte sie. Bonnie trägt genau wie Miss Drabin kurze Röckchen und kurz geschnittene Tops. Außerdem treibt sie offenbar viel Sport, weil man ihre Beinmuskulatur unter den Strumpfhosen erkennen kann. Sie ist mir von Anfang an auf den Wecker gefallen, weil sie ausschließlich mit dieser irre überdrehten Stimme spricht, als ob sie mit einem kleinen Hündchen reden würde. Sie zog also einen Stapel farbiger Tabellen heraus, auf denen vier Lebensmittelgruppen abgebildet waren. Aber aus den ganzen Lebensmitteln ragten diese Comic-Blasen heraus, in denen so blödsinnige Dinge standen wie: »Ich bin gut für dich!« Oder: »Durch mich wirst du wachsen!« Ich mochte Bonnie nicht besonders, vor allem weil sie vor meiner Nase ein Bild hochhielt, auf dem eine lächelnde Banane und ein tanzender Pfannkuchen mich aufforderten »Let's boogie!«

Bonnie hatte natürlich auch Tabellen, auf denen stand, was ein Mädchen meines Alters und meiner Größe wiegen und wie viel Kalorien sie täglich zu sich nehmen sollte, aber dabei habe ich nicht wirklich zugehört, weil ich diese Dinger ja bereits in der Praxis von Dr. Katz gesehen habe. Also habe ich, während Bonnie redete, einfach in diesem großartigen Buch über eine traurige Französin namens Madame Bovary weitergelesen, die sich wie ich zu Tode gelangweilt hat. Aber Bonnie hat mir das Buch weggenommen und mir stattdessen einige Formulare zum Ausfüllen gegeben. Ich kann dir sagen, in diesem Krankenhaus sind sie ganz wild auf Formulare.

Beim ersten Formular handelte es sich um ein so genanntes »Nahrungsmittel-Tagebuch«. Es war in mehrere Spalten für die Mahlzeiten eingeteilt, in die man alles eintragen sollte, was man täglich gegessen hat. Ich habe Bonnie erklärt, dass ich bereits mein eigenes Nahrungsmittel-Tagebuch führe, das ich aus meinem Rucksack gezogen habe, um es ihr zu zeigen. Ich habe ihr erklärt, dass ich in meinem Lebensmittel-Tagebuch ausschließlich die Nahrungsmittel aufführen würde, die ich auf gar keinen Fall mehr essen werde, die ich aber noch gegessen habe, bevor ich mit meiner Diät angefangen hatte. Denn schließlich möchte ich ja den Überblick über die Fortschritte behalten, die ich inzwischen gemacht habe. Ich hatte gehofft, dass ich mich mit meinem eigenen Nahrungsmittel-Tagebuch um das von Bonnie drücken könnte, doch sie meinte nur, dass ich meine Verhaltensweisen ändern müsste. Und deshalb hat sie mir ein weiteres Tagebuch hingelegt. Dieses Tagebuch nennt sich »Tagebuch der Verhaltensweisen, die ich ändern muss«. Bonnie hat mir erklärt, dass ich in diesem Tagebuch alle Verhaltensweisen festhalten solle, die ich gerne ändern möchte. Ich solle alle guten und schlechten Verhaltensweisen reinschreiben, die meine Essgewohnheiten betreffen, und dann solle ich versuchen, die schlechten zu ändern. Allerdings hat die Sache einen Haken. Der Haken dabei ist, dass ich immer dann belohnt werde, wenn ich meine schlechten Verhaltensweisen ändere. Dann darf ich zum Beispiel Besuch empfangen. Wenn ich sie aber nicht ändere, werde ich bestraft und darf vermutlich bis zu meinem zwanzigsten Lebensjahr keinen Besuch mehr empfangen. Dieses Tagebuch möchte ich natürlich auf gar keinen Fall führen, und deshalb habe ich Bonnie erzählt, dass ich bereits mein eigenes Tagebuch über Verhaltensweisen, die ich ändern müsse, führen würde. Was absolut stimmt, denn das mache ich schon seit Monaten. Und meines funktioniert auf folgende Weise: Wenn ich nichts esse, dann belohne ich mich damit, dass ich besonders lange schlafen darf, wenn ich aber etwas esse, dann bestrafe ich mich, indem ich meine Gymnastikübungen doppelt so oft als normalerweise machen muss. Aber Bonnie hat gemeint, ich müsste ihr blödes Tagebuch trotzdem führen.

Daraufhin hat sie dann etwas in ihr Patientenblatt geschrieben, was ich nicht sehen konnte. Vermutlich so was wie: Sie ist »einzigartig« oder »unkooperativ«. Dann hat sie mir das Tagebuch und einen Speiseplan zum Ausfüllen dagelassen und ist gegangen. Das Tagebuch der Verhaltensweisen bestand aus Sätzen, die man ergänzen musste, wie zum Beispiel: »Während ich im Krankenhaus bin, möchte ich zum Beispiel gerne folgende Gewohnheiten ändern ...« Ich habe reingeschrieben: »... Keine, denn nicht mein Verhalten ist hier das Problem. Schließlich spaziere ja nicht ich mit Bildern vom tanzenden Pfannkuchen durch die Gegend.« Oder folgender Satz: »Ich würde mich gerne mit dem Personal darüber unterhalten ...« Ich habe reingeschrieben: »... dass ich seit zwei Tagen um Aspirin gebeten hätte, was aber anscheinend keinen interessieren würde. Was ist das denn eigentlich für ein Krankenhaus?« Dann ist mir eingefallen, dass es Dr. Gold vielleicht besser gefallen würde, wenn ich bei der Frage über die Kommunikation mit dem Personal »Ich habe das Gefühl« verwende, deshalb habe ich dahinter einen Pfeil gemalt und geschrieben: »Ich habe das Gefühl, dass es doch möglich sein muss, in einem so großen und schicken Krankenhaus wie diesem hier ein paar Aspirin zu bekommen.« Danach habe ich keine Lust mehr, noch mehr Sätze auf diesem Formular zu ergänzen, deshalb habe ich mir den Speiseplan vorgenommen.

Bonnie hat erklärt, dass ich für jede Mahlzeit aus allen vier Nahrungsmittelgruppen etwas auswählen müsse und ich täglich zweitausendfünfhundert Kalorien zu mir nehmen müsse – das sind genauso viele, wie ich normalerweise pro Woche zu mir nehme. Sie hat mir sogar eine Kalorientabelle gegeben, damit ich überprüfen kann, dass es auch zweitausendfünfhundert Kalorien sind. Wo ich doch seit der Zeit, in der ich meine Mittagspause in der Schulbibliothek verbracht habe, die Kalorienangaben sämtlicher Lebensmittel dieser Erde längst auswendig weiß. Außerdem habe ich meinen *Ihr persönlicher Kalorientabellen-Begleiter* bei mir, denn darin heißt es ja, dass man ihn immer bei sich tragen soll. Am Schluss habe ich dann eine Banane und »Special K« angekreuzt.

Doch als sie mir heute das Frühstück gebracht haben, waren auf meinem Tablett noch zusätzlich ein Omelett, Schinken, Vollmilch und gezuckerter Orangensaft. So viel zu dem Versprechen von Dr. Gold, dass ich mir meine Mahlzeiten selbst zusammenstellen darf. Ehrenwort, Dr. Gold kann man auch nicht eine Sekunde lang über den Weg trauen. Elizabeth musste während des Frühstücks neben mir sitzen, aber sie hat die ganze Zeit über in einer Zeitschrift geblättert.

Normalerweise esse ich lieber alleine, aber weil Elizabeth nicht hingesehen hat, habe ich dann doch noch meine Banane und die »Special K«-Flocken gegessen. Dann hat Elizabeth gemeint, dass sie erst dann gehen darf, wenn ich 75 Prozent von dem, was auf meinem Tablett ist, aufgegessen habe.

Ich habe zu ihr gesagt, dass ich mich nicht daran erinnern könne, dass ich auf meinen Speiseplan »Omelett mit Butter« oder »fettigen Schinken« geschrieben hätte. Und wenn sie mir nur das auf mein Tablett tun würden, was ich zuvor auch angekreuzt hätte, dann hätte ich 100 Prozent von dem gegessen, was auf meinem Tablett ist. Denn schließlich habe ich doch die Banane und die Flocken aufgegessen. Ich habe vermutet, dass Elizabeth wie Bonnie nun den Kopf über mich schütteln würde, aber stattdessen hat sie irgendwie gelächelt. Dann hat sie die Lippen zusammengepresst und dabei sehr ernst dreingeblickt und gemeint, dass ich unbedingt 75 Prozent von dem essen müsse, was auf meinem Tablett ist, weil sonst Dr. Katz sehr wütend auf mich sein würde. Und dass er um halb vier Uhr kommen würde. »Mal ehrlich, würden Sie so was essen?«, habe ich sie gefragt. Ich habe dabei auf das ölige Omelett gezeigt, und das war natürlich irgendwie sarkastisch gemeint, aber dann hat Elizabeth völlig unerwartet die Gabel von meinem Tablett genommen und einen großen Bissen von dem Omelett gegessen. Kein Wunder, dass sie in Weiß dick wirkt.

»Mhmm, schmeckt wirklich gut«, meinte sie. Sie hat mir die Gabel hingehalten, obwohl ich doch nie und nimmer von der Gabel eines anderen etwas essen würde. Ich habe Elizabeth erklärt, dass ich allen erzählen würde, dass sie eine Gabel von meinem Omelett gegessen hätte, wenn sie Dr. Katz sagen würde, dass ich das Omelett nicht gegessen hätte. Doch da hat sie nur gelacht: »Nur zu!«, meinte sie. »Mal sehen, wer mehr Schwierigkeiten bekommen wird.« Dass ein Erwachsener so was sagt, fand ich ziemlich komisch. Denn schließlich haben die meisten Erwachsenen überhaupt keinen Sinn für Sarkasmus, und wenn, dann reißen sie darüber keine Witze oder so was.

Ich wusste einfach nicht, ob ich immer noch auf Elizabeth sauer sein sollte, deshalb habe ich das Tablett sein lassen und mich dem Fernseher gewidmet, der von der Decke hängt. Aber Elizabeth war das egal, sogar, als ich mich über die ganzen Schauspieler in den Werbespots lustig gemacht habe. Sie hat sogar über die Palmolive-Frau gelacht, die ihre Hände ins Abspülwasser hält. Und ich muss zugeben, das war wirklich echt komisch. Aber dann hat sie aufgehört herumzualbern, weil sie die kleinen Plastikbehälter auf meinem Tablett überprüft hat, um herauszufinden, wie viel Prozent ich von meinem Essen bereits aufgegessen hatte. Dabei hat sie mir dann erzählt, dass sie in der Schule furchtbar schlecht in Mathematik gewesen sei und dass es deshalb sehr schwer für sie gewesen sei, Krankenschwester zu werden. Und dann hat sie mir auch noch gestanden, dass sie seit 24 Stunden rund um die Uhr gearbeitet hätte und viel zu müde zum Nachdenken sei. Und deshalb wollte sie von mir wissen, wie viel eigentlich 75 Prozent seien. »Sind das nun zwei Drittel oder drei Viertel?«, wollte sie wissen. »Es ist die Hälfte«, log ich. Daraufhin hat Elizabeth dann in das Patientenblatt geschrieben, dass ich ein bisschen weniger als 75 Prozent von meinem Frühstück gegessen hätte.

Nachdem Elizabeth gegangen war, habe ich gelesen, was für ein Leben Madame Bovary mit ihrem langweiligen Ehemann, der Charles hieß, geführt hat. Er hat sich auch nie für ihre Meinung interessiert. Charles war Arzt, aber er war ein furchtbar schlechter Arzt, weil er das Bein von jemandem infiziert hat, das dann amputiert werden musste. Schöner Arzt. Madame Bovary hätte ihn natürlich gerne verlassen, aber das ging nicht, weil sie eine Frau war. Ich habe gerade die Stelle gelesen, wo Madame Bovary eine Affäre mit einem Kerl namens Leon anfängt, als Doug auftauchte.

Doug kam rein und meinte, dass er gestern Abend etwas über »Anorexia nervosa« gelesen hätte. Ich habe gleich gemerkt, dass er Hildes Buch gelesen hat, weil er seine Hand auf meine Schulter gelegt hat und meinte, wie schrecklich es doch sein müsste, in einem Käfig gefangen zu sein. Daraufhin habe ich Doug erklärt, dass es sich hier nur um eine Metapher handeln würde und dass er bloß kein Psychiater werden solle, weil er sonst so dumm wie Dr. Gold werden würde. Aber Doug hat mir geantwortet, dass er eigentlich mehr daran denkt, eventuell Dermatologe zu werden. Deshalb bin ich ins Badezimmer gegangen und habe die Pickelsalbe geholt, die mir Mom für den Fall mitgegeben hat, dass mich etwas verunstalten würde. Ich habe ihm gesagt, dass er zweimal am Tag auf jeden Pickel einen kleinen Klecks davon geben solle und dass ich ihm die ganze Tube schenken würde, wenn er mir endlich ein paar Aspirin bringen würde. Ich hatte immer noch Kopfschmerzen, und außerdem hatte ich auch noch Magenschmerzen.

Als dann Doug endlich mit ein paar Aspirin zurückkam, hatte er überall auf der Stirn die weiße Pickelsalbe. Ich habe ihm erklärt, dass er sie einreiben müsse, weil sie dann unsichtbar sei, und dass er, falls er es bis jetzt noch nicht gewusst hätte, lieber noch mal drüber nachdenken solle, ob er nicht besser was anderes als Dermatologe werden sollte. Dann hat er mein Schachbrett entdeckt, das ich auf meinem Bett ausgebreitet hatte. Ich habe gegen mich selbst gespielt, was aber bei einem Spiel, in dem es ja ausschließlich darum geht, den anderen auszutricksen, nicht sonderlich viel Spaß macht. Doch Doug hat gemeint, er müsste zwar seine Runde machen, würde aber ein ganz schnelles Spiel mit mir machen, wo doch jeder, der etwas von Schach versteht, weiß, dass das normalerweise mindestens eine Stunde lang dauert. Sicher dachte er, dass ich eine schlechte Schachspielerin sei, so wie die Jungs in der Sportstunde auch angenommen haben, dass Mädchen schlechte Softballspielerinnen seien.

Aber dann war das Spiel doch viel schneller als erwartet zu Ende, weil ich Doug in vier Zügen geschlagen hatte, worüber er nicht gerade begeistert war. Ich habe mir gedacht, dass es wohl am besten sei, wenn Doug überhaupt nicht Arzt werden würde. Aber das habe ich ihm natürlich nicht gesagt. Weil er mir erstens wegen der ganzen Pickelsalbe auf seinem Gesicht Leid getan hat und zweitens, weil ich absolut keine Lust darauf hatte, allein Schach zu spielen. Weißt du, ehrlich gesagt habe ich mich richtig einsam gefühlt. Doug hat danach die Figuren vom Brett geschoben und ein neues Spiel aufgebaut. »Zwei von drei?«, hat er mich gefragt, aber weil ich es wirklich hasse zu verlieren, wollte ich bessere Vorgaben. »Nein, drei von vier«, habe ich geantwortet. Aber Doug ist in Bruchrechnen gut und erklärte sich nur mit zwei von drei einverstanden. Gott sei Dank ist er nicht dazu verdonnert worden, während der Mahlzeiten neben mir zu sitzen.

Brownie

Vor meinem Termin mit Dr. Gold kam heute Dr. Katz in mein Zimmer, weil er mit mir unter vier Augen reden wollte. Er hat zwei Mundspatel aus seinem weißen Arztkittel gezogen. Weil er aber nichts gefunden hat, auf dem er damit hätte herumtrommeln können, hat er sie mit einem Seufzer wieder eingesteckt. Ausnahmsweise hat sein Atem dieses Mal nach Mundwasser gerochen. »Das ist hier kein Urlaub, Schätzchen«, hat er mir erklärt. Und dann hat er weitergeredet und mir vorgeworfen, dass ich den ganzen Tag lang nur Schach spielen und Bücher lesen und mir die Wiederholungen von *Drei Engel mit Charlie* ansehen würde. Und dass ich in der Ecke sogar eine Staffelei für die Aufgaben aufgebaut hätte, die mir die Kunst- und Handarbeitstherapeutin gestellt hat. Und damit sei für mich eigentlich der Traum aller Kinder in Erfüllung gegangen, nämlich nicht mehr in die Schule gehen zu müssen und den ganzen Tag über nur spielen zu dürfen. »Aber dafür bist du nicht hier, Schätzchen«, meinte er. Logo.

Das hat Dr. Katz in seinem ganz besonders ernsten Tonfall gesagt, damit ich auch kapiere, wie wichtig es ihm war. »Du bist hier, weil du krank bist, Lori. Das hier ist ein Krankenhaus, aber du führst dich auf, als sei es ein Hotel.« Ich habe Dr. Katz erklärt, dass dieses Krankenhaus in der Tat so hübsch aussieht, dass man es für ein Hotel halten könnte, aber in einem Hotel würden sie einen nicht Tür an Tür mit kranken Kindern stecken, die einen fast zu Tode erschrecken, oder dazu zwingen, Tagebücher über Verhaltensweisen auszufüllen, oder einen aufwecken, bevor es draußen hell wird, um die Temperatur zu messen, oder einem verbieten, deine Eltern zu sehen. Und sie würden einen auch nicht dafür bestrafen, dass man eine Diät macht oder Gymnastik, und sie würden einen auch nicht dazu zwingen, sich in einem Raum aufzuhalten, in dem man die Fenster nicht öffnen kann, wenn draußen schönes Wetter ist und die Sonne scheint. Und allein deshalb würde ich eben lesen und mir *Drei Engel für Charlie* ansehen und mich mit Kunsthandwerk beschäftigen. Denn was sollte ich denn sonst die ganze Zeit über ganz allein in einem Krankenzimmer machen? Dr. Katz wollte mir eigentlich antworten, aber ich habe einfach weitergeredet. »Und noch was«, meinte ich, »falls ich in einem Hotel wäre, dann würde ich auch zur Schule gehen und meine Hausaufgaben machen dürfen. Und es gibt nichts, was ich mir mehr wünsche, als meine Hausaufgaben machen zu dürfen!« Daraufhin meinte dann Dr. Katz, er würde jetzt Dr. Gold holen, und dann könnte ich ja mit ihm darüber reden. Als Dr. Gold hereinkam, hat er gemeint, obwohl ich ihn darum gebeten hätte, meine Mahlzeiten selbst auszuwählen, sei das jetzt nicht mehr möglich, weil ich immer noch an Gewicht verlieren würde. »Das war eine Vergünstigung, die ich dir gewährt habe, und ich habe das Gefühl, dass du sie nur missbraucht hast«, meinte er. Dr. Gold redet nicht besonders viel, aber wenn er was sagt, dann formuliert er gerne Sätze mit: »Ich habe das Gefühl.« Er erklärte mir, sobald ich wieder zunehmen würde, dürfte ich auch wieder meine eigenen Mahlzeiten auswählen und dann sogar auch wieder Besuch empfangen. Und wenn ich genug zugenommen hätte, könnte ich auch wieder die Schule besuchen. »Ich habe wirklich das Gefühl, dass es deine eigene Entscheidung ist, Lori«, meinte er. Schöne Entscheidung: fett sein und zur Schule gehen dürfen oder dünn sein und mit sterbenskranken Kindern zusammenleben.

Als Dr. Gold dann schließlich weg war, brachte eine

Schwester, auf deren Namensschild »Brownie« stand, einen großen Bonbonvogel und einige Luftballons rein. Es war ein Geschenk von Erica und ihrer Mutter Stella, und Erica hatte eine handgeschriebene Karte mitgeschickt. Erica hat geschrieben, dass sie mir den Vogel schickt, weil sie hofft, dass ich dann Chrissy nicht so arg vermissen würde, solange ich nicht zu Hause bin. Das Geschenk war echt nett, aber natürlich wollte ich nicht, dass der ganze Süßkram meine Zimmerluft verpestet. Deshalb habe ich Brownie gebeten, den Vogel wieder mitzunehmen, doch sie hat sich geweigert. »Wie kannst du bloß irgendwelche Süßigkeiten herschenken?«, hat sie mich gefragt. Mir war nicht klar, warum sie so einen Wind drum machte, aber dann hat Brownie mir erklärt, dass es nichts mit ihrer Hautfarbe zu tun hätte, dass sie alle am liebsten Brownie nennen. Sie wird deshalb so genannt, weil sie Süßigkeiten liebt, vor allem kleine Schokoladenküchlein. Brownie meinte, wenn sie irgendwann einmal erfahren sollte, dass sie sterben müsste, würde sie bis zu ihrem Tod nichts anderes mehr als Schokoladenküchlein essen. Wenn du meine Meinung hören willst, dann sind Leute, die sich nach ihrem Lieblingsessen nennen, noch tausendmal verrückter, wenn es ums Essen geht, als man es von mir behauptet.

Jedenfalls war Brownie dann endlich einverstanden, den Bonbonvogel wieder mitzunehmen und ihn den anderen Kindern zu schenken. Doch erst einmal hat sie sich daraus eine Handvoll Süßigkeiten genommen und sie in die Tasche von ihrer weißen Schwesterntracht gesteckt. Brownie wirkt im Gegensatz zu Elizabeth gar nicht dick in Weiß. Sie ist groß und dünn, obwohl sie doch so wahnsinnig auf Süßigkeiten steht. Ich vermute mal, dass auch sie nicht mit einem schlechten Stoffwechsel gestraft ist. Nachdem Brownie die Süßigkeiten eingesteckt hatte, öffnete sie meine Zimmertür um zu gehen, und ich konnte schon die Tabletts mit dem

Abendessen riechen, die gerade den Flur entlanggeschoben wurden. Dann kam Brownie mit meinem Tablett zurück. Ich habe sie gefragt, wo Elizabeth sei, und Brownie meinte, sie hätte bis Freitag frei. Es wäre mir absolut lieber gewesen, wenn Elizabeth neben mir gesessen hätte, und nicht nur deshalb, weil sie schlecht im Bruchrechnen ist. Ehrlich gesagt, fühle ich mich in Elizabeths Gegenwart weniger einsam.

Brownie hat auch nicht wie Elizabeth Zeitschriften durchgeblättert, während ich gegessen habe. Sie war vollauf damit beschäftigt, sich kleine Bonbonstückchen in den Mund zu stecken und nebenbei mein Patientenblatt durchzulesen. Sie wickelte jedes Stückchen geräuschvoll aus, aber ich habe versucht das Ganze einfach zu ignorieren, weil ich schwer damit beschäftigt war, mein Essen so zu zerschneiden, dass es aussah, als ob ich fünfundsiebzig Prozent davon aufgegessen hätte. Du kannst mir glauben, das ist gar nicht so einfach. Aber dann hat Brownie mich gefragt: »Was für eine Krankheit hast du denn, Kind?« Ich habe Brownie erklärt, dass ich nicht krank sei, sondern einfach keine Dickmacher wie Zucker essen darf. Und da hat Brownie dann gemeint: »Aber warum haben sie denn dann anstelle von diesem ganzen Unsinn nicht einfach nur ›Diabetes‹ auf dein Patientenblatt geschrieben? Ärzte!« Man hat gleich gemerkt, dass Brownie Ärzte nicht besonders mag.

Ich habe ihr gesagt, dass mir merkwürdigerweise etwas schwindelig sei. Und deshalb würde ich sie gerne darum bitten, ob sie nicht einfach reinschreiben könne, dass ich meine fünfundsiebzig Prozent aufgegessen hätte, weil ich noch ein bisschen schlafen wolle. Und da hat Brownie dann gemeint, es würde ihr Leid tun, dass sie so ein Aufheben wegen der Süßigkeiten gemacht hätte. Sie meinte, dass sie ja nicht gewusst habe, dass ich Diabetes hätte, und dass ich trotzdem ein bisschen was essen solle, um nicht noch mehr abzunehmen. Dann hat sie nochmals auf das Patientenblatt gesehen, um herauszufinden, warum sie während der Mahlzeiten bei mir bleiben müsse, aber ich glaube, dass auch sie die schlampige Schrift von Dr. Katz nicht lesen konnte. Schließlich gab sie es auf und meinte, wenn ich es keinem weitererzählen würde, dann würde sie mich jetzt alleine lassen, obwohl ich doch versuchen solle mehr unter Menschen zu kommen. »Ich habe genug kranke Kinder gesehen, Kind, und allen geht es viel besser, wenn sie sich mit anderen treffen. Es ist nicht lustig, krank und alleine zu sein.« Bevor Brownie ging, meinte sie noch, ich solle, wenn ich mit dem Essen fertig sei, doch mal versuchen, Nora, das Mädchen im Zimmer nebenan, kennen zu lernen. Als ob ich tatsächlich vorgehabt hätte, etwas zu essen.

In dem Moment, als Brownie die Tür hinter sich geschlossen hatte, habe ich fast mein ganzes Abendessen die Toilette runtergespült, so wie wir es auch immer mit unseren Goldfischen zu Hause gemacht haben, wenn sie gestorben sind. Dann habe ich versucht, fernzusehen, aber durch diese ganzen Familienserien habe ich bloß Heimweh bekommen. Ich habe mich eine ganze Weile ziemlich einsam gefühlt, und deshalb habe ich dann überlegt, ob ich nicht nach nebenan gehen sollte, um herauszufinden, wer diese Nora sei. Ich habe gehört, dass Nora fünfzehn ist, aber als ich sie vom Flur aus gesehen habe, hat sie auf mich viel älter gewirkt. Aber dann bin ich doch nicht dazu gekommen, sie kennen zu lernen, weil Brownie zurückkam und mir befohlen hat, sofort auf mein Zimmer zurückzugehen, was absolut keinen Sinn ergab. Denn schließlich war es ja in erster Linie ihre Idee gewesen, dass ich Nora kennen lernen sollte.

»Du hast mich wegen der Diabetes angelogen«, hat Brownie gesagt, als wir wieder in meinem Zimmer waren. Ich habe zwar versucht ihr zu erklären, dass ich doch gar nicht gelogen hätte. Ich hätte halt einfach nur nicht geantwortet, als sie auf die Idee kam, dass ich Diabetes hätte. Daraufhin hat Brownie dann gemeint, ich hätte ja vielleicht »ein Mundwerk«, genauso wie Philip, der Freund von David, gesagt hat, ich hätte »einen Körper«. Sie meinte, dass sie nicht nur deshalb wütend sei, weil ich gelogen hätte, sondern sie sei auch wütend auf mich, weil ich ihr Leid getan hätte. Und jetzt hätte sich herausgestellt, dass das Einzige, was mit mir nicht stimmen würde, die Tatsache sei, dass ich nicht mehr essen wolle. Sie hat gemeint, dass die meisten Kinder, die hier sind, nichts dafür können, dass sie krank seien. Aber ich würde nur hier sein, weil ich mich ganz absichtlich krank machen würde. Ich hätte ihr gerne erklärt, dass ich mich nicht krank machen möchte, sondern nur dünn werden will, aber sie ging nur zu meinem Tablett rüber, um nachzusehen, wie viel ich gegessen hatte. Ich konnte sehen, dass sie 85 Prozent notiert hat. Brownie mag ja gut im Bruchrechnen sein, aber ganz bestimmt hat sie keine Ahnung, dass ich mein Essen die Toilette runtergespült habe.

Nachdem Brownie mit dem Tablett verschwunden war, bin ich davon ausgegangen, dass sie nicht die Absicht hatte, nochmals zurückzukommen, um mir Gesellschaft zu leisten. Weil sie mich jetzt ganz offensichtlich hasst. Deshalb habe ich mich hinter meinem Bett auf den Boden gelegt, um ein paar Streckübungen mit den Beinen zu machen, aber als ich gerade mitten in meiner fünften Runde war, passierte Folgendes: Während ich die Tupfen auf meinem Teppich gezählt habe, sah ich plötzlich diese beiden weißen Schwesternschuhe auf mich zukommen. Es waren die weißesten Schuhe, die ich jemals gesehen habe, und außerdem müssen die auch noch ganz besonders geräuschlos sein, denn als ich nach oben sah, beugte sich da mit einem Mal Brownie über mich. Sie hatte den Bonbonvogel, den mir Erica geschickt hatte, in der Hand und meinte nur: »Ich glaube, du solltest etwas dankbarer für die Geschenke sein, die du bekommst.« Sie hat nicht mal gesagt, dass ich vom Boden aufstehen solle oder dass sie mich für meine Beinübungen bestrafen würde. Sie hat einfach nur den Bonbonvogel auf der Stelle abgelegt, wo vorher ihre Schuhe waren, und dann ist sie auf ihren Leisetretern wieder aus dem Zimmer verschwunden.

Ferienlager

Dr. Gold hat Mrs. Rivers erzählt, dass ich mir furchtbar den Kopf darüber zerbrechen würde, weil ich so viel in der Schule verpasse. Und daraufhin hat Mrs. Rivers ihm gesagt, dass ich den nächsten Aufsatz, den wir aufbekommen, im Krankenhaus schreiben könne. Ich habe Dr. Gold erklärt, dass ich auf gar keinen Fall mehr einen dieser aussagekräftigen Aufsätze schreiben werde, aber er hat gemeint, ich solle mich bitte beruhigen, weil auf dem Aufsatzformular nur stehen würde, dass ich zwei unvereinbare Dinge miteinander vergleichen müsse. Und das hier ist mein »Vergleichsaufsatz«.

Als ich heute mit Elizabeth einen Rundgang durch die Krankenstation gemacht habe, musste ich daran denken, dass Dr. Katz behauptet hat, dass ich mich so verhalten würde, als ob das Krankenhaus ein Hotel wäre, aber eigentlich kann man es eher mit einem Sommeraufenthalt in einem Ferienlager fernab von zu Hause vergleichen. Zumindest wenn man an die unangenehmen Dinge denkt. Dass man zum Beispiel früh aufstehen muss, einen Tagesplan einhalten muss, alberne Tätigkeiten mit der Kunst- und Handarbeitstherapeutin machen muss und widerliches Essen bekommt, das man nur an seiner Farbe erkennen kann. Im Ferienlager wissen alle, dass »Braun und Gelb« zum Abendessen nichts anderes bedeutet, als dass es Hackbraten mit Kartoffelbrei gibt, mit Ausnahme von den Tagen, an denen sie Spaghetti mit irgend so einer tiefdunklen Sauce servieren. Das ist hier nicht anders. Gestern Abend habe ich gehört, wie eine Schwester zu dem Mann gesagt hat, der die Tabletts herumfährt, er solle Nora »das Braune« geben. Genauso wie im Ferienlager habe ich irgendwie plötzlich Heimweh gekriegt.

Außerdem tratschen die Leute in einem Ferienlager wie irre, aber noch lange nicht so viel wie hier. Keiner kann sich vorstellen, wie klatschsüchtig kranke Kinder sein können. Vor allem wollen sie sofort wissen, warum man »hier ist«. Grundsätzlich kann man sagen, dass alle, die als IV eingestuft werden, wesentlich beliebter sind als diejenigen, die sich nur ein Bein gebrochen haben. Noch besser ist es allerdings, wenn man eine dieser Sauerstoffmasken tragen muss, vor allem für die kleinen Jungs, die dann so tun, als ob sie berühmte Astronauten wären, die bald auf dem Mond landen.

Und trotzdem ist es seltsamerweise gar nicht so einfach, in einem Krankenhaus beliebt zu sein. Man muss schon aufpassen, dass man irgendwie nicht zu krank aussieht, denn wenn man einmal mit seinem Körper an eine Reihe von Maschinen angeschlossen ist, findet das eigentlich keiner mehr besonders lustig. Das ist irgendwie so wie im Ferienlager, wo sich immer alle über die Mädchen lustig machen, die entweder einen ganz kleinen Busen oder aber einen Riesenbusen haben, während die Mädchen mit einem durchschnittlichen Busen ziemlich beliebt sind. Wenn man im Krankenhaus was Harmloses wie Fieber oder aber was Ernsthaftes wie Leukämie hat, kannst du es voll vergessen, dass die anderen bei dir vorbeischauen und dir sagen, dass sie dich unheimlich vermissen werden, wenn du heimgehst.

Und dann gibt es noch was im Krankenhaus, was man auch mit dem Ferienlager vergleichen könnte. Sobald ein neues Kind eingeliefert wird, wird es von allen anderen unter die Lupe genommen. Es ist irgendwie genauso, als ob du mit deinen Nachbarn ein gemeinsames Zelt aufgebaut hättest. Denn alle, die nicht ans Bett gefesselt sind, marschieren los, um das neue Kind zu begutachten. Am beliebtesten sind die Kinder, die man ständig am Telefon mit ihren Freunden quatschen hört und die man hinter einer Unmenge von Heliumballons und Blumen kaum mehr sehen kann. Und am unglücklichsten sind die Kinder, die in ihren kahlen Zimmern einfach nur daliegen und darauf warten, dass das Telefon klingelt. Sie schauen immer auf den Flur raus, um mit jemandem reden zu können, und sie tun so, als würden sie es gar nicht mitkriegen, wenn der Lieferant ständig Stofftiere für die beliebten Kinder in den anderen Zimmern ankarrt. Wahrscheinlich sind das die Kinder, die in einem Ferienlager auch keine Pakete von zu Hause bekommen.

Doch den beliebten Kindern geht es hier gar nicht so schlecht. Falls sie nicht ganz schlimm krank sind, setzen sie sich über vieles hinweg, wenn die Schwestern gerade mal nicht hinschauen. Zum Beispiel stibitzen sie Brezeln aus dem Schwesternzimmer oder spazieren durch die Flure und besuchen die anderen Kinder, um herauszufinden, wer von ihnen die schrecklicheren Narben hat. Das ist genauso, als ob man im Ferienlager in der Nähe vom Lagerleiter herumschleichen würde. Wenn man erwischt wird, dann darf man am nächsten Tag keine Kunst- oder Handarbeiten machen oder verpasst einen der langweiligen Filme, die sie da zeigen, aber mehr passiert einem auch nicht.

Eine Zeit lang hat man das Gefühl, dass es im Krankenhaus auch nicht anders als in einem Ferienlager ist, mal abgesehen von einer Sache. Eines Tages sieht man dann ein leeres Zimmer, das einmal das Zimmer war, in dem dieses niedliche Baby gelegen hat. Und dann fragt man eventuell Elizabeth, ob man das Zimmer gegen das eigene tauschen könne, weil der Fernseher dort besser ist. Und man ist schon ganz aufgeregt, weil man die Zimmer tauschen würde, aber dann stellt sich heraus, dass das Baby gar nicht nach Hause gegangen ist. Dann wird dir plötzlich wieder klar, dass du doch nicht in einem Ferienlager bist.

Nora

»Jetzt ist endlich Schluss mit dem Unfug«, meinte Dr. Katz, als er heute Morgen reinkam. Er war deshalb schon so früh da, weil sich das Behandlungsteam wegen meiner Labortests Sorgen macht. Dr. Katz meinte, es würde ihn nicht interessieren, was in meinem Patientenblatt steht, weil ich anscheinend viel weniger essen würde, als die Schwestern tatsächlich notieren. Und aus diesem Grund hätte er auch mit ihnen gesprochen und ihnen erklärt, dass sie unter gar keinen Umständen mehr auf mein Gerede hören sollten. Als ob schon jemals einer auf mich gehört hätte.

Dann hat Dr. Katz mit seiner Untersuchung angefangen, aber ich habe die Luft angehalten, weil ich auf gar keinen Fall die Kalorien von seinem Frühstück einatmen wollte. Jedesmal wenn er etwas entdeckt hat, was nicht in Ordnung war, hat er es laut vor sich hin gesagt, als würde sich noch ein weiterer Arzt im Raum befinden, um sich das zu notieren. »Akute Austrocknung«, meinte er, während er an meiner Haut zog. »Knochengewebsschwund«, meinte er, als er meine Röntgenbilder ansah. Und als ich dann irgendwann mal vergessen habe, die Luft anzuhalten, hat Dr. Katz ganz nah an meinem Gesicht einen Seufzer losgelassen. Das war ziemlich widerlich. Heute hat sein Atem nach frisch gekauten Würstchen gerochen – zweihundertzehn Kalorien pro Portion. Ich habe vermutet, dass ungefähr ein Drittel davon durch meine Nase gedrungen ist, und deshalb würde ich heute beim Mittagessen auf meine Scheibe Brot verzichten müssen, um die siebzig Kalorien wieder auszugleichen. Aber als ich dann versucht habe, die Kalorien wieder auszuhusten, meinte Dr. Katz: »Angegriffenes Immunsystem.« Ich machte mich daran ihm zu erklären, dass ich nur versucht hätte, die Kalorien wieder auszuhusten, aber daraufhin meinte er, dass ich »Anzeichen von Schwachsinn« zeigen würde.

Wenn du meine Meinung hören willst, dann hat sich hier nur einer schwachsinnig aufgeführt, nämlich Dr. Katz. Denn mit einem Mal plärrte er los: »Wir werden dich nicht sterben lassen, Liebes!«, als ob ich auf dem Boden eines Brunnens festsitzen würde oder so was. Und dann hat er mir erklärt, dass sie einen Schlauch in meinen Hals stecken müssten, wenn ich nicht esse. Ehrenwort, genau das hat er gesagt: einen Schlauch! Ich habe mich gefragt, ob Dr. Katz diesen Schlauch selber in meinen Hals stecken würde, weil es ihm doch so wahnsinnig viel Spaß macht, den Kindern seine Mundspatel in den Mund zu stecken, oder ob es ein anderer tun würde, zum Beispiel Doug. Auf gar keinen Fall möchte ich, dass Doug mir einen Schlauch in den Hals steckt. Schließlich kann der ja nicht mal richtig seine Pickelsalbe auftragen.

Als ich Dr. Katz gesagt habe, dass ich diesen Schlauch nicht will, hat er so getan, als ob es den Ärzten noch viel mehr Leid tun würde als mir: »Uns gefällt das alles ganz und gar nicht«, meinte Dr. Katz. »Wenn du selber essen würdest, Liebes, würdest du es dem ganzen Team wesentlich einfacher machen.« Wer auch immer damit gemeint war.

Und deshalb haben sie die 75-Prozent-Vorschrift geändert. Die neue Vorschrift heißt, dass ich alles auf meinem Tablett aufessen muss, sogar das Salatblatt, das nur als Dekoration auf dem Teller liegt. Ich habe Dr. Katz gesagt, dass kein Mensch dieses Salatblatt aufessen würde, und wenn ich in einem Restaurant wäre und dieses Salatblatt aufessen würde, dann würde man das als schlechte Manieren bezeichnen. Das stimmt, du brauchst nur Mom zu fragen. Außerdem habe ich ihm auch erklärt, dass der Restaurantbesitzer nicht aus der

Küche rennen würde, um mir einen Schlauch in den Hals zu stecken, nur weil ich nicht das Salatblatt auf dem Teller aufgegessen hätte. Aber Dr. Katz meinte nur, dass hier andere Regeln herrschen und er mir deshalb raten würde, mein Tablett zu leeren. »Wir meinen das alle absolut ernst«, sagte er. Und ich habe gemerkt, dass er das wirklich so gemeint hat.

Als Dr. Katz endlich weg war, bin ich wegen diesem Schlauch ganz nervös geworden. Und deshalb habe ich versucht, Mom anzurufen. Ich wusste, wenn sie das Gefühl hätte, mir könnte eine Narbe an meinem Hals bleiben, würde sie sofort die Ärzte anrufen und sich beschweren. Das kannst du mir glauben, Mom würde auf gar keinen Fall zulassen, dass ich noch hässlicher werde. Aber als ich den Telefonhörer in die Hand genommen habe, habe ich auf der anderen Seite plötzlich die Stimme von Brownie gehört, die »Ja?« sagte. Ich habe mich schon gefragt, ob ich nicht tatsächlich an Schwachsinn leiden würde, wie es Dr. Katz behauptet hat. Und deshalb habe ich aufgelegt und dann den Telefonhörer nochmals abgehoben, um festzustellen, ob Brownies Stimme dann weg wäre. Ich war immer noch dabei, den Hörer abzuheben und das Freizeichen zu bekommen, als Brownie höchstpersönlich in mein Zimmer kam.

»Brauchst du irgendwas, Kind?«, fragte sie mich. Ich habe gleich bemerkt, dass Brownie immer noch sauer auf mich war, weil ich nicht Diabetes habe, sondern nur eine Diät mache. »Ich habe versucht, meine Mom anzurufen«, habe ich ihr geantwortet, »aber irgendwas ist mit dem Telefon nicht in Ordnung.« Aber Brownie schien es nicht besonders zu stören, dass mein Telefon kaputt war. Sie ging nur in die entfernteste Ecke meines Zimmers, wohin ich den Bonbonvogel verbannt hatte, nahm sich eine Handvoll Bonbons und meinte: »Hat Dr. Katz es dir nicht gesagt? Solange du nichts isst, darfst du das Telefon nicht mehr benutzen.« Ich konnte es nicht fassen, dass ich nicht mal mehr meine Mom anrufen durfte.

Ich wollte nicht vor Brownie zu weinen anfangen, denn das hätte ihr ganz bestimmt wahnsinnig viel Spaß gemacht. Du kannst mir glauben, Leute, die dich hassen, lieben es, dich weinen zu sehen. Ich habe mich gefragt, ob es Brownie auch gefallen würde, wenn sie mir einen Schlauch in den Hals stecken würden, aber dann ist mir eingefallen, dass Brownie wahrscheinlich zu dem Behandlungsteam gehört, von dem Dr. Katz gesprochen hatte. Wahrscheinlich war es sogar ihre Idee, mir das Telefon wegzunehmen, und wahrscheinlich war es auch ihre Idee, mir einen Schlauch in den Hals stecken zu lassen. Ich habe mich unheimlich zusammengerissen, um nicht zu weinen, aber als ich es nicht mehr geschafft habe, habe ich einfach auf mein Buch runtergesehen. Eine Träne ist genau auf die Stelle gefallen, wo Emma – das ist der Vorname von Madame Bovary – Gift nimmt, um endlich den ganzen Leuten zu entkommen, die sie einfach nicht verstehen. Das ganze Buch über hat sie versucht, jemanden zu finden, der sie verstehen würde, aber weil ihr das nicht gelungen ist, blieb ihr nichts anderes übrig, als das Gift zu nehmen.

»Nun komm schon, das ist doch gar nicht so schlimm, oder?«, meinte Brownie. »Man kann doch auch ohne Telefon eine ganze Menge machen.« Aber nicht, wenn man in einem Krankenhauszimmer gefangen ist und nicht mal die eigene Mom anrufen kann, habe ich mir gedacht, aber ich hatte absolut keinen Bock drauf, mit Brownie zu reden. Man kann hier einfach keinem trauen, und schon gar nicht denen, die zu deinem Behandlungsteam gehören.

Als Brownie weg war, habe ich beschlossen, ein bisschen Gymnastik zu machen. Ich habe mich auf der anderen Seite von meinem Bett, wo mich keiner sehen kann, auf den Boden gelegt, um meine Streckübungen für die Beine zu machen, als schon wieder die weißen Schwesternschuhe von Brownie direkt vor meiner Nase auftauchten. »Du hast also doch noch eine andere Beschäftigung gefunden«, meinte sie. Ich musste meinen Kopf praktisch um 360 Grad drehen, um Brownie ins Gesicht sehen zu können, weil sie so weit über mir war. Und trotzdem habe ich nicht ihr Gesicht sehen können, weil es von einem Stapel von Briefen verdeckt wurde, den sie in der Hand hielt. »Die sind alle für dich«, meinte sie, »und wenn du jetzt sofort wieder vom Boden aufstehst, werde ich keinem verraten, was ich gesehen habe.«

Eigentlich hätte ich noch eine weitere Runde von Streckübungen mit den Beinen machen müssen, aber ich war ziemlich neugierig auf die Briefe. Und ich wollte auch nicht, dass sie mir den Schlauch in den Hals stecken. Und deshalb bin ich aufgestanden und habe mich auf einen Stuhl gesetzt. Natürlich habe ich Brownie nicht gesagt, dass mir beim Sitzen die Knochen weh tun und dass mir außerdem auch noch unheimlich schwindelig war. Außerdem hatte ich Durst. Man hat mir nicht erlaubt, Wasser oder Tab zu trinken, weil ich doch nur Getränke zu mir nehmen darf, die kalorienreich sind. Und deshalb trinke ich hier so gut wie gar nichts. Dr. Katz hat gemeint, dass ich austrockne, aber meiner Meinung nach ist das doch ihre Schuld, wenn sie mir kein Wasser geben.

Jedenfalls habe ich mich bemüht, nicht mehr dran zu denken, dass mir schwindelig ist, als ich meine Post durchgesehen habe. Ich war total aufgeregt, weil ich einen solchen Stapel Post bekommen hatte, aber dann habe ich herausgefunden, weshalb. Es war ein Stapel von »Genesungsgrüßen«, die die Kinder aus meiner Klasse geschrieben hatten. Mr. Miller muss wohl angeordnet haben, dass sie an mich schreiben, so wie er es mit den Karten zum Valentinstag macht. Zuerst hätte ich am liebsten die ganze Post in den Papierkorb geworfen, aber ich muss dir gestehen, dass ich einfach irre neugierig darauf war, was mir wohl diese verlogene Leslie schreiben würde. Ich habe mal angenommen, dass der Brief mit den vielen Ausrufezeichen von ihr war, weil sie auch in der Schule immer solche Briefchen schreibt. Aber der Umschlag hat sich nur schwer öffnen lassen, vielleicht, weil sie ihn beim Schließen nicht abschleckt, sondern Wasser drauf getan hat. Als ich mit Leslie noch befreundet war und ihr einen Diätplan erstellt habe, da habe ich ihr geraten, auf gar keinen Fall Briefmarken oder Umschläge abzulecken. Und das hier hat sie mir geschrieben:

Hi, Lori!!!!!
Werde bald gesund! Wir vermissen dich alle unheimlich!!!!! Ich würde dir ja so gerne erzählen, was so alles passiert ist, aber im Moment tausche ich grade Briefchen mit Chris aus und habe deshalb keine Zeit! Werde bald gesund!!!!!!!!!
Küsschen und Grüßchen!! Leslie!

Echt krass. Der einzige Brief, den ich auch noch lesen wollte, war der von Chris. Aber weil ich seine Handschrift auf dem Umschlag nicht erkennen konnte, musste ich erst mal eine Menge anderer Briefe öffnen, bis ich seinen gefunden habe. Doch er hat nur geschrieben: »Werde bald gesund. Du hast vielleicht Glück, dass du so viel Junkfood essen darfst, wie du willst. Mit freundlichen Grüßen, Chris.« Ich vermute mal, dass er total damit beschäftigt war, Briefchen mit Leslie auszutauschen, und keine Zeit hatte, irgendwas Nettes zu schreiben. Ich hasse Mr. Miller, weil er angeordnet hat, dass sie mir alle schreiben. Das ist ja so was von peinlich!

Natürlich hat mir auch Mr. Miller selbst einen Brief geschrieben. Darin stand, dass sie mich alle vermissen würden und dass alle Lehrer der Meinung wären, dass ich einfach entzückend sei, und hoffen, dass es mir bald wieder besser gehen würde und ich wieder in die Schule gehen könne. Was völliger Quatsch ist, weil Mrs. Rivers wahrscheinlich voll begeistert ist, dass ich nicht mehr da bin. Ich wette, dass sie deshalb eine riesige Party gefeiert hat.

Ich habe überlegt, ob mir Miss Shaw vielleicht deshalb nicht geschrieben hat, weil sie immer noch wütend auf mich ist über das, was ich über ihren Freund gesagt habe. Doch dann habe ich die Tabletts mit dem Mittagessen im Flur gerochen, was bedeutete, dass es wieder Punkt elf Uhr war. Sie halten die Essenszeiten hier strikt ein, und zwar genau um halb sieben, elf und halb fünf Uhr. Brownie hat es als »Krankenhauspolitik« bezeichnet, »bei der es keine Ausnahmen gibt«. Aber welcher normale Mensch isst schon um halb fünf Uhr zu Abend? Schließlich komme ich ja normalerweise erst um halb fünf Uhr nachmittags vom Schreibmaschinenunterricht nach Hause. Alle hier wollen mir ständig einreden, dass ich mich normal benehmen soll, aber du kannst mir glauben, in diesem Krankenhaus hier spinnen alle.

Und weil ich es einfach nicht mehr ertrage, dass man mich mitten in der Nacht zum Frühstück weckt und mich zwingt, am hellichten Tag Abend zu essen, habe ich gestern beschlossen, den Wecker in meinem Zimmer auf Washington, D.-C.-Zeit vorzustellen, denn dort ist es drei Stunden später. Vermutlich habe ich gedacht, ich könnte mich damit selbst überlisten und tatsächlich glauben, dass es halb zehn, zwei und halb acht Uhr ist, wenn mein Essen serviert wird. Am ersten Tag hat das auch geklappt, aber dann habe ich mitbekommen, wie Doug zu Dr. Gold sagte, dass er befürchte, dass ich »anfange, unter Wahnideen zu leiden«. Sie haben sogar darüber gesprochen, ob sie mir eventuell Medikamente verabreichen sollten. Danach habe ich dann meinen Wecker wieder zurückgestellt. Es hätte viel zu viel Stress gegeben, wenn ich versucht hätte, ihnen die Sache zu erklären.

Also kam das Mittagessen um Punkt elf Uhr, aber heute

lag auf meinem Tablett etwas Neues. Es war ein riesiger, in Plastik eingewickelter Schokoladenstreuselkeks, auf dem in riesigen Buchstaben »MONSTERKEKS!« stand. So was auf das Tablett von jemandem zu legen, der eine Diät macht, ist irgendwie genauso, als würde man Superman ein Päckchen schicken, auf das man riesige Bilder von Kryptonit draufgeklebt hätte. Der würde so ein Paket natürlich niemals öffnen, und deshalb habe ich das auch nicht getan. Aber dann ist mir wieder eingefallen, dass Dr. Katz gesagt hat, dass ich alles auf meinem Tablett essen müsste. Und ich wollte es auf gar keinen Fall so weit kommen lassen, dass mir irgendeiner nur wegen diesem riesigen Schokoladenstreuselkeks den Schlauch in den Hals steckt. Deshalb habe ich beschlossen, mich aufzumachen, um endlich Nora kennen zu lernen. Sie hatten heute nicht genug Schwestern, die mich beim Essen betreuen konnten, und deshalb kam ich auf die Idee, ich könnte mein Essen in ihrem Zimmer verstecken.

Ich habe gewartet, bis die Luft rein war, dann habe ich mein Mittagessen unter mein Sweatshirt gestopft und bin in den Flur rausgegangen. Noras Zimmer ist total abgefahren. Es sieht nämlich schon wie ein ganz normales Teenager-Zimmer aus, obwohl sie doch gerade erst eingeliefert worden ist. Die Wände sind mit Bee-Gees-Postern zugepflastert und auf ihrem Nachtkästchen stehen unzählige Parfümfläschchen und Lippenstifte. Ich wette mit dir, dass Mom Nora lieben würde. Nora hat sogar so viele Schuhe, dass sie nicht in den Schrank passen, und auf dem Tisch an ihrem Bett steht ein rosa Radio, das mit herzförmigen Stickers übersät ist. Das Radio lief gerade, als ich reinkam.

Zuerst konnte ich Noras Gesicht gar nicht sehen, weil sie unter einem Stapel Zeitschriften begraben war. Deshalb bin ich zu ihrem Bett gegangen, wo ich dann bemerkt habe, dass sie schläft. Ich weiß, dass es sich nicht gehört, herumzuschnüffeln, aber weil ich mitbekommen habe, dass Nora in der Schule ziemlich beliebt ist, wollte ich unbedingt herausfinden, was ein Mädchen, das an der Highschool beliebt ist, so alles in seinem Zimmer hat. Deshalb habe ich die Schublade neben ihrem Bett aufgemacht, aber durch den Lärm wurde Nora wach. Ich wollte so schnell wie möglich wieder weg, und wahrscheinlich bin ich dabei über das Kabel von ihrem Radio gestolpert.

Die Musik hat aufgehört und dann fingen auf einmal die ganzen Maschinen, an die sie angeschlossen ist, zu piepsen an. Ich habe die Maschinen bis dahin gar nicht gesehen, weil Nora sie unter diesen rosaroten Spitzenlaken versteckt hatte. Die Maschinen hörten nicht auf, zu piepsen, und Nora hat mir direkt in die Augen gesehen, aber ich wusste nicht, was ich tun sollte. Ich habe angenommen, dass sie mich mit dem Schlauch bestrafen würden, wenn sie mich erwischen würden, aber ich konnte doch Nora nicht einfach allein lassen, denn ich hatte das Gefühl, dass sie keine Luft bekommen würde. Sie gab ein merkwürdiges Geräusch von sich. Doch dann stürmten jede Menge Schwestern rein. Gott sei Dank waren sie völlig damit beschäftigt, die piepsenden Maschinen wieder anzuschließen. Und deshalb haben sie mich gar nicht bemerkt. Also bin ich wieder in mein Zimmer zurückgeschlichen, habe den Fernseher eingeschaltet, mir ein paar Bücher geschnappt und versucht, so dreinzublicken, als hätte ich mich seit Stunden nicht von der Stelle bewegt. Aber ich konnte mich immer noch nicht beruhigen, weil mir der Gedanke kam, dass ich Nora vielleicht aus Versehen umgebracht hätte. Aber dann habe ich gehört, wie eine der Schwestern Nora gefragt hat, was passiert sei, und da war ich mir ganz sicher, dass ich jetzt den Schlauch bekommen würde.

Gott sei Dank, Nora hat noch gelebt. Und sie hat mich auch nicht verraten, sondern einfach nur behauptet, dass sie keine Ahnung hätte, warum das Radio runtergefallen sei. Und sie hat mit keinem Wort erwähnt, dass ich in ihrem

Zimmer herumgeschlichen bin. »Ich muss wohl im Schlaf um mich geschlagen haben«, hat sie allen erzählt. Und so wie sie das gesagt hat, klang das nicht mal gelogen oder so. Nora hat eine dieser völlig unschuldigen Stimmen, mit der man Erwachsenen alles vormachen kann, selbst wenn man sie voll anlügt. Irgendwie mochte ich Nora.

Das Problem war nur, dass ich ja noch das ganze Essen auf meinem Tablett loswerden musste, bevor Brownie reinkommen würde, um aufzuschreiben, wie viel ich gegessen hatte. Erst habe ich überlegt, das Essen die Toilette runterzuspülen, aber die war verstopft, weil ich heute Morgen schon meinen Pfannkuchen und den Ahornsirup runtergespült hatte. Deshalb habe ich beschlossen mich lieber aufzumachen, um im Flur einen Mülleimer zu finden. Aber als ich endlich den Monsterkeks, das Truthahn-Sandwich und sogar dieses blöde Dekorationssalatblatt unter meinem Sweatshirt versteckt hatte und damit an Noras Zimmer vorbeigehen wollte, hat sie ihre Sauerstoffmaske abgenommen und mich reingerufen. Ich dachte, jetzt würde sie mir gleich wie alle anderen erklären, wie schrecklich ich sei, aber sie wollte eigentlich nur wissen, warum ich in ihr Zimmer gekommen war.

Ich habe mich auf Noras Sofa gesetzt und ihr das mit dem Schlauch erzählt und dass ich gerne mein Truthahn-Sandwich und den Monsterkeks in ihrem Zimmer verstecken würde, damit die Schwestern glauben, ich hätte alles aufgegessen. Sie hat gemeint, dass sie nicht verstehen würde, warum ich mich für fett halte, aber weil Bonnie nicht erlaubt, dass Nora wirklich leckere Sachen zum Essen bekommt, hat Nora mein Sandwich genommen und das Fleisch in null Komma nichts in ihrem Mund verschwinden lassen. Das Ganze wiederholte sich dann nochmals mit meinem Monsterkeks. Ich habe Nora die ganze Zeit über angestarrt und darauf gewartet, dass sie jetzt gleich aufgehen würde wie eines dieser Monster in den Baseballstadien, aber es passierte gar nichts. Noras Körper hat sich nicht aufgebläht, obwohl sie doch unglaublich viele Kalorien zu sich genommen hatte. Du kannst mir glauben, mein Körper hätte sich aufgebläht.

Nora war total begeistert, dass ich ihr mein Mittagessen überlassen hatte, und meinte, ich könne ihr meine ganzen Mahlzeiten bringen, insbesondere die Monsterkekse. »Wenn du lange genug hier bist«, meinte sie, »dann lernst du, eine Menge der Vorschriften zu umgehen.« Ich habe Nora gefragt, wie lange sie denn schon hier sei, und sie hat mir erzählt, dass die Nummer 4002 »ihr« Zimmer sei, weil sie wegen ihre Mukoviszidose alle paar Wochen hierherkäme. Sie hat das so gesagt, als würde es nichts besonders Ernstes sein, hat dann aber gemeint, wenn sie hier sterben müsste, dann möchte sie gerne in einem Zimmer sein, das genauso aussieht wie ihres zu Hause. »Glaubst du, dass du sterben musst?«, habe ich sie gefragt, aber Nora hat mir keine Antwort gegeben. Sie sah so aus, als würde sie gleich weinen, aber dann hat sie mich gefragt, ob ich mir ihr neues *Teen*-Magazin ausleihen möchte oder das mit Andy Gibb auf dem Cover.

Ich habe die Zeitschrift mit Andy Gibb genommen, weil »I Just Want To Be Your Everything« mein Lieblingslied ist, und Nora hat sich rumgedreht und angefangen in ihrer *Teen* zu lesen. Doch ich habe nicht sofort den Andy-Gibb-Artikel aufgeschlagen, weil ich mir zuerst diese Maybelline-Anzeige angesehen habe, auf der das Foto von einem dürren Mädchen mit wundervoller Haut und einem tollen Lächeln abgebildet war. Sie hat genau wie Nora ausgesehen. Und die ganze Zeit über habe ich gedacht, dass ich Nora, falls ich sie in der Schule getroffen hätte, wahrscheinlich für eines von diesen snobistischen Mädchen gehalten hätte, die immer Lipgloss und Rouge auftragen, weil sie genau wie dieses Mädchen in der Maybelline-Anzeige aussieht. Ich wette mit dir, dass sie außerhalb des Krankenhauses überhaupt nicht mit mir reden würde. Aber dann habe ich mich gefragt, was wohl passieren würde, wenn ich eines dieser Mädchen so kennen lernen würde wie Nora. Vielleicht wäre es ja so, dass Berge von Pickel zum Vorschein kommen würden, wenn sie sich das Make-up abschminken. Und vielleicht haben ja die beliebten Mädchen statt Pickel sogar diese widerlichen Mitesser, die zehnmal größer sind, als es meine Pickel normalerweise sind.

Hallo, Taxi!

Obwohl ich ja nicht auf die Waage sehen durfte, als Elizabeth mich geweckt hat, um mich zu wiegen, konnte ich es von ihrem Gesicht ablesen, dass ich schon wieder abgenommen hatte. Sie meinte, wenn ich heute nicht alle Mahlzeiten aufessen würde, dann würden die Ärzte mich garantiert auf künstliche Ernährung setzen. Das ist die richtige Bezeichnung für den Schlauch. Als das Frühstück kam, hat sich Elizabeth neben mich gesetzt, während ich ein bisschen was von der Banane und den »Special K« gegessen habe, und sobald ich zu essen aufgehört habe, wollte Elizabeth wissen, ob ich fertig sei. Ich habe gesagt, ich sei fertig, und Elizabeth hat geantwortet: »Wenn du meine Tochter wärst, würde ich darum bitten, dass sie dich sofort künstlich ernähren.«

Da habe ich zu Elizabeth gesagt, dass sie ihre Tochter wohl nicht besonders lieb hat, aber Elizabeth hat geantwortet, sie würde ihre Tochter sehr lieb haben und eben aus diesem Grund würde sie es zulassen, dass die Ärzte den Schlauch in ihren Hals stecken würden. Dann wollte ich von ihr wissen, ob sie bei der Geburt ihrer Tochter schon gewusst hätte, dass sie diese später ständig zu den Mathematikkursen und Arztterminen fahren müsste, aber Elizabeth gab mir keine Antwort. Sie meinte nur, obwohl sie zwar nicht besonders gut in Rechnen sei, würde sie trotzdem eines wissen, dass nämlich hundert Prozent heißt, dass ich alles aufessen müsste. Ich habe gesehen, wie sie aufgeschrieben hat, dass ich null Prozent gegessen habe. Ich habe zwar versucht, dagegen zu protestieren, aber sie hat es trotzdem hingeschrieben. »Ich weiß, dass dir das nicht passt«, meinte sie, »aber das ist nur zu deinem Besten.« Ich konnte es nicht fassen, dass nun auch sie mir in den Rücken fällt. Ich werde ganz bestimmt nie wieder mit Elizabeth reden.

Nachdem Elizabeth gegangen war, habe ich beschlossen, mich in Noras Zimmer zu schleichen, um herauszufinden, ob ich ihr Telefon benutzen könnte, um Mom anzurufen. Ich wusste, dass ich irgendwas wegen dem Schlauch unternehmen musste, bevor es zu spät war. Heute saß Nora aufrecht im Bett, und sie hat sich mit einem kleinen Stapel aus ihrem Kosmetikköfferchen Rouge aufgelegt. Man hat gleich gemerkt, dass sie genau wusste, wie sie es machen musste, um ihre Wangenknochen zu unterstreichen. Als ich einmal versucht habe, Rouge aufzulegen, konnte ich diesen Wangenknochen nicht finden, den man laut Moms *Redbook* unterstreichen soll. Ich denke mal, dass ich den Knochen nicht gefunden habe, weil in meinem Gesicht so viele Knochen zu sehen sind und ich deshalb einfach nicht den richtigen erwische. Wahrscheinlich ist das noch so ein Geburtsfehler, den ich habe.

Wie auch immer, jedenfalls hat Nora die ganze Zeit über nur in den Spiegel gesehen. Sie hat immer noch in ihren kleinen Spiegel gestarrt, als sie von mir wissen wollte, ob ich noch ein paar Monsterkekse für sie hätte. Ich habe ihr gesagt, dass ich die erst mit dem Mittagessen bekommen würde. Deshalb hat Nora gemeint, dass ich ja nicht vergessen solle, ihr den Keks zu bringen, aber ich habe erklärt, ich würde ihn nur dann hergeben, wenn ich ihr Telefon benutzen dürfte, um meine Mom anzurufen. Nora meinte, das sei in Ordnung, aber dann hat ihr Telefon geklingelt, und ich musste warten.

Ich habe gleich gemerkt, dass Noras Mom am Telefon war, und dann haben sie endlos gequatscht. Ich bin auf dem Sofa gesessen und habe ein paar Zeitschriften durchgeblättert, weil ich Angst hatte, dass Nora vielleicht nicht mehr zulassen würde, dass ich ihr Telefon benutzen würde, wenn ich jetzt gehen und später nochmals wiederkommen würde. Während ich den Andy-Gibb-Artikel gelesen habe, um zu erfahren, wie ihm die Ideen zu seinen Songs einfallen, hat Nora plötzlich einen so lauten Schrei von sich gegeben, dass ich praktisch vom Sofa gefallen bin. Womit wir den Beweis hätten, dass Dr. Katz sich getäuscht hat, als er meinte, meine Reflexe würden nicht mehr funktionieren.

Nora hat deshalb diesen lauten Brüller losgelassen, weil sie von ihrer Mutter erfahren hat, dass die Ärzte sie morgen früh nach Hause entlassen werden. Ich weiß, dass ich mich eigentlich für Nora hätte freuen müssen, aber mir wollte der Gedanke einfach nicht aus dem Kopf gehen, was ich wohl mit meinen Monsterkeksen machen würde, wenn sie nicht mehr da ist. Ich hätte am liebsten losgeheult, aber nicht nur wegen der Monsterkekse. Die Wahrheit ist, ich wollte einfach, dass irgendein netter Mensch in meiner Nähe ist, wenn sie mir den Schlauch reinstecken. Ich glaube, ich hätte es gerne gehabt, dass mir jemand die Hand hält, so wie ich Moms Hand halte, wenn sie in der Praxis von Dr. Katz Angst bekommt. Doch jetzt werde ich ganz alleine sein.

Als Nora endlich auflegte, hat sie mir den Hörer gegeben, aber ich habe dann doch nicht meine Mom angerufen. Eigentlich hatte ich vorgehabt, sie anzurufen, aber dann habe ich meine Meinung geändert und die Auskunft angerufen. Und danach habe ich dann die Nummer angerufen, die mir die Frau vom Amt für das Taxiunternehmen gegeben hat. »Ich hätte bitte gerne ein Taxi«, habe ich gesagt, und der Mann hat mich gefragt, von wo und wohin. Ich habe ihm meine Adresse gegeben, und er meinte, dass in fünfzehn Minuten draußen ein Taxi auf mich warten würde.

Ich habe Nora gebeten, sie solle schwören, dass sie den Schwestern nicht verraten würde, wo ich hingegangen sei, aber Nora meinte, dass sie schon gestern für mich gelogen hätte. Und dann hat sie auch noch gesagt, obwohl auch sie die Vorschriften nicht beachten würde, sollte ich ihrer Meinung nach das Krankenhaus trotzdem nicht verlassen. Sie hat das mit dem Schlauch offensichtlich nicht kapiert. Doch dann habe ich ihr gesagt, dass ich verspreche, ihr im nächsten Monat jede Woche eine ganze Schachtel mit Monsterkeksen zu schicken, wenn sie noch einmal für mich lügen würde. Und daraufhin war sie dann sofort einverstanden.

Ich hatte nur fünfzehn Minuten Zeit, deshalb bin ich in mein Zimmer und habe ein paar Sachen in meinen Rucksack gepackt. Ich konnte nicht meinen großen Koffer nehmen, weil der natürlich sofort aufgefallen wäre. Ich habe meine ganzen Diätbücher eingesteckt, mein Schachspiel, ein Foto von meinem Vogel Chrissy und einen Softball, damit ich was zum Spielen hätte, falls Maria auf dem Markt war und ich eine Weile vor dem Haus warten müsste. Mein Trainingsanzug hat nicht in den Rucksack gepasst, aber weil Mom sowieso unheimlich gerne Shopping geht, habe ich mal angenommen, dass sie mir wahrscheinlich gleich einen neuen kaufen würde, wenn ich wieder daheim bin. Dann habe ich mein goldenes Halskettchen abgenommen, das einzig echte Schmuckstück, das ich ständig trage, und habe es in meine Tasche gesteckt. Mein Plan war, damit die Taxifahrt zu bezahlen.

Nora hat mir unheimlich toll bei unserem Plan geholfen. Sie hat alle Schwestern in ihr Zimmer gerufen, während ich mich vorbeigeschlichen habe und in Richtung Aufzug gegangen bin. Dann bin ich direkt an der Empfangsdame vorbeimarschiert, aber als ich auf den Lift gewartet habe, stiegen Doug und Mike aus einem anderen Lift, der nach oben fuhr. Ich dachte schon, dass sie mich aufhalten würden, aber sie waren damit beschäftigt, ein Kind in einem Rollstuhl, das an mehrere Schläuche angeschlossen war, zurück auf die Krankenstation zu schieben. Ich dachte, dass ich wahrscheinlich genauso aussehen würde, wenn sie mir den Schlauch reinstecken, und deshalb war ich echt froh, das Krankenhaus zu verlassen.

Als ich nach unten kam, waren da eine Menge Taxis, in die Leute einstiegen oder die Leute absetzten. Ich hatte keine Ahnung, welches davon meines war, deshalb bin ich zu dem einzigen leeren Taxi gegangen und habe den Fahrer gefragt, ob er auf mich warten würde.

»Entschuldigen Sie, sind Sie das Taxi, das zur Roxbury Lane fährt?«, habe ich ihn gefragt. Der Fahrer qualmte wie ein Schlot. Das war noch schlimmer als Dads Pfeife, aber ich wusste, wenn ich nicht abhauen würde, dann würden sie mir den Schlauch verpassen. »Klar, steig ein«, meinte der Fahrer. Aber dann startete er weder den Motor oder so was.

Ich hatte nicht viel Zeit, denn nicht einmal Nora würde die Schwestern ewig hinhalten können, und deshalb habe ich dem Fahrer schließlich gesagt, dass er endlich losfahren solle, aber er hat sich nicht von der Stelle gerührt. Er hat mich nur weiterhin durch seinen Rückspiegel betrachtet. »Wo ist deine Mom?«, wollte er wissen, und ich habe ihm gesagt, dass sie wahrscheinlich unterwegs zum Einkaufen sei und dass ich im Moment einfach keine Zeit für eine Unterhaltung hätte. »Wo ist dein Dad?« Er dachte gar nicht daran, auf eine Unterhaltung zu verzichten. Wahrscheinlich weil Taxi fahren bestimmt zu den Arbeiten gehört, bei denen man sehr alleine ist, habe ich überlegt. »Mein Dad ist in der Arbeit«, habe ich geantwortet. »Aber er kommt heim, wenn die Börse in New York schließt.« Trotzdem ist der Fahrer nicht losgefahren. Er hat nur seine Zigarette aus dem Fenster geworfen und eine neue angezündet, während ich versucht habe, möglichst wenig zu atmen.

Und dann hat sich der Fahrer plötzlich umgedreht und mir einen Blick zugeworfen. Er meinte, dass er davon ausgegangen sei, ich würde mit meiner Mom oder meinem Dad fahren, und dass er unter diesen Umständen ein Kind wie mich auf keinen Fall vom Krankenhaus wegbringen könne. Er hat auf das Krankenhausarmband mit meinem Namen gezeigt und gemeint, dass ich ganz bestimmt nicht das Krankenhaus verlassen dürfe und dass er seinen Job verlieren würde, wenn er mich heimfahren würde. Und er könne es sich schon deshalb nicht leisten, seinen Job zu verlieren, weil er zu Hause zwei Kinder zu ernähren hätte, ganz zu schweigen von seiner Frau. Ich habe dem Fahrer erklärt, dass sie mir einen riesigen Schlauch in den Hals stecken würden, wenn er mich nicht nach Hause fahren würde. Aber der Fahrer hat nur geantwortet, dass er genug Probleme mit seinen eigenen Kindern habe, über die er sich den Kopf zerbrechen müsse, und dass ich endlich aus seinem Taxi aussteigen solle, weil er in der Zeit, in der er mit mir herumstreiten würde, nur noch mehr Einnahmen verlieren würde.

Und deshalb habe ich dann das goldene Halskettchen aus meiner Tasche gezogen. Ich habe versucht, den Fahrer davon zu überzeugen, dass dieses Halsband viel mehr wert war als das Fahrgeld, das er bekommen würde, wenn er mich nach Hause fährt. Der Fahrer legte daraufhin seine Zigarette im Aschenbecher ab und starrte die Goldkette an. Ich habe die Kette vor seinen Augen baumeln lassen, so wie ich es bei diesen Hypnotiseuren im Fernsehen gesehen hatte. Und eine Sekunde lang sah es so aus, als würde der Fahrer tatsächlich in Trance fallen. Aber dann hat uns ein anderer Taxifahrer angehupt und die ganze Stimmung ruiniert. Und daraufhin hat dann mein Fahrer gesagt, wenn ich nicht sofort aus seinem Taxi steigen würde, würde er seinen Funk einsetzen, um »an offizieller Stelle« zu melden, dass ich vorhätte auszureißen. Ich vermute mal, dass er damit die Polizei oder vielleicht auch mein Behandlungsteam gemeint hat.

Offenbar hatte ich wohl keine andere Wahl, deshalb habe ich das Goldkettchen wieder in die Tasche gesteckt und bin aus dem Taxi gestiegen. Aber der Fahrer hat gar nicht auf einen neuen Fahrgast gewartet, wie er mir gegenüber behauptet hatte. Kaum dass ich die Wagentür hinter mir zugedonnert hatte, ist er davongerast. Dann habe ich mich auf die Stufen gesetzt und das blöde Armband mit dem Namensschild von meinem Handgelenk abgestreift, damit mich der nächste Taxifahrer nicht wieder aus dem Wagen werfen würde. Ich war überrascht, dass ich das Armband so leicht über mein Handgelenk schieben konnte, denn als ich das letzte Mal versucht habe, es abzumachen, habe ich es nicht geschafft. Ich ging davon aus, dass ich bestimmt einen anderen Fahrer finden würde, der das Kettchen haben wollte. Und deshalb bin ich wieder aufgestanden, um am Straßenrand zu warten. Beim Aufstehen ist mir aber so schwindelig geworden, dass ich Angst hatte, ohnmächtig zu werden. Ich habe die ganze Zeit nur gedacht, dass es wohl der dümmste Moment wäre, ohnmächtig zu werden, und deshalb habe ich mich wieder auf die Stufen gesetzt. Und daraufhin ist es mir dann auch wieder ein bisschen besser gegangen. Aber ich habe lange warten müssen, bis ich wieder ein leeres Taxi entdeckt habe. Als ich es gesehen habe, bin ich sofort aufgesprungen, um es mir zu schnappen, bevor es mir ein anderer wegnehmen würde. Aber dabei ist mir dermaßen schwindelig geworden, dass ich mich sofort wieder hinsetzen musste. Natürlich hat es wieder ein anderer genommen. Ich muss dir ganz ehrlich sagen, dass ich es plötzlich irgendwie mit der Angst zu tun bekommen habe. Ganz bestimmt wäre es mir nicht so schlecht gegangen, wenn Dr. Katz zugelassen hätte, dass ich Wasser trinken darf. Außerdem hat da draußen, wo ich gesessen bin, die Sonne so stark geschienen, dass mir die Augen weh getan haben, als ich nach einem Taxi Ausschau gehalten habe. Und bald haben mir die Augen schon weh getan, wenn ich sie nur geöffnet habe. Außerdem hatte ich wieder schreckliche Kopfschmerzen, die sogar noch schlimmer waren als die, die ich wegen meiner Eltern auf dem Weg ins Krankenhaus bekommen hatte. So schlimme Kopfschmerzen hatte ich noch nie gehabt, deshalb habe ich beschlossen, wieder ins Krankenhaus zurückzugehen und auf einer anderen Krankenstation um Aspirin und Wasser zu bitten. Danach wäre ich dann sicher in der Lage, schnell genug auf die Beine zu kommen, um mir ein leeres Taxi zu schnappen, bevor es mir wieder ein anderer wegnehmen würde.

Als ich wieder aufgestanden bin, war ich kurz davor, in Ohnmacht zu fallen, aber weil ich vermutet habe, dass die Schwestern inzwischen wahrscheinlich durch alle Gänge rannten, um mich zu suchen, habe ich mich einfach weitergeschleppt. Ich wollte nicht, dass jemand meine Eltern anruft, weil ich nicht wollte, dass sie schon sauer auf mich sein würden, bevor ich überhaupt daheim war und die Möglichkeit hätte, ihnen alles über den Schlauch zu erklären und warum ich einfach ausreißen musste. Weil doch meine Eltern sowieso nie zuhören. Aber wenn sie aus irgendeinem Grund sowieso schon total wütend sind, dann schaffen sie es so gut wie gar nicht mehr zuzuhören. Ich bin also durch die automatische Glastür gegangen, aber dann hat mich ein Sicherheitsbeamter an der Schulter festgehalten und sein Walkie-Talkie rausgezogen und jemandem gemeldet, dass er mich gefunden hätte. Ich habe versucht, dem Mann zu entkommen, aber er war ziemlich groß und mir war so schwindelig, dass ich mich einfach nicht bewegen konnte. Ich weiß nicht genau, ob ich tatsächlich ohnmächtig geworden bin, jedenfalls kann ich mich nur noch daran erinnern, dass ich irgendwann auf dem Boden neben den Füßen des Sicherheitsbeamten gesessen bin.

Im Augenblick bin ich allerdings schrecklich müde, und deshalb habe ich keine große Lust, dir nun alles harrgenau zu schildern, was dann passiert ist, als sie mich wieder nach oben gebracht haben. Mit Ausnahme von einer Sache. Dr.

Gold hat mir mitgeteilt, dass Nora den Krankenschwestern verraten hätte, wo ich hingegangen sei, weil sie Angst um mich hatte. Dr. Gold sagte auch, dass alle um mich Angst hätten und dass er hofft, dass ich nun endlich begreifen würde, dass mich eine ganze Menge Menschen mögen würden. Ich habe Dr. Gold gesagt, falls mich tatsächlich so viele Menschen mögen würden, dann würden die es doch niemals zulassen, dass man mir einen großen Schlauch in den Hals steckt. Aber Dr. Gold meinte, es wäre nur ein Zeichen der Fürsorge, wenn man mir einen Schlauch in den Hals stecken würde. »Ach ja? Haben Sie schon mal eine Hallmark-Grußkarte mit einem Bild gesehen, auf dem sich die Leute gegenseitig einen Schlauch in den Hals stecken?«, wollte ich wissen. Aber Dr. Gold saß einfach nur da und nickte.

Schließlich meinte Dr. Gold, dass er mit Dr. Katz reden würde, ob man nicht noch ein paar Tage abwarten könne, ob ich nicht doch zunehme, bevor sie sich zu diesem Schlauch entschließen würden. Außerdem meinte er, dass ich das Telefon benutzen und meine Eltern sehen könne, weil ich vielleicht Lust auf Essen bekommen würde, wenn ich mich hier nicht mehr ganz so einsam fühlen würde. Außerdem dürfe ich jetzt die Mahlzeiten zu normalen Zeiten essen, und es würde auch niemand mehr neben mir sitzen. Trotzdem habe ich vermutet, dass die Sache einen Haken hat, und dann hat Dr. Gold tatsächlich erklärt, dass ich von jetzt an unter einer so genannten »Rund-um-die-Uhr-Bewachung« stehen würde. Ich wusste nicht, was das zu bedeuten hatte, aber Dr. Gold erklärte, dass es bedeutet, dass man mich sofort erwischen würde, wenn ich noch einmal aus meinem Zimmer abhauen würde. Er hat zwar nicht gesagt, was tatsächlich passieren würde, falls man mich erwischen würde, aber egal, was dann geschieht, ganz bestimmt ist es irgendwas, mit dem sie mir das Leben noch schwerer machen würden. Falls das überhaupt noch möglich ist.

Die Jeans von Shereen

In diesem Krankenhaus hat aber auch wirklich alles einen Haken. Endlich durfte ich mal länger schlafen, aber kaum dass ich wach war, kam Bonnie rein. Sie meinte, dass Dr. Gold möchte, dass ich wieder Speisepläne ausfüllen sollte, nur dass wir sie dieses Mal gemeinsam machen müssten. »Das macht bestimmt Spaß!«, erklärte sie mit ihrer fröhlichen Stimme. Und was für einen Spaß! Bonnie bestand darauf, dass ich Dickmacher wie Omeletts und Würstchen bestelle, aber ich habe ihr erklärt, dass keine normale Frau solche Mengen zum Frühstück essen würde. Auch die Frau aus dem »Special K«-Werbespot tut das nicht. Doch Bonnie blieb dabei, dass normale Frauen sehr wohl so was essen würden. Und deshalb habe ich zu ihr gesagt, wenn sie in meiner Anwesenheit genau das gleiche Frühstück essen würde, das sie mir morgens auf dem Tablett servieren, würde ich mir überlegen, ob ich es dann vielleicht auch esse. Daraufhin hat Bonnie gemeint, sie würde Dr. Gold erzählen, wie unkooperativ ich sei. Und ich habe ihr daraufhin zur Antwort gegeben, dass ich Dr. Gold sagen würde, dass sie eine echte Lügnerin sei.

Vor meiner Sitzung mit Dr. Gold um sechzehn Uhr habe ich dann mitbekommen, wie Bonnie sich bei Dr. Gold darüber beschwert hat, dass ich von ihr verlangt hätte, das große Frühstück mit mir zu essen. Doch Dr. Gold fand die Idee gut. Dann hat Bonnie gemeint, dass sie zum Frühstück nur eine Scheibe Toast essen würde. Und deshalb hat Dr. Gold von Bonnie wissen wollen, ob sie vielleicht stattdessen mit mir Mittag essen könne. Er nannte das »Vorbildfunktion«

und meinte, dass es sicher gut für mich wäre, wenn ich sehen würde, wie ein Erwachsener eine gesunde und kräftige Mahlzeit zu sich nimmt. Doch Bonnie hat dieser Vorschlag absolut nicht gefallen. »Ich serviere ihr auf dem Tablett einen Schokoladenstreuselkeks, der 400 Kalorien hat!«, schrie sie regelrecht. »So was kann ich nicht essen. Außerdem mache ich während meiner Mittagspause Gymnastik.« Schöne Ernährungsberaterin.

Als Dr. Gold in mein Zimmer kam, habe ich ihn gefragt, warum sie denn nicht Bonnie den Schlauch in den Hals stecken würden, weil sie doch genauso wenig esse wie ich. Aber Dr. Gold meinte, eines meiner Probleme sei, dass ich mir viel zu viele Gedanken darüber machen würde, was andere tun, anstatt mich auf meine eigenen Probleme zu konzentrieren. Und aus diesem Grund hätte er beschlossen, mich zu filmen. Das ist sein neuer Plan, um zu verhindern, dass ich den Schlauch bekomme. Dr. Gold möchte, dass ich mich einmal mit meinen eigenen Augen sehe, wie ich bin, und endlich aufhöre darüber nachzudenken, wie andere mich sehen könnten. Ich habe Dr. Gold erzählt, dass ich bereits Stunden damit verbracht hätte, mich anzusehen, und dass ich deshalb weiß, dass ich fett sei. Aber er meinte, ich würde mich in einem Film viel besser beurteilen können.

Dr. Gold erklärte mir, dass sie mich morgen filmen werden und dabei aufpassen würden, dass mein Gesicht ausgeblendet würde, damit man mich als »Fallstudie« benützen könne, die andere Ärzte studieren könnten. Und dann hat er noch gesagt, sie hätten mich nur deshalb dafür ausgesucht, weil ich ein »exzellenter Fall« sei. Ich vermute mal, das heißt, dass ich ein exzellenter Diätpatient bin. Deshalb habe ich überlegt, ob ich vielleicht diejenige bin, die an meiner Schule am besten eine Diät durchhält, und dass ich vielleicht sogar die beste Diätperson im ganzen Land bin, vielleicht sogar auf der ganzen Welt! Schließlich muss ich das ja wohl sein, wenn sie tatsächlich einen Film über mich machen wollen! Ich war ziemlich aufgeregt deswegen, aber dann kam mir der Gedanke, dass die Ärzte, die den Film sehen würden, vielleicht schon dünnere Magersüchtige als mich gesehen haben. Und zwar, weil mir die Fotos eingefallen sind, die mir Dr. Katz gezeigt hat, bevor ich ins Krankenhaus gekommen bin.

Das letzte Mal, als ich in der Praxis von Dr. Katz war, hat er mir lauter Fotos von spindeldürren Frauen gezeigt, und darunter hatten die Worte »magersüchtig, weiblich« gestanden. Der Grund, weshalb man darunter das Wort »weiblich« schreiben musste, war, dass diese Frauen eigentlich nicht wie Frauen ausgesehen haben. Sie sahen eher wie das große Skelett aus, das in der Ecke von unserem Biologiesaal hängt, und ich habe keine Ahnung, ob es sich dabei um das Skelett von einer Frau oder einem Mann handelt. Ich habe immer nur das Gefühl gehabt, dass irgendwas an ihm nicht stimmt, weil derjenige, der es gebaut hat, das Fuß- und das Kniegelenk mit jeweils zwei Knochen verbunden hatte. Und ich war mir ziemlich sicher, dass sich zwischen dem Fuß- und dem Kniegelenk nur ein Knochen befindet. Ich habe vermutet, dass die Schule ein kaputtes Skelett bei einem Ausverkauf oder so erworben hat, weil sie uns immer sagen, dass wir kein Material verschwenden sollten.

Aber in dem Buch von Dr. Katz habe ich auf den Bildern sehen können, dass der Mensch doch tatsächlich zwei Knochen besitzt, die nebeneinander liegen und sich zwischen dem Fußgelenk und dem Knie befinden. Ich vermute mal, dass Dr. Katz dachte, diese Bilder würden mir einen derartigen Schrecken einjagen, dass ich sofort wieder zu essen anfangen würde. Denn er hat ständig mein Gesicht beobachtet, um herauszufinden, ob mich diese Bilder umhauen. Aber als ich ihm dann gesagt habe, dass ich es wirklich hübsch finde, dass der Mensch tatsächlich zwei separate Knochen im Unterschenkel besitzt, obwohl es eigentlich nur wie einer wirkt, hat er einen großen Schwall Luft ausgestoßen und gemeint, dass mein Gehirn vermutlich nicht mehr normal funktionieren würde, weil ich so unterernährt sei. Tatsächlich aber war es so, dass mein Gehirn nicht mehr richtig funktionieren konnte, weil sein Atem so gestunken hat.

Jedenfalls habe ich deswegen gedacht, dass es ein großer Fehler von Dr. Gold war, mich als »exzellenten Fall« zu bezeichnen. Wenn nämlich eine echte Magersüchtige so aussieht, dann würde ich ja wohl ein ziemlich schlechtes Beispiel abgeben. Und deshalb habe ich beschlossen, dass ich bis zu den Filmaufnahmen morgen nichts mehr essen werde. Keinen einzigen Bissen.

Als Dr. Gold endlich weg war, bin ich auf das Sofa gestiegen, weil ich vorhatte, mich im Fenster zu betrachten. Und dabei habe ich dann Mom entdeckt, die mit einer knallroten Einkaufstüte von Saks in meiner Zimmertür stand. Deshalb bin ich wieder runtergestiegen, und sie ist in mein Zimmer gekommen, hat die Tür geschlossen und mir die Einkaufstüte gegeben. Ich habe also reingelangt und ein paar Blue Jeans rausgezogen. Ich wusste sofort, dass es die Jeans von meiner Freundin Shereen waren. Beziehungsweise meiner Exfreundin Shereen. Die Mutter von Shereen und meine Mom waren zur gleichen Zeit mit uns schwanger, und deshalb sind wir sozusagen Freundinnen fürs Leben. Zumindest bis dieses Jahr Folgendes passiert ist: Shereens Mutter ist Französin, und mit einem Mal bekam dann Shereen auch so einen großen französischen Busen wie ihre Mutter. Und damit gehörte Shereen plötzlich zu den beliebten Mädchen. Ich habe in letzter Zeit kaum mehr mit ihr gesprochen, aber Mom macht es enorm Spaß, ständig zu betonen, was für einen schönen Körper Shereen doch hat. Das ganze letzte Jahr über hat Mom mich ständig gefragt, warum ich denn nicht auch wie Shereen aussehen könne.

Gestern Abend hat mich Mom am Telefon wieder gefragt, warum ich denn nicht wie Shereen aussehen könne. Ich habe ihr erklärt, dass ich nicht wie Shereen aussehe, weil Shereen trotz ihres Riesenbusens weniger wiegt als ich. Aber in dem Moment, als ich das gesagt habe, wusste ich ganz genau, was Mom drauf antworten würde. Und dann hat sie tatsächlich gesagt: »Du wiegst doch so gut wie gar nichts mehr.« Und deshalb habe ich sie lautlos nachgeäfft, obwohl sie mich ja über das Telefon gar nicht sehen konnte. »Nein, das tust du nicht«, wiederholte Mom, als ob sie mich ganz genau gesehen hätte. Immer wieder führen wir ein und dieselbe Diskussion. Ehrenwort, wir könnten jahrelang so weitermachen, wobei ich sage: »Tu ich doch nicht« und Mom antwortet: »Oh bitte, hast du dich denn noch nie im Spiegel angesehen?« Wobei ich dann denke, das würde ich ja, wenn die Ärzte es mir erlauben würden. Und deshalb ist mir dann einfach so rausgerutscht: »Dann bring mir doch ein Paar von Shereens Jeans, und ich werde dir beweisen, dass Shereen viel dünner ist als ich.«

Und deshalb hat Mom mir heute die Jeans ins Krankenhaus gebracht. Sie saß auf dem Sofa, und als ich gerade meine ausgeleierte Trainingshose ausziehen wollte, platzte plötzlich Doug rein. Er meinte, dass ich einen Orangensaft trinken müsse, weil mir so schwindelig sei. Ich habe ihm erklärt, dass ich gerne etwas Wasser trinken würde, wenn er mir das bringen würde. Aber Doug meinte, der Grund, weshalb ich unbedingt den Orangensaft trinken müsse, sei, dass mein Blutzuckerwert angehoben werden müsse.

Eigentlich hatte ich vor, Doug zu erklären, dass mein Blutzuckerspiegel völlig in Ordnung sei, aber ehrlich gesagt war mir schon wieder schwindelig. Deshalb habe ich exakt einen einzigen Schluck Orangensaft getrunken. Doch Doug meinte, ich müsste noch fünfmal von dem Orangensaft trinken. Aber als ich dagegen protestiert habe, wurde er gar nicht wütend, denn er war viel zu sehr damit beschäftigt, mit Mom über irgendein Mädchen zu quatschen, mit dem sie ihn verkuppeln wollte. Sie ist zweiundzwanzig und hat vor, Schauspielerin zu werden. Mom hält sie für »absolut anbetungswürdig« und findet, dass sie eine »fabelhafte Figur« habe. Doug meinte, er hätte viel zu wenig Zeit, um auszugehen und Leute zu treffen. Deshalb hat Mom aus ihrer großen Tasche ihr Adressbuch rausgezogen und für ihn die Telefonnummer dieses Mädchens aufgeschrieben. Dann ist Doug gegangen und hat dabei glücklicherweise völlig vergessen, dass ich eigentlich meinen Orangensaft hätte austrinken müssen.

Und dann habe ich mich darangemacht, die Jeans anzuziehen. Ich wusste, dass ich Recht haben würde und dass Shereen dünner sei als ich. Ich habe vermutet, dass sie mindestens zehn Pfund weniger wiegen würde. Deshalb habe ich meinen Bauch eingezogen und die Jeans über meine Oberschenkel gezogen, obwohl ich mir sicher war, dass ich den Knopf nicht über meiner Taille zubekommen würde. Aber als ich den letzten Knopf zugemacht hatte, ist mir plötzlich aufgefallen, dass Mom mich anstarrte. Nur dass sie dieses Mal nicht so was wie »Warum kannst du denn nicht auch wie Shereen aussehen?« gesagt hat. Sie hat nur auf den Boden gestarrt.

Ich war froh, dass ich es geschafft hatte, die Jeans zuzuknöpfen, doch dann bin ich dem Blick meiner Mutter gefolgt, und dabei habe ich dann bemerkt, dass mir die Jeans in Falten um die Füße schlotterten. Was absolut keinen Sinn ergab. Schließlich bin ich doch echt fetter als Shereen. Ich hatte mich gefragt, ob Mom mir wirklich die Jeans von Shereen mitgebracht hatte oder ob sie mich nicht reinlegen wollte und diese Jeans eigentlich irgendeinem fetten Mädchen gehören. So wie diese Geburtstagskerzen, mit denen man reingelegt wird, die einfach nicht ausgehen, egal wie stark man auch versucht, sie auszublasen. Ich will nur die echten Jeans von Shereen und nicht die von irgendeinem anderen Mädchen, mit denen man mich austrickst.

Ich hatte zwar keine Ahnung, warum mir die Jeans runtergerutscht sind, trotzdem war ich mir ziemlich sicher, dass ich Recht hatte und Shereen dünner ist als ich. Deshalb habe ich Mom erklärt, dass mir die Jeans zu weit sind, weil Shereen ja fünf Zentimeter größer sei als ich. »Oh bitte«, gab Mom mir zur Antwort, und deshalb habe ich noch ein paar Gründe dafür aufgezählt, warum mir die Jeans nicht passten. Ich habe sogar behauptet, dass Shereens Mutter ein Waschpulver benutzt, durch das alle Kleidungsstücke ausleiern würden, doch da hat Mom zum ersten Mal nicht mit »Oh bitte« geantwortet. Sie hat einfach auf den Boden und die Jeans gestarrt. Dann ist sie aufgestanden und meinte, dass Dad nach seinem Tennisspiel bei mir vorbeikommen würde, um mich zu besuchen. Ich wollte unbedingt noch mal die Jeans anprobieren, aber Mom hat sie in die Einkaufstüte von Saks gepackt und sie wieder mit nach Hause genommen.

Als Mom gegangen war, sind mir die Jeans von Shereen nicht mehr aus dem Kopf gegangen. Irgendwann habe ich mich sogar gefragt, ob es tatsächlich möglich war, dass ich dünner als Shereen sei. Endlich wurde es draußen dunkel, und ich konnte aufs Sofa steigen und mich im Fensterglas betrachten, um das herauszufinden. Ich konnte mein Schlüsselbein sehen und auch meine Rippen, aber mein Bauch hat immer noch dick gewirkt. Dann habe ich meinen Po angesehen, der ebenfalls fett war, und meine Oberschenkel, die von der Seite betrachtet in Ordnung waren. Und weil ich unbedingt wissen wollte, ob auch meine Kniescheiben noch hervorstehen würden, habe ich dann von meinen Knien abwärts gesehen. Und dieses Mal habe ich doch tatsächlich diese beiden separaten Knochen in meinen Unterschenkeln sehen können. Ich konnte es nicht fassen.

Es hat mich ein bisschen gegruselt, als ich die beiden Knochen berührt habe, weil ich wieder an die krassen Fotos denken musste, die mir Dr. Katz gezeigt hatte. Und weil ich keine Lust mehr hatte, mir das noch länger anzusehen, bin ich wieder vom Sofa gestiegen. Aber nach 'ner Weile hat dann meine Neugierde gesiegt, und ich bin wieder hochgestiegen, um mir das nochmals anzusehen. Und da habe ich mich dann großartig gefühlt, weil ich vermutet habe, dass Dr. Gold zum ersten Mal in seinem Leben doch Recht hatte. Wer weiß, vielleicht bin ich ja tatsächlich ein »exzellenter Fall«.

Ein Leben ohne Andy Gibb

Weil es Mittwoch war, kam Dr. Katz heute nicht in seinem üblichen weißen Arztkittel, sondern in seinem grünen Golfdress. Als Erstes meinte er gleich, dass wir uns unbedingt unterhalten müssten, aber dann hat sich herausgestellt, dass Dr. Katz' Vorstellung von einer Unterhaltung so aussieht, dass ausschließlich er dabei redet. Er sagte, dass Dr. Gold meint, dass es besser sei, wenn ich wisse, wie viel mein Zielgewicht sei, weil ich dann ein besseres Gefühl von Kontrolle über mich haben würde. Eigentlich hat mich dieses Gewicht nicht besonders interessiert, weil ich sowieso nicht vorhabe, es zu erreichen, aber das war egal, weil Dr. Katz es mir trotzdem sagen wollte. »Dein Zielgewicht ist ...«, meinte Dr. Katz, der dann eine Weile gebraucht hat, um es auch auszusprechen. Er stellte sich so an, als müsste er nun den Gewinner von einem großen Filmpreis oder so was bekannt geben. »... 55 Pfund!« Danach hat er dermaßen viel Luft ausgestoßen, als hätte ihn dieses Geständnis total geschafft.

Mir wäre es viel lieber gewesen, wenn mir Dr. Katz mein Zielgewicht nicht verraten hätte. Schließlich werde ich auf gar keinen Fall irgendwann einmal 55 Pfund wiegen, selbst wenn ich den Rest meines Lebens hier verbringen müsste. Nach dieser Geschichte konnte ich es gar nicht erwarten, bis Dr. Gold endlich auftauchen würde, weil er mich doch eigentlich für diese Fallstudie filmen wollte. Ich war immer noch aufgeregt deswegen, und ich hatte auch seit gestern nur einen Schluck Orangensaft zu mir genommen und würde deshalb ganz bestimmt einen exzellenten Fall abgeben. Schließlich wollte ich ja nicht eine magersüchtige Schwindlerin oder so was sein. Aber Dr. Gold hat weder eine Filmkamera mitgebracht noch starke Beleuchtungslampen, wie ich es eigentlich erwartet hatte. Er hatte nur seinen blöden Notizblock in der Hand. Er erklärte mir, dass er beschlossen hätte, nun doch nicht mehr die Fallstudie mit mir zu machen, weil er das Gefühl hat, ich würde das viel zu aufregend finden und womöglich das Gefühl bekommen, dass es eine gute Sache sei, so abzumagern. Noch so ein Verräter.

Meiner Meinung nach ergab es absolut keinen Sinn, jemanden dafür zu bezahlen, dass man sich noch unglücklicher als sonst fühlt, und deshalb habe ich Dr. Gold erklärt, dass er gefeuert sei, weil er ein miserabler Psychiater sei. Aber obwohl Dr. Gold jetzt hätte gehen müssen, hat er das mitnichten getan. Er blieb einfach auf meinem Sofa sitzen und nickte. Schließlich habe ich versucht ihm zu erklären, dass »gefeuert« heißt, dass man abhauen und bloß nicht wiederkommen solle, aber trotzdem rührte sich Dr. Gold nicht von der Stelle.

»Ich weiß, was ›gefeuert‹ bedeutet«, flüsterte Dr. Gold, »aber ich frage mich, was es dir bedeutet.« Immer wenn Dr. Gold über irgendwas nicht reden will, fängt er an, dir Fragen zu stellen. Die Frage war einfach so blöd, dass ich mir nicht die Mühe machte, sie zu beantworten. Darauf hat er dann angefangen mich mit seinem Lieblingsthema zu langweilen – Kontrolle –, und deshalb habe ich den Fernseher angemacht. Daraufhin wurde Dr. Gold ziemlich aufgeregt. Er meinte, dass das Einschalten des Fernsehers ein weiterer »Akt der Kontrolle« sei und dass es großartig sei, dass ich mein Kontrollgefühl auch noch mit etwas anderem ausleben würde als mit dem Essen. Aber anstatt mein Zimmer zu verlassen, blieb er einfach sitzen und nickte, als wäre sein Hals der einzige Körperteil, den er bewegen könnte.

Weil Dr. Gold nicht verschwinden wollte, kam mir die Idee, selbst abzuhauen. Deshalb bin ich einfach aufgestanden und zu diesem Innenhof runtergegangen, wo die ganzen Ärzte, die einem das Rauchen verbieten, ihre Raucherpause einlegen. Es hat mich nicht mal eine Krankenschwester aufgehalten. Das zum Thema »Rund-um-die-Uhr-Bewachung«. Deshalb bin ich unten im Innenhof geblieben und habe mich auf eine Bank neben einem Baum in einem hölzernen Übertopf gesetzt. Man hat in dem Innenhof alle Bäume in kleine Übertöpfe gepflanzt, und man konnte sehen, dass die Bäume diese Übertöpfe sprengen würden, wenn sie weiter wachsen würden. Wahrscheinlich musste das Krankenhaus die Bäume klein halten, damit sie in diesem Innenhof hübsch aussehen, aber mir haben sie Leid getan, weil man sie in diesem Krankenhaus nicht mal gegossen hat. Die Erde war vollkommen ausgetrocknet.

Ich bin davon ausgegangen, dass Dr. Gold inzwischen verschwunden war, aber statt in mein Zimmer zurückzukehren habe ich dann überlegt, wieder runterzugehen und nochmals nach einem Taxi Ausschau zu halten. Nicht, um nach Hause zu fahren, aber vielleicht zu einer Bushaltestelle, um irgendwohin abzuhauen, wo ich nicht 55 Pfund wiegen müsste. Trotzdem habe ich dann beschlossen, es zu lassen. Erstens, weil ich nicht mein goldenes Halskettchen getragen habe, und zweitens, weil mir beim Aufstehen wieder eingefallen ist, wie schwindelig es mir das letzte Mal geworden ist, als ich loszog, um ein Taxi zu finden. Und jetzt war mir schon wieder schwindelig. Ich wollte deshalb nur noch nach oben und mich schlafen legen. Ich wollte so lange schlafen, bis ich nicht mehr aufwachen würde. Also bin ich wieder zurückgegangen, und keine der Schwestern hat bemerkt, dass ich überhaupt weg war. Nicht mal Dr. Gold ist noch da. Ganz offensichtlich scheine ich ihnen völlig egal zu sein.

Ich wollte, ich könnte so sein wie Emma in *Madame Bovary* an der Stelle des Buches, wo sie das Gift trinkt und in den Himmel kommt. Mal abgesehen davon, dass man in diesem

Buch nicht erfährt, warum Emma sich dazu entschieden hat, das mit dem Gift zu machen. Ich frage mich, ob sie eine Liste erstellt hat, aber das bezweifle ich. Wahrscheinlich war sie viel zu sehr damit beschäftigt, heimlich herumzuschleichen und Affären zu haben, um sich hinzusetzen und eine Liste zu schreiben. Ich vermute mal, dass sie eines Tages einfach verschwunden ist, und das war's dann.

Manchmal habe auch ich das Gefühl, dass ich vielleicht schon längst verschwunden bin, aber sicher bin ich mir da nicht. Ich denke mal, die einzige Möglichkeit, um herauszufinden, ob man noch da ist, ist, wenn man etwas aufschreibt, weil man dieses Blatt Papier ja später lesen kann. Denn dieses Blatt Papier existiert dann wirklich.

Die Gründe, weshalb ich mich nicht umbringen sollte:
(1) Ich werde Chrissy sehr vermissen.
(2) Ich werde nie Andy Gibb kennen lernen.
(3) Unter der Erde gibt es eine Menge großer Käfer.
(4) Wegen der verlogenen Beerdigung werde ich kotzen müssen, aber da wäre ich ja sowieso tot, und dann würde ich das wahrscheinlich gar nicht mehr mitkriegen.

Die Gründe, weshalb ich mich umbringen sollte:
(1) Ich kriege den Schlauch nicht.
(2) Ich muss nicht damenhaft sein.
(3) Ich muss mich nicht mit Dr. Gold über Kontrolle unterhalten.
(4) Ich sehe nicht mehr, dass Dads Ader hervortritt.
(5) Ich muss nicht mehr mit Mom Shopping gehen.
(6) Wenn man tot ist, zwingt einen keiner mehr zum Essen.
(7) Ich muss nicht mein Leben lang Sekretärin sein, falls ich als Erwachsene fett sein werde.
(8) Es ist der einzige Weg, aus dem Krankenhaus zu kommen ohne 55 Pfund zu wiegen.

Das Fett wegschneiden

Ich vermute mal, dass es viel einfacher ist, sich zu entscheiden, dass man sich umbringt, als es dann tatsächlich zu tun. Dabei kann alles Mögliche schief gehen, selbst wenn man glaubt zu wissen, wie man es anstellen muss. Ich weiß zwar, dass sich Leute umgebracht haben, indem sie sich selbst aufgehängt oder sich ins Auto gesetzt und an den Abgasen gestorben sind, aber so was kann ich ja nicht machen, weil ich viel zu klein bin, um irgendwas an der Decke zu befestigen. Und Auto fahren kann ich auch noch nicht. Dann habe ich überlegt, wie Madame Bovary auch Gift zu trinken, aber da habe ich Angst bekommen, dass ich von den ganzen Kalorien fett werden könnte, wenn es nicht klappt.

Die einzige andere Methode, die ich kannte, um sich umzubringen, war, eine Rasierklinge zu benutzen und es so lange bluten zu lassen, bis man stirbt. Diese Möglichkeit schien mir in Ordnung, weil ich ziemlich tapfer bin, wenn Dr. Katz mir Blut abnimmt. Allerdings habe ich keine Rasierklinge. Doch dann habe ich die Farben und die Schere gesehen, die mir die Kunst- und Handarbeitstherapeutin gegeben hat, und ich habe beschlossen, statt einer Rasierklinge die Schere zu benutzen. Mein Plan war so zu tun, als würde ich irgendein Kunstprojekt an meinem Körper ausführen, dann würde es nicht so weh tun, wenn ich zu schneiden anfangen würde. Vor dem Schneiden selbst hatte ich irgendwie schon Angst, aber nicht vor dem eigentlichen Tod. Ich konnte es gar nicht mehr erwarten, tot zu sein.

Ich habe also die Schere genommen und die Augen geschlossen, aber da wusste ich gar nicht, wo ich mich eigentlich schneiden sollte. Ich bin davon ausgegangen, dass das meiste Blut wahrscheinlich in meinem Herzen ist, aber da waren mir wieder meine ganzen Rippen im Weg. Ehrenwort, ich habe bestimmt an die tausend Rippen. Aber dann habe ich meinen Magen gespürt und wusste genau, wo ich reinschneiden musste. Ich wollte mir einfach das ganze Fett vom Körper schneiden, damit Leute wie Leslie bei meiner Beerdigung nicht sagen könnten, dass ich fett sei. So wie ich meine Mom kenne, wird sie mir wahrscheinlich einen Mohairpulli anziehen und den Sarg offen lassen. Deshalb habe ich die Spitze der Schere direkt unter meinem Bauchnabel angesetzt, wo ich, wenn ich ganz stark reingekniffen habe, immer noch ein paar Zentimeter zusammenbekommen habe. Na ja, fast einen Zentimeter.

Die Schere hat sich ziemlich kalt angefühlt, deshalb habe ich sie eine Minute lang gegen meinen Magen gepresst, um sie aufzuwärmen. Aber sie ist trotzdem kalt geblieben, weil sich mein Körper in letzter Zeit überhaupt nicht mehr erwärmt. Ich wollte den Schnitt ganz schnell machen, so wie wenn man ein Pflaster abreißt. Deshalb habe ich wieder die Augen zugemacht, aber plötzlich konnte ich hören, dass mein Herz wie verrückt geklopft hat. Es hat richtig fest geschlagen, und ich habe gedacht, das ist bestimmt gut, weil es bedeutet, dass eine Menge Blut durch meine Adern fließt. Und in diesem Moment habe ich mich dann in meinen Bauch geschnitten. Allerdings bin ich nicht sehr weit gekommen, weil Elizabeth mit meinem Abendessen reinkam. Sie hat es auf den Boden fallen lassen.

Ich weiß nicht genau, was dann passiert ist, weil mir wieder schwindelig geworden ist. Ich kann mich nicht mal daran erinnern, ob es weh getan hat, als ich in das Fett reingeschnitten habe. Ich kann mich nur noch daran erinnern, dass ich auf dem Bett gelegen bin und dass die Tür zu war und ich Elizabeth gesehen habe, die im Dunkeln auf dem Sofa saß. Zuerst habe ich gedacht, dass ich vielleicht im Himmel bin, und deshalb habe ich sofort meinen Bauch berührt, um festzustellen, ob ich im Himmel dünn geworden bin, aber ich habe nur eine ganze Menge von Heftpflastern darauf gespürt. Da wusste ich, dass ich immer noch fett und immer noch im Krankenhaus bin und dass Elizabeth die Pflaster auf meinen Bauch geklebt hatte, damit ich nicht verbluten würde.

»Jetzt werden sie mir den Schlauch geben, nicht wahr?«, habe ich Elizabeth gefragt. Elizabeth hat gesagt, dass ich keine Ahnung hätte und dass ich jetzt einfach erst einmal schlafen sollte. Sie hat außerdem gesagt, dass sie es bis jetzt noch keinem erzählt hätte, was sie gesehen hat, und dass ich mich deshalb noch ein bisschen ausruhen könne, bis irgendjemand reinkommen und mir eine Menge Fragen stellen würde. Sie war davon überzeugt, dass alle eine unheimlich große Sache daraus machen würden, weil ich mir das angetan habe. Und weil es wirklich eine große Sache ist, würden sie ganz bestimmt alle in meiner Anwesenheit darüber streiten, was sie als Nächstes mit mir machen sollten. Und dann würde ich ganz bestimmt noch mal auf die Idee kommen, die ganze Sache zu wiederholen. Und dann hat Elizabeth auch noch gemeint, dass keiner mehr wüsste, was sie noch alles mit mir anstellen sollten.

»Es ist mir wirklich völlig egal, was die Leute mit mir anstellen«, habe ich zu ihr gesagt. »Mir ist wirklich alles egal.« Und das stimmte wirklich.

»Mir aber nicht«, meinte Elizabeth, »du bist mir gar nicht egal.«

Ich habe die Augen geöffnet, um festzustellen, ob ich vielleicht schon träume. Habe ich aber nicht, weil ich Elizabeth gesehen habe, die auf dem Sofa am Fenster in ihrer weißen Schwesternuniform saß. Sie hat wie ein Engel ausgesehen, und eine Sekunde lang hat sie wie der große weiße Eisbär, den wir im Zoo gesehen haben, ausgesehen. Aber meistens wie ein Engel mit dem Namensschild einer Krankenschwester. An mehr kann ich mich nicht erinnern, weil ich dann eingeschlafen bin.

Sekretärinnenschule

Warum hast du das getan?«, hat mich Elizabeth gefragt, als ich aufgewacht bin. Mir war nicht klar, ob sie nun wissen wollte, warum ich mir das Fett am Bauch wegschneiden wollte oder warum ich sterben wollte. Deshalb habe ich ihr gesagt, dass ich sterben wollte, weil ich nicht fett werden will und Dr. Katz aber gesagt hat, dass ich fünfundfünfzig Pfund wiegen müsse. Aber mit der Diät kann ich auch nicht aufhören, weil ich sonst eine Sekretärinnenschule besuchen muss.

»Sekretärinnenschule?«, hat Elizabeth mich gefragt. Dann habe ich versucht, ihr zu erklären, dass alle ständig behaupten, dass fette Mädchen so lange eine Sekretärinnenschule besuchen müssten, bis sie dünn genug seien, um einen Ehemann zu finden. Und obwohl ich zwar sehr gerne Schreibmaschine schreiben würde, wüsste ich, dass es mich wahnsinnig langweilen würde, wenn ich den ganzen lieben langen Tag immer nur die Briefe anderer Leute tippen müsste. Da bin ich lieber gleich tot. Und ich bin auch lieber gleich tot, wenn ich mir ständig Sorgen darüber machen muss, ja nicht dick zu werden. Denn wenn man nicht ständig Angst hat, man könnte wieder dick werden, dann halten einen die Leute für komplett verrückt. Elizabeth hat daraufhin geantwortet, dass sie auch nicht dünn sei, aber trotzdem Krankenschwester. Und sogar einen Ehemann und eine fünfjährige Tochter hat. Irgendwie hat mich ihre Tochter interessiert.

»Was möchtest du denn über sie wissen?«, hat mich Elizabeth gefragt. Ich habe ihr gesagt, dass ich vor allem gerne wissen möchte, wie es denn nun tatsächlich sei, ein Baby zu bekommen. Ich würde mich nämlich fragen, ob es denn immer so schrecklich sei, ein Baby zu bekommen. Denn wenn es so wäre, wäre es ja gar nicht so schlimm, fett zu sein und ein Leben lang alleine zu bleiben. Aber Elizabeth hat gemeint, daß es überhaupt nicht schrecklich sei, ein Baby zu bekommen. Sie meinte sogar, dass ihr Ehemann ihr Leid tun würde, weil er nicht schwanger werden und kein Kind gebären könnte. »Und man verliert auch hinterher wieder ganz schnell an Gewicht, wenn es das ist, wovor du Angst hast«, meinte sie. Aber ich habe ihr gesagt, dass mich ausnahmsweise zum ersten Mal nicht die Sache mit dem Gewicht interessieren würde, sondern nur die Geburt des Kindes selbst.

Im Gegensatz zu Mom hat Elizabeth die Geburt wirklich gefallen. »Es war wunderbar«, erklärte sie, »nein, mehr als wunderbar. Es war tatsächlich wunderschön, nein, noch mehr als wunderschön. Es war ...« Ihre Englischkenntnisse waren nicht sehr viel besser als ihre Rechenkünste, und deshalb habe ich gedacht, ich sollte ihr helfen. »Übersinnlich?«, habe ich gemeint. »Ja! Übersinnlich!«, rief Elizabeth aus. Dann hat sie mir versprochen, ein paar Fotos mitzubringen, die während der Geburt entstanden sind. Ich habe ihr erzählt, dass ich bereits in der Schule einen Film über eine Geburt gesehen und dass mir auch meine Mom etwas darüber erzählt hätte. Daraufhin meinte dann Elizabeth, dass meine Mutter wirklich stolz sein könnte, so eine Tochter wie mich zu haben. Und ganz bestimmt hätte sie es für einen absolut übersinnlichen Tag gehalten, wenn ihr die Ärzte ein solches Baby wie mich im Krankenhaus in die Arme gelegt hätten, meinte Elizabeth.

Ich wusste, dass Elizabeths Schicht schon zu Ende war, aber ehrlich gesagt, hat mir das, was passiert war, echt Angst eingeflößt. Ehrlich gesagt, hat mir absolut alles, was passiert war, Angst eingeflößt – dass ich mich selbst geschnitten hatte, dass ich eine Diät angefangen hatte und dass ich im Krankenhaus gelandet war. Es hat mir wirklich gefallen, Elizabeth um mich zu haben. Ich hätte ihr so gerne etwas Nettes gesagt, aber leider ist mir einfach nichts Besseres eingefallen, als ihre Tochter müsse sie aber auch für übersinnlich halten. Da sind Elizabeth die Tränen in die Augen gestiegen, und mir war es peinlich, dass ich so was Dämliches gesagt hatte. Und deshalb habe ich den Fernseher angemacht. Wir haben uns über diese ganzen Frauen in den Werbespots lustig gemacht, die mit heller Begeisterung den Boden wischten oder den Küchentisch sauber machten, und Elizabeth hat mir versichert, dass ich niemals so enden würde. Sie meinte, nur wenn mir das passieren würde, hätte ich wirklich einen Grund, mich umzubringen, aber sie wäre sich absolut sicher, dass mein Leben viel aufregender werden würde. Sie hat gemeint, dass ich eine Menge Talente besitzen würde, die ich nicht mit so einer blöden Diät vergeuden sollte.

Schließlich hat Elizabeth dann gemeint, dass sie es leider melden müsste, dass ich mich geschnitten hätte. »Aber ich werde nicht verraten, dass du dich eigentlich umbringen wolltest, wenn du mir versprichst, es nie wieder zu versuchen. Wirst du mir das versprechen?«, hat sie mich gefragt. Sie hat mir direkt in die Augen gesehen, und ich konnte es nicht fassen, dass sie meinen Versprechungen auch glauben würde. Alle anderen halten mich doch für eine Lügnerin, und ich muss zugeben, dass ich seit dem Beginn meiner Diät tatsächlich eine Menge gelogen habe. Und deshalb habe ich nicht geantwortet. Einerseits, weil ich vielleicht gedacht habe, dass ich lügen könnte, und andererseits, weil Elizabeth weitergeredet hat. »Du wirst in keine Sekretärinnenschule gehen müssen, ganz bestimmt, das kann ich dir versprechen.« Ich weiß nicht warum, aber ich habe Elizabeth dieses

Versprechen echt abgenommen. Und deshalb habe ich dann schließlich auch gesagt, dass ich ihr das versprechen würde. Und dann hat Elizabeth gemeint, ich solle niemals vergessen, dass ich viel interessanter als diese ganzen Menschen sei, die sich ihr ganzes Leben lang nur über ihr Gewicht Gedanken machten. Und dass sie mich wieder besuchen wird und sich gleich morgen früh weiter mit mir unterhalten würde. Als sie ging, hat sie meine Kunst- und Handarbeitsmaterialien mit sich genommen.

Nachdem Elizabeth gegangen war, habe ich weiter über den Tag meiner Geburt nachgedacht, und da ist mir auf einmal eingefallen, dass heute mein Halbjahresgeburtstag ist. Es ist der erste Sommertag, und ich bin genau elfeinhalb Jahre alt. Normalerweise wünsche ich mir an meinem Halbjahresgeburtstag etwas. Also habe ich gedacht, ich wünsche mir, das dünnste Mädchen der Schule zu werden – ja vielleicht sogar die dünnste Elfjährige auf dem ganzen Planeten. Dann muss ich mir nie mehr den Kopf über Diäten zerbrechen. Ich wollte gerade meinen Wunsch aussprechen, als mir plötzlich aufgefallen ist, dass dann gar nichts mehr bleibt, was ich mir zu meinem wirklichen Geburtstag wünschen könnte, wenn ich bis dahin schon so dünn geworden bin. Und welchen Wunsch hat denn ein Mädchen sonst noch, außer dünn zu sein?

Ich wusste einfach nicht, was ich mir wünschen sollte, denn selbst dann, wenn man richtig dünn ist, muss man immer noch Angst haben, dass man wieder fett wird. Außerdem ist einem die ganze Zeit über schwindelig und man ist müde, aber selbst dann kann man nichts essen, weil man sich dann dafür hasst, überhaupt wieder etwas gegessen zu haben. Egal wie man's macht, man fühlt sich immer fett. Und da habe ich mir irgendwie gewünscht, ich könnte einfach so wie früher essen oder so wie David und Dad. Ich habe mir gewünscht, dass ich nicht die ganze Zeit hungern müsste oder mir den Kopf über Leute zerbrechen muss, die vielleicht meinen, dass ich zu dick bin. Ich habe mir gewünscht, dass es den Leuten nicht so wichtig ist, ob man dünn ist, nicht mal mir. Das war es also, was ich mir dann schließlich gewünscht habe.

Der Polarstern

Dr. Katz grinste übers ganze Gesicht, als er mich heute Morgen besucht hat. Er hat gesagt, alle vom Behandlungsteam wären vollkommen begeistert, weil ich heute etwas zum Frühstück und Mittag gegessen hätte. Denn solange ich etwas esse, müssten sie mir nicht den Schlauch einführen. »Weißt du, Liebes«, meinte er, »auch wenn du dich unheimlich über Dr. Gold beschwert hast, so hat er dir doch ganz bestimmt dabei geholfen, dass du erkennst, wie dünn du tatsächlich bist.« Quatsch. Ich habe Dr. Katz nicht gesagt, dass ich mich immer noch fett finden würde, nur dass ich jetzt nicht mehr auf die Leute höre, die behaupten, dass man als Frau ein Leben lang Diät halten müsse. Das hat gar nichts mit Dr. Gold zu tun. Aber bevor Dr. Katz ging, hat er mir erzählt, dass Dr. Gold trotzdem bei mir vorbeikommen würde, um mit mir über diese »Schnipseleien« zu reden. Klingt ganz so, als hätte ich vor, einen Messerladen oder so was zu eröffnen.

Als Dr. Gold auftauchte, habe ich ihm gesagt, dass ich nicht mehr auf Diät sei und damit seine Arbeit beendet wäre. Aber Dr. Gold wollte mir nicht glauben. Er meinte, dass er das Gefühl habe, ich würde nur deshalb was essen, weil ich Angst vor dem Schlauch hätte, und dass er möchte, dass ich erst einmal meine »eigentlichen Probleme löse«, bevor ich das Krankenhaus verlassen könnte. Trotzdem würde ich in der Zwischenzeit eine ganze Reihe neuer Privilegien bekommen. Ich habe ihn gefragt, ob meine erste Sondervergünstigung nicht sein könnte, ihn ein für alle Mal loszuwerden. Doch daraufhin hat Dr. Gold nur gesagt, dass ich vor meiner Entlassung auch lernen müsste, etwas netter mit den Leuten zu reden. Und da habe ich zu ihm gesagt, dass er doch erst einmal lernen soll, wie man mit den Leuten redet, anstatt immer nur zu nicken.

Während Dr. Gold auf dem Sofa saß und nickte, habe ich auf meinem Bett mit mir selbst Schach gespielt. Von Zeit zu Zeit hat er mich gefragt, was ich fühlen würde, und immer dann, wenn ich keine Antwort gab, hat er etwas über meine Kontrolle, durch die ich meine Konzentrationsfähigkeit verlieren würde, vor sich hin geflüstert. Schließlich bin ich dahinter gekommen, dass man am besten nicht sofort antwortet, wenn Dr. Gold wissen will, wie man sich fühlt. Denn dann redet er einfach weiter und beantwortet selbst seine Fragen. Und deshalb habe ich gar nichts gesagt. Und daraufhin hat Dr. Gold mir erklärt, dass ich feindselig gesinnt sei und dass ich auch aus diesem Grund gestern an mir herumgeschnitten hätte.

Ich habe gehofft, dass Dr. Gold danach schweigen würde und ich endlich Schach spielen könnte, aber stattdessen hat er mich nochmals auf die Kontrolle angesprochen. Damit Dr. Gold endlich Ruhe gab, habe ich schließlich gesagt, dass ich mich deshalb geschnitten hätte, weil ich dadurch ein Gefühl von mehr Kontrolle über mich gehabt hätte. Ich dachte, nun würde er endlich die Klappe halten, aber er hat mir daraufhin erklärt, dass meine Antwort falsch sei. Er hat erklärt, dass meine Kontrolle nur etwas mit dem Essen zu tun habe, während meine Feindseligkeit etwas mit dem Herumschneiden zu tun habe. Ich schwöre dir, mit Dr. Gold zu reden, ist in etwa genauso, als ob man in der Schule einen dieser Tests mit den Sprechblasen ausfüllt, wo es zu jeder Frage nur eine richtige Antwort gibt. Es ist sehr viel leichter, einfach nur abzuwarten, bis er einem erklärt, wie man fühlt, anstatt zu versuchen, die richtige Antwort zu erraten, und dann jedes Mal voll danebenzutippen.

Als Dr. Gold gegangen war, klopfte Bonnie an meine Tür und kam herein. Sie klopft zwar immer an, marschiert aber dann grundsätzlich gleich rein. Bonnie strahlte noch mehr übers Gesicht als Dr. Katz heute, und sie hat gleich gemeint, wie glücklich sie doch sei, dass ich endlich wieder etwas esse, obwohl es natürlich immer noch viel zu wenig sei, um wieder ganz gesund zu werden. Eines solltest du über Bonnie wissen. Immer wenn sie was Positives gesagt hat, schickt sie sofort was Negatives hinterher. So sagt sie zum Beispiel: »Vitamin A ist gut für die Augen, aber gleichzeitig verfärbt es die Haut orange.« Heute hat Bonnie gesagt, dass es großartig sei, dass ich endlich wieder esse, aber dass ich noch einen langen Weg vor mir hätte. Dann hat sie gemeint, dass ich mir alles aus den Speiseplänen aussuchen könne, was ich wollte, obwohl es vielleicht schwierig sein würde, etwas zu finden, was richtig gut schmeckt, weil es halt immer noch Krankenhauskost sei. Bevor sie wieder ging, meinte sie: »Nur weiter so!«, aber ich solle nicht vergessen, dass mein Bauch anfangs vielleicht fett wirken würde, weil er sich erst wieder ausdehnen müsse. Dann hat sie mir meine Speisepläne gegeben und auf alle ein fröhliches Gesicht gemalt. Als ich noch nichts gegessen habe, hat mir keiner fröhliche Gesichter auf meine Speisepläne gemalt. Gestern war ich noch »unkooperativ« und heute bin ich plötzlich bei allen beliebt, als sei ich ein vollkommen anderer Mensch, nur weil ich ein halbes Truthahn-Sandwich gegessen habe.

Ich nehme mal an, dass ich nach dem Ausfüllen der Speisezettel eingeschlafen bin, weil mich Elizabeth mit dem Abendessen geweckt hat. Und dann hat sie gemeint, eines meiner neuen Sonderrechte sei auch, dass sie während des Essens nicht mehr neben mir sitzen müsse. Trotzdem wollte ich unbedingt, dass sie bleibt, und deshalb habe ich sie gefragt, wie es denn so sei, eine Krankenschwester zu sein. Ich habe darüber nachgedacht, was ich wirklich gerne werden möchte, wenn ich nicht Sekretärin werden muss. Elizabeth hat mir erzählt, dass eine Krankenschwester die Patienten beaufsichtigt und immer das ausführt, was die Ärzte anordnen. Außerdem müsste man auch die Bettpfannen der Patienten wechseln. Was für eine grauenhafte Arbeit! Natürlich habe ich sofort beschlossen, keine Krankenschwester zu werden, aber Elizabeth meinte, dass sie es nur deshalb tut, weil sie den Menschen gerne helfen möchte.

»Ich brauche keine Hilfe«, habe ich Elizabeth erklärt, aber daraufhin hat sie das Thema gewechselt und mich gefragt, was ich denn anstelle einer Krankenschwester gerne werden würde. Eigentlich habe ich bis jetzt darüber noch nie wirklich nachgedacht. Schließlich machen die Mütter meiner Freunde nichts anderes den ganzen Tag als Diäten und Shopping. Ich weiß nur, was ich ganz bestimmt nicht werden will. Deshalb hat Elizabeth mich gefragt, was ich gerne mache, und ich habe angefangen ihr zu erklären, dass ich einmal ein Buch über Astrophysik gelesen hätte, das ziemlich interessant geklungen hat. Und wenn es das nicht ist, dann würde ich vielleicht gerne Tänzerin werden, weil mir dieser Tanz, den wir zu *Welcome Back, Kotter* für die Talentshow einstudiert haben, wirklich Spaß gemacht hat.

Und dann hat Elizabeth etwas unglaublich Lustiges gemacht. Plötzlich ist sie mit mir einfach durchs Zimmer getanzt. Das hatte natürlich gar nichts mit der Art von Tanz zu tun, die ich damit gemeint hatte. Aber als wir dann beim Fenster gelandet sind, habe ich ihr die Sternbilder gezeigt, über die ich etwas in diesem Astrophysikbuch gelesen habe. Ich habe ihr die Waage gezeigt, aber leider konnte sie nicht die ganzen Namen dieser Sterne behalten. Und deshalb habe ich schließlich auf den Polarstern gedeutet. In dem Film, den wir im Geschichtsunterricht gesehen haben, haben sie behauptet, dass der Polarstern Christoph Columbus dabei geholfen hätte, Amerika zu entdecken. Ich habe zu Elizabeth gesagt, weil der Polarstern so hell leuchtet, könnte man immer darauf vertrauen, dass er einem den Weg weist, selbst dann, wenn man sich verirrt hat.

»Weißt du«, meinte Elizabeth, »du liebst die Sterne und ich liebe es, den Menschen zu helfen.« Eigentlich wollte ich ihr nochmals erklären, dass ich keine Hilfe bräuchte, aber ehrlich gesagt denke ich manchmal, dass das nicht stimmt.

Bitte nicht künstlich am Leben erhalten!

Du solltest den Volantrock zur Abschlussfeier tragen, damit du nicht so krank aussiehst«, hat Mom gestern Abend am Telefon gemeint. Zu meinen weiteren Sondervergünstigungen gehörte, dass ich zu Davids Abschlussfeier seiner achten Klasse mitkommen darf. Mom wollte unbedingt, dass ich den Volantrock trage, aber ich habe ihr gesagt, sie solle einfach mitbringen, was sie will, weil ich sowieso immer nur fett darin aussehen würde. Und deshalb sei es mir völlig egal, was ich anziehe. »Wieso glaubst du denn immer noch, dass du fett bist?«, wollte Mom wissen. »Dr. Katz hat uns mitgeteilt, du würdest wieder essen.« Daraufhin habe ich ihr dann erklärt, obwohl ich mich immer noch für fett halten würde, wäre es die Sache einfach nicht wert, weil man sich dabei ständig hungrig und schwindelig fühlen würde. »Außerdem«, meinte ich, »muss ich wahrscheinlich noch sehr viel hungern, wenn ich eine Frau bin, da ist es doch viel besser, wenn ich noch was esse, solange ich es kann.«

Daraufhin habe ich dann dieses Knacksen gehört, das das Telefon immer dann macht, wenn Mom ganz tief durchatmet und dabei die Hand aufs Telefon legt. Schließlich meinte Mom: »Sie isst zwar wieder, aber sie ist immer noch verrückt. Versuch du mit ihr zu reden.« Mom glaubt wohl, ich sei taub.

»Hallo, Süße!«, meinte Dad, als er ans Telefon kam. So was zu sagen ist doch ziemlich seltsam, wenn man gerade von einer anderen Person übers Telefon als verrückt bezeichnet worden ist. Deshalb habe ich Dad gesagt, er solle Mom ausrichten, sie könne sich die Mühe sparen, mir den Volantrock ins Krankenhaus zu bringen, weil ich ja anscheinend viel zu verrückt bin, um auf die Abschlussfeier zu gehen. Bevor er jedoch antworten konnte, habe ich aufgelegt, was ich bis dahin noch nie getan habe, aber ich habe gesehen, dass die Frauen in Moms Soapoperas das ständig tun. Normalerweise ist dann diese Frau total in Tränen aufgelöst und schreit: »Das wirst du bereuen!« und knallt dann den Hörer so laut auf die Gabel, dass einem die Ohren klingeln. Es war zwar nicht ganz so dramatisch, als ich aufgelegt habe, aber ich war trotzdem froh, dass ich es getan hatte.

Aber Mom ist dann trotzdem ins Krankenhaus gekommen. Nach dem Mittagessen habe ich sie draußen im Flur gehört, wo sie Maureen, meine Kunst- und Handarbeitstherapeutin, mit diesen geheuchelten Küssen begrüßt hat. Ich wette, Mom weiß nicht, dass es Maureens Schere war, mit der ich mich geschnitten habe. Wenn du meine Meinung wissen willst, Mom mag Maureen, weil ihr Ehemann ein großer Hollywood-Produzent ist, der Warren Beatty kennt. Wenn sie nicht gerade über Warren Beatty reden und wie männlich er in einem Footballdress mit breiten Schultern aussieht, dann redet Maureen mit Mom am liebsten über ihren großen Diamantring. Mom hat auch so einen, und deshalb hält jede immer der anderen ihre Hand vors Gesicht, damit sie die Fassungen ihrer Ringe vergleichen können.

Als Mom und Maureen dann endlich mit ihrem Geküsse fertig waren, kam sie in mein Zimmer und meinte: »Ich hatte heute Morgen eine sehr nette Unterhaltung mit Dr. Gold.« Als ob man sich mit Dr. Gold tatsächlich auch nett unterhalten könnte. Dann hat sie gemeint, dass es ihr Leid täte, dass ich dieses feindselige Gefühl hätte, und dass sie verstehen würde, dass ich meine Kontrollprobleme ausleben müsse. Und deshalb würde sie mir es absolut verzeihen, dass ich gestern Abend nach unserem Gespräch den Hörer aufgeknallt hätte. Es war genauso, als würde ihr Dr. Gold über ein verstecktes Mikrofon die Sätze zuflüstern, genau wie in dieser Folge von *I Love Lucy*, wo Lucy so tun muss, als würde sie Spanisch verstehen, und irgendein Spanier ihr vorspricht, was sie sagen muss. Ganz bestimmt hat Dr. Gold meiner Mom diese merkwürdige Sprache, die er immer benutzt, beigebracht. Schließlich redet ja kein normaler Mensch so.

Dann hat Mom ein paar Kleider und Behälter mit Lippenstiften ausgepackt und gemeint, ich solle alles anprobieren, damit wir herausfinden könnten, was ich morgen zu der Abschlussfeier tragen könnte. »Ich habe dir bereits gesagt, dass ich nicht zu der Abschlussfeier gehen werde«, habe ich gesagt, aber Mom antwortete: »Natürlich kommst du mit« und hat mir ein Kleid in die Hand gedrückt. »Nein, werde ich nicht«, habe ich gesagt, aber daraufhin hat Mom ihre große Tasche geöffnet. Ich dachte, nun würde sie wieder zu weinen anfangen und ihre Nase in ein Paket Tempotaschentücher pusten, aber stattdessen zog sie ein verknittertes Blatt Papier heraus. »Ich versuche nicht, Kontrolle über dich zu haben«, sagte sie, nur dass sie es von diesem blöden Blatt Papier ablas. »Doch, das tust du«, habe ich geantwortet, aber Mom hat wieder auf das Blatt Papier runtergeguckt und gemeint: »Es tut mir Leid, dass du das Gefühl hast.« Aber während sie die Zeilen abgelesen hat, hat sie keinerlei Gefühle oder so was gezeigt. Ehrenwort, sie würde nie eine Rolle in einer ihrer dämlichen Soapoperas bekommen. Ich vermute mal, dass das alles war, was auf diesem Blatt Papier gestanden hat, weil Mom aufgestanden und aus dem Zimmer gegangen ist. Aber ich konnte immer noch ihr Parfüm riechen. Mom trägt immer Tonnen von diesem phantastischen Parfüm namens »Joy«, was irgendwie komisch ist, weil sie doch immer nur heult.

Als Mom zum Ausgang ging, musste sie an einer anderen Mutter vorbeigehen, die in der Mitte des Ganges auf dem Boden saß. Sie war sehr viel jünger als meine Mom, und ich habe mitbekommen, dass sie die Nächte davor in dem Zimmer ihres Babys geschlafen hatte. Ich habe mitbekommen, dass Elizabeth sie Rita genannt hat, und gestern hat Rita furchtbar geweint, und Elizabeth hat sie in die Arme genommen. Aber heute Vormittag hat Rita nicht nur geweint, sondern ganz schreckliche Jammerlaute von sich gegeben. Dann habe ich gesehen, wie sie mit einer winzigen Korbkindertrage vorbeigekommen sind, auf der oben so was wie ein Bündel aus weißen Laken lag, und da habe ich dann gewusst, dass Rita wahrscheinlich nicht mehr Mutter war. Ich habe vermutet, dass dieses Bündel Luther war.

Luther kam vor ein paar Tagen ins Krankenhaus und man hat ihn zwei Zimmer weiter gegenüber von mir verfrachtet. Ich habe gehört, wie die Ärzte meinten, dass Luther ohne Großhirnrinde geboren worden sei, und Doug hat mir erklärt, dass dies der Teil des Gehirns ist, mit dem man denkt. Doug hat mir erklärt, Luther würde so wie ein Gemüse sein. Was heißt, dass er zwar leben könne, ungefähr so, wie auch eine Selleriestange lebt, aber dass er nicht wie ein Mensch denken könnte. Und dann hat Luther vor ein paar Tagen angefangen, sich ständig zu übergeben, und deshalb hat Rita ihn ins Krankenhaus gebracht. Die Ärzte haben gemeint, dass er es nicht schaffen würde, und sie haben versprochen, alles nur Erdenkliche zu tun, um ihn so lange wie möglich am Leben zu erhalten. Aber schließlich hat Rita dann den Ärzten erklärt, dass Luther schon genug gelitten hätte und dass sie nicht mehr möchte, dass er weiterhin durch Maschinen am Leben gehalten würde. Daraufhin wurde dann der »Nicht-mehr-künstlich-am-Leben-erhalten«-Code angeordnet, und man hat in Zimmer 4006 die Maschinen von Luther abgeschaltet. Ich habe die rote Notiz an der Pinnwand auf der Schwesternstation gesehen, als Rita geweint und Elizabeth sie umarmt hat. Sie standen direkt neben mir.

»Bin ich eine schlechte Mutter?«, wollte Rita immer wieder von Elizabeth wissen. Rita hat gesagt, dass alle der Meinung waren, sie müsste Luther am Leben erhalten, weil er ihr einziger Sohn sei. Und dass sie es bereuen würde, wenn sie die Maschinen abstellen und ihn sterben lassen würde. Aber Elizabeth hat gemeint, Rita wäre eine großartige Mutter, weil sie in erster Linie an Luther und nicht an sich gedacht hätte. »Ich wollte einfach nicht, dass er weiterleidet«, hat Rita gestern Abend immer wieder gesagt. »Dann leide ich lieber wegen ihm.« Danach hat dann Elizabeth ihren freien Tag angetreten, und Rita blieb und hat Luther Lieder vorgesungen. Aber ich nehme mal an, dass er zu atmen aufgehört hat. Und da hat dann Rita zu jammern begonnen.

Mom ist mit ein paar Q-Tipps und einem Astringent, die sie von einer der Schwestern bekommen hatte, direkt an Rita vorbei und wieder zurück zu meinem Zimmer gegangen. Mom meinte, dass ich mich mit einem sauberen Gesicht und etwas Farbe auf den Wangen besser fühlen würde und ich mich dann auch weniger feindselig verhalten würde. »Man fühlt sich immer gut, wenn man gut aussieht«, meinte sie. Aber als ich kein Rouge auflegen wollte, hat Mom weiter darüber geredet, dass ich mich schließlich innerlich nicht gut fühlen könnte, wenn ich äußerlich nicht gut aussehen würde. Doch wenn man sich innerlich immer dann gut fühlen würde, wenn man äußerlich gut aussieht, habe ich zu ihr gesagt, dann müsste Make-up auch in der Lage sein, alle möglichen Dinge zu kurieren, die innerlich schief laufen, ja sogar Krebs. Aber Mom hat geantwortet, sie hätte in *Dear Abby* gelesen, dass Krebskranke, die eine Perücke tragen und etwas Puder auflegen, sich besser fühlen würden als andere, die kahl und blass durchs Leben gingen. Und da ist mir dann wieder das glatzköpfige Mädchen unten in der Halle eingefallen, das Krebs hatte. Ständig habe ich gebetet, dass Mom dort nicht mehr mit ihrer großen Tasche voller Lipgloss reinmarschieren würde.

Und weil ich es trotzdem immer noch abgelehnt habe, Make-up zu tragen, hat Mom ihre Notizen von Dr. Gold herausgeholt. »Ich verstehe, dass du dieses Gefühl von Kontrolle brauchst«, wiederholte sie und fing an, den ganzen Make-up-Kram in ein Extraplastikfach in ihrer Tasche zu packen. Mom steckte auch den Zettel von Dr. Gold mit rein. Dann machte sie den Reißverschluss ihrer Tasche zu und meinte: »Tut mir Leid, auch wenn du nicht willst, wirst du trotzdem zu der Abschlussfeier mitkommen müssen. Dein Vater und ich haben genug gelitten ...« Allerdings hat sie ihren Satz nicht mehr beendet. Sie war viel zu sehr damit beschäftigt, ein paar Tempotaschentücher zu finden, um sich die Tränen abzuwischen.

Mom weinte immer noch, als sie wieder hinausging und an Rita vorbeikam. Auch Rita weinte noch, aber wenigstens hatte sie zu jammern aufgehört. Sie wiegte sich nur hin und her und flüsterte dabei irgendetwas zu sich selbst. Ich wünschte mir wirklich, dass Elizabeth heute da wäre, um Rita in den Arm zu nehmen, und deshalb bin ich auf den Flur rausgegangen und habe mich nach Brownie umgesehen, damit sie sie in den Arm nehmen würde. Doch in dem Moment, wo ich durch die Tür kam, hat Rita zu mir hochgeblickt. Anfangs habe ich mich gefürchtet, so wie sie mich angesehen hat. Ich hätte gerne gewusst, ob sie gedacht hat, wie fett ich doch sei, aber dann hat sie etwas sehr Merkwürdiges getan. Sie hat mich mit diesem breiten Lächeln angesehen, obwohl ihr dabei immer noch die Tränen übers Gesicht liefen. Ich habe mich umgedreht und nachgesehen, ob sie jemand anderen anlächelt, aber außer mir war keiner da.

Und ich bin einfach nur dagestanden. Aber ich hätte Rita so gerne gesagt, dass sie meiner Meinung das Richtige getan hat, als sie um das Abschalten der Maschinen gebeten hatte. Ich wollte ihr sagen, wie großartig es doch sei, dass Luther endlich nicht mehr leiden müsse und in den Himmel kommen würde. Aber stattdessen bin ich zu Rita hin und habe sie selbst in den Arm genommen. Ihr Körper zitterte sehr stark, und das hat mir irgendwie Angst gemacht, aber wenigstens habe ich endlich verstanden, was sie vorher geflüstert hatte. »Luther«, sagte sie nur immer wieder, und ich habe gespürt, wie meine Haare ganz nass von ihren Tränen wurden. Dann hat Rita aufgehört, so schrecklich zu weinen, und hat dann noch etwas geflüstert: »Danke dir«, meinte sie, »du bist ein wunderbarer Mensch.« Ich konnte nicht glauben, dass sie mich für wunderbar hielt. Ich hätte wirklich unheimlich gerne was Nettes darauf geantwortet, aber bevor mir etwas eingefallen ist, kam ein Arzt vorbei und hat Rita weggebracht.

Spindeldürr

Mom kam nach der Mittagszeit ins Krankenhaus, um mich für die Abschlussfeier rauszuputzen. Und zwar deshalb, weil Dr. Gold gestern gesagt hatte, dass es mir gut tun würde, mal wieder unter »normale Menschen« zu kommen, um meine sozialen Fähigkeiten zu schulen. Als ob ausgerechnet Dr. Gold was davon verstehen würde, wie man sich unter normalen Menschen normal verhält. Während der restlichen Zeit unserer Sitzung hat er dann versucht, mich dazu zu bringen, über meinen großen Durchbruch zu reden, den er immer wieder als »Loslassen von der Kontrolle« bezeichnet hat. Man hat gemerkt, dass er sich für einen genialen Psychiater oder so was hält. Er war so aufgeregt, dass er mich sogar auf den Kopf getätschelt hat, als er ging, als wäre ich ein Hündchen, das vor den Augen der Nachbarn einen hübschen Trick vorgeführt hätte. Und da glaubt dieser Dr. Gold doch tatsächlich, dass ich diejenige bin, die ihre sozialen Fähigkeiten schulen müsste.

Jedenfalls hat Mom heute ein buntes, geblümtes Rüschenkleid mitgebracht, das aussah, als würde es aus der Karibik stammen. Wahrscheinlich hat sie in diesen exotischen Reisebüchern, auf die sie so irre steht, Frauen gesehen, die so was anhatten. Außerdem hatte Mom einen Föhn dabei und ihre große Handtasche mit den vielen kleinen Make-up-Fächern. Ich habe ihr erklärt, dass ich gerne das schwarze Jerseykleid anziehen würde, das in meinem Schrank hängt, dieses Kleid, das schlabbrig und bequem ist und sich wie ein Sweatshirt anfühlt. Aber sie hat gemeint, dass ich in dem Bunten viel hübscher aussehen würde.

Nachdem ich das Kleid angezogen und Mom meine Haare gerichtet und mich geschminkt hatte, bin ich zum Spiegel, um mich anzusehen. Das ist noch eines meiner neuen Privilegien: Ich darf wieder in einen Spiegel schauen, der größer als dieser kleine im Badezimmer ist, wenn auch noch nicht in voller Körpergröße. Ehrenwort, du hättest bestimmt kotzen müssen, wenn du mich in diesem Spiegel hättest sehen können. Ich hatte pfundweise Rouge auf den Wangen, und mein Haar sah mit diesen ganzen großen, aufgetürmten Locken total aufgedonnert aus. Das Oberteil von meinem Kleid war genauso wie bei dem, das ich mal für meine Barbiepuppe hatte, die »Party Girl Barbie« hieß, nur dass ich nicht genug Busen habe, um die Stretchpartie auszufüllen.

»Das ziehe ich nicht an«, habe ich gesagt, aber Mom meinte, dass ich mich wegen meiner Magersucht einfach selber nicht richtig beurteilen könne. »Dir fehlt einfach jegliches objektive Gefühl für das, was schick ist«, meinte sie. »Aber meine Haare gefallen mir auch nicht so«, habe ich zu ihr gesagt. »Die stehen viel zu sehr ab.« Dann habe ich nach einer Haarbürste gegriffen und versucht, sie wieder glatt zu kriegen, aber Mom glaubt, Magersucht hätte was mit nicht schick sein zu tun, nur weil man keine großen, aufgetürmten Locken mag. »Na großartig, jetzt sehen sogar deine Haare magersüchtig aus«, seufzte sie. »Was wird wohl als Nächstes kommen?« Dann hat sie gemeint, dass ich die Dinge nicht richtig einschätzen könne. Und deshalb zog sie los, um ein paar Schwestern aufzutreiben, die mich begutachten sollten und dann bestätigen würden, wie wunderbar ich doch aussehen würde, wenn ich mir die Zeit nehme, etwas aus mir zu machen.

Einige Minuten später standen Elizabeth, Brownie und zwei weitere Schwestern mit Mom in einem Halbkreis um mich herum und grinsten wie blöde. Man konnte es den

Schwestern ansehen, dass auch sie der Meinung waren, dass ich völlig schwachsinnig aussah, aber wahrscheinlich hatten sie zu viel Angst vor Mom, um etwas zu sagen. »Sieht sie nicht reizend aus?«, hat Mom gefragt, woraufhin alle nickten und meinten, dass ich wirklich reizend aussehen würde, obwohl ich eher wie ein viel zu klein geratener Clown ausgesehen habe. Es war haargenauso wie in dieser Geschichte, die wir im Englischunterricht gelesen hatten und die *Des Kaisers neue Kleider* heißt. Aber Mom plapperte einfach weiter, wie wunderbar ich doch aussehen könnte, wenn ich nur ein bisschen auf mein Äußeres achten würde. Aber dann hat Elizabeth mir zugezwinkert und gemeint: »Ich finde, dass Lori immer wunderbar aussieht.«

Daraufhin habe ich das bunte Kleid ausgezogen und bin zum Schrank gegangen und habe mein schlabbriges schwarzes Jerseykleid rausgeholt. Ich habe die Augen zugemacht und mir das Kleid übergeworfen, aber als ich sie wieder geöffnet habe, konnte ich sehen, wie Mom die Tränen in die Augen stiegen und sie ein Tempotaschentuch nahm, um sie abzutupfen, damit ihr die Wimperntusche nicht runterlief. Danach sind die Schwestern dann ziemlich schnell verschwunden. Ich schwör dir, alle hauen ab, weil meine Eltern ihnen so viel Angst einjagen.

Nachdem die Schwestern weg waren, hat Mom mir eine Reihe von Fragen gestellt. Immer wenn Mom anfängt, neugierig zu werden, sind Probleme angesagt. Heute wollte sie wissen, warum ich immer ganz bewusst versuche, etwas Außergewöhnliches zu sein, und warum ich immer nur Schwarz tragen wollte, während die anderen Mädchen in meinem Alter Farben wie Blassgrün oder Fuchsia tragen würden. Manchmal reitet Mom ewig auf einer Sache rum, wenn sie sauer auf mich ist. Und ich habe schon gemerkt, dass sie auf dem besten Wege war, sich in die Farbe von meinem Kleid zu verbeißen. Sie hat erklärt, dass Schwarz als

Farbe einfach unpassend für eine Abschlussfeier sei, dass ich in Schwarz noch abgemagerter aussehen würde, als ich es ohnehin schon sei, und dass ich in einem schwarzen Kleid aussehe, als würde ich auf eine Beerdigung gehen. Trotzdem wollte ich das Kleid nicht ausziehen. Weil ich das Schwarze wirklich total mag.

Doch dann hat Mom etwas total Merkwürdiges getan. Sie hat sich auf mein Bett gesetzt und gemeint: »Komm mal her, Liebes.« Aber weil ich nicht wusste, was sie jetzt schon wieder vorhatte, habe ich mich keinen Millimeter gerührt. »Ich will dich einfach nur mal umarmen. Es sieht so aus, als hättest du es bitter nötig, in die Arme genommen zu werden.« Ich habe mich nach einem dieser Zettel von Dr. Gold umgesehen, aber Moms große Tasche lag auf dem Sofa drüben, und in der Hand hielt sie lediglich eine riesige Rundhaarbürste. Deshalb bin ich zu ihr gegangen und habe mich aufs Bett gesetzt, wo mich Mom in die Arme genommen hat. Ich habe gespürt, wie meine Haare durch ihre Tränen nass wurden, genauso wie zuvor bei Rita, aber ich habe nicht nach irgendwelchen Tempotaschentüchern gesucht. Dafür habe ich Mom ganz lange umarmt, bis sie mich ganz plötzlich wieder losgelassen hat.

Danach hat Mom ihr Gesicht so nah an meines gehalten, dass sie praktisch geschielt hat. Außerdem hat sie meine Hand in ihrer Hand mit dem großen Diamantring festgehalten. Sie hat mit dieser unheimlich leisen Stimme gesprochen, die sie immer dann bekommt, wenn sie mich in den Schlaf zu reden versucht, wenn ich Fieber habe. »Ich sage dir doch das alles nur, weil ich deine Mutter bin«, flüsterte sie mit ihrer Fieberstimme. »Keiner außer deiner Mutter würde so ehrlich zu dir sein.« Dann hat Mom lange geschwiegen, als hätte sie vor, mir gleich etwas zu sagen, was mit diesem großen Geheimnis zu tun hat, das alle Mütter ihren Töchtern verraten, wenn sie alt genug dafür sind. Weil ich vermutet habe, dass alles, was Mom nun sagen würde, vielleicht mein ganzes Leben verändern könnte, habe ich mich voll darauf konzentriert. Endlich meinte sie: »In diesem Kleid siehst du wie ein Klappergestell aus. Wenn ich schon dein Haar nicht stylen darf, dann zieh doch bitte das hübsche Kleid an. Dein Vater und ich werden dort eine Menge Leute treffen, die wir kennen. Bitte, Lori, tu es für mich.« Ich habe Mom erklärt, dass ich absolut nicht wie ein Klappergestell aussehe, aber sie ist einfach aufgestanden und hat mir trotzdem das bunte Kleid gegeben. Und dann hat sie ein Gesicht gemacht, als würde sie gleich wieder losheulen. Und deswegen habe ich es dann doch angezogen, und wir sind zur Abschlussfeier gegangen.

Mom hatte die Zeremonie bei Davids Abschlussfeier sehr gefallen. Wahrscheinlich, weil so viele Kameras da waren. Sie weinte wieder, und Dad musste sie wieder ununterbrochen fotografieren, obwohl es doch gar nicht sie war, die ihren Abschluss gemacht hat. Leslie und Lana waren auch da, weil ihre älteren Brüder ebenfalls den Abschluss gemacht haben, aber sie hatten natürlich keine kunterbunten Karibikkleider an. Aber wenigstens waren sie nett zu mir. Sie kamen zu mir rüber und haben sich zu mir gesetzt, und Leslie hat mich auf ihre Geburtstagsparty eingeladen, falls ich bis dahin aus dem Krankenhaus entlassen werde. Nach der Zeremonie sind wir alle zum Abendessen in dieses piekfeine Steakhaus gegangen, wo alle aus unserer Schule nach ihrem Abschluss hingehen. Aber das Komische war, dieses Mal habe ich etwas gegessen, während Leslie und Lana auf Diät waren. Ich habe sogar die Spareribs fast aufgegessen, obwohl Leslie mir gesagt hat, dass sie nie mehr etwas essen wird, was dick macht. Sie hat ständig damit angegeben, dass sie zwei Pfund abgenommen hätte.

Nach einer Weile habe ich Magenschmerzen bekommen, weil ich es nicht mehr gewohnt war, Spareribs zu essen. Wegen meinem Magen musste ich ziemlich dringend aufs Klo, aber Mom hat mich aufgehalten, als ich aufstand. »Möchtest du dich nicht erst entschuldigen?«, hat sie gefragt, als ob wir uns im Palast der Königin von England aufhalten würden und ich erst einen Knicks machen müsste, bevor ich mich entfernen dürfte. »Entschuldigt mich bitte, aber ich muss mal aufs Klo«, habe ich dann gesagt, aber Mom hat mich abermals korrigiert. »Das heißt, ich muss auf Damen«, erklärte sie. »Entschuldigt mich, aber ich muss mal auf die Damentoilette. Genau so entschuldigt sich eine Dame.« – »Nun, dann entschuldige bitte, dass ich lebe«, gab ich ihr zur Antwort und rannte dann zum Klo, bevor Mom mir noch eine weitere langweilige Ansprache über Damenhaftigkeit halten konnte.

Als ich ins Klo kam, habe ich als Erstes ein spindeldürres Mädchen gesehen, das genauso wie diese Fotos in dem Buch von Dr. Katz aussah. Jedenfalls war derjenige, der diese Damentoilette ausgestattet hatte, völlig verrückt auf Spiegel, und deshalb konnte ich dieses dürre Mädchen ringsherum sehen. Und sie war echt spindeldürr. Dann ist mir aufgefallen, dass sie auch ein hässliches buntes Kleid anhatte und jede Menge Rouge im Gesicht. Aber als ich mich umgedreht und nachgesehen habe, war außer mir niemand in der Toilette. Aber auf gar keinen Fall konnte ich dieses Mädchen sein, weil es so dürr war. Das war einfach absolut unmöglich, vor allem, weil ich doch kurz zuvor die ganzen Spareribs aufgegessen hatte. Deshalb bin ich näher ans Waschbecken ran, um das Ganze noch besser sehen zu können. Aber die dünnen Beinchen im Spiegel haben sich zur selben Zeit wie meine Beine bewegt. Dann habe ich gelächelt, und auch der Mund im Spiegel lächelte. Schließlich habe ich sogar fünf Hampelmannsprünge in die Luft gemacht, und wieder machte die Figur im Spiegel dasselbe. Schließlich habe ich das warme Wasser angestellt und mir das ganze Make-up vom Gesicht abgewaschen. Und da wusste ich dann endgültig, dass ich es war. Ich konnte es nicht fassen. Ich sah abscheulich aus! Und jetzt glaube ich glatt, dass ich tatsächlich spindeldürr bin.

Leute vom gleichen Schlag

Heute haben sich Dr. Gold und Dr. Katz vor meiner Tür unheimlich gestritten. Dr. Katz wollte nicht, dass ich mein Gewicht erfahre, aber Dr. Gold wollte es. Dr. Gold meinte, seinem Gefühl nach würde es mir in Sachen »Kontrolle« und »Realität« helfen, wenn ich mein Gewicht erfahre. Doch Dr. Katz war da vollkommen anderer Meinung. »Ich möchte nicht, dass sie angesichts dieser Zahlen wieder in alte Gewohnheiten verfällt«, antwortete ihm Dr. Katz. »Ich wette um eine Golfrunde, dass sie auf der Stelle einen Rückfall erleidet.« Dr. Katz macht ständig Wetten wegen mir, als ob ich lediglich so was wie ein Roulette-Spiel sei. »Gefühlsmäßig bin ich da ganz anderer Meinung«, meinte Dr. Gold. Aber dann haben sie sich schließlich doch darauf geeinigt mir mein Gewicht nicht zu verraten. Obwohl Dr. Gold immer behauptet, dass es einen unheimlich stark machen würde, wenn man seine Gefühle ausdrückt, hat er bei diesem Streit doch den Kürzeren gezogen. Das zum Thema Stärke.

Als dann Dr. Katz endlich ins Zimmer kam, meinte er, wie großartig es doch gewesen sei, dass ich zu der Abschlussfeier gegangen sei und ein ganz normales Abendessen zu mir genommen hätte. Außerdem sagte er, dass ich bereits in ein paar Tagen wieder heim dürfe, wenn ich weiterhin essen und dabei auch mein Gewicht halten würde. »Warum kann ich nicht jetzt schon heim?«, wollte ich wissen. »Schließlich wiege ich doch schon fast fünfundfünfzig Pfund. Dr. Katz wollte wissen, wer mir das gesagt habe, aber ich wollte keine Schwierigkeiten bekommen, nur weil ich zufällig ihre Unterhaltung belauscht hatte. Deshalb habe ich nur gesagt:

»Das stimmt doch, oder?«, aber Dr. Katz wollte es weder zugeben noch wollte er widersprechen. Ehrenwort, Erwachsene wollen nie etwas zugeben oder widersprechen. Trotzdem habe ich gemerkt, dass er nervös war, weil er zwei Mundspatel aus seiner Tasche gezogen hat und anfing, damit auf dem Metall am Ende von meinem Bett herumzutrommeln.

Dr. Katz benutzt gerne großspurige Medizinbegriffe, wenn er mit mir redet. Und deshalb hat er heute immer wieder »pubertäre Entwicklung« gesagt. Er meinte auch, dass ich bereits hinter meiner »pubertären Entwicklung« herhinken würde, und falls ich nicht weiterhin zunehmen würde, könnte dies möglicherweise meine »Weiterentwicklung komplett behindern«. Weil er es dann leid war, weiterhin über die »pubertäre Entwicklung« zu reden, fing er an, über »kritische Phasen« zu reden. Auch darüber zu reden, hat ihm wahnsinnig viel Spaß gemacht, vor allem, wenn er dabei gleichzeitig über die »pubertäre Entwicklung« sprechen konnte. »Du bist in einem Alter, wo wir aufgrund der pubertären Entwicklung mit einer kritischen Phase rechnen«, meinte er. Deshalb würde es nichts bringen, wenn ich möglicherweise erst in drei Jahren oder so dahinterkäme, dass es das Beste sei mit »diesen verrückten Diätgeschichten« endlich aufzuhören. »Jetzt oder nie«, hat er mir erklärt. Aber eigentlich hat er damit nur sagen wollen, dass ich für immer ein Kind bleiben würde, wenn ich nicht sofort zu essen anfangen würde.

»Willst du das wirklich?«, hat mich Dr. Katz gefragt, als würde er erwarten, dass ich antworte: »Ja, ich möchte für immer ein Kind bleiben und Erwachsene um mich haben, die mir bis zum Ende meines Lebens sagen, was ich zu tun habe.« Dann wollte ich von ihm wissen, wieso die Mütter von allen meinen Freunden ihre pubertäre Entwicklung geschafft haben, obwohl sie doch alle ständig auf Diät seien. Dr.

Katz hat mir dann aber erklärt, dass sie nicht während ihrer kritischen Phase eine Diät gemacht hätten. Sie hätten mit ihren Diäten bestimmt erst nach ihrem dreizehnten Geburtstag oder so angefangen. Vermutlich haben die Lehrer in meiner Schule Recht, die behaupten, dass ich mit allem viel zu früh beginne.

Nachdem Dr. Katz gegangen war, musste ich ständig an diese kritischen Phasen denken, deshalb kam mir die Idee, nach unten in die medizinische Bibliothek zu gehen, um mehr darüber zu erfahren. Seit ich wieder esse, gehört es auch zu meinen Sondervergünstigungen, dass ich jederzeit mein Zimmer verlassen darf, obwohl mich ja auch davor eigentlich keiner wirklich aufgehalten hat. Ich wusste ganz genau, wo sich die medizinische Bibliothek befindet, weil ich an dem Tag daran vorbeikam, als ich mich aufgemacht hatte, ein Taxi zu finden.

Es stellte sich heraus, dass die medizinische Bibliothek von innen viel kleiner als unsere Schulbibliothek ist, und es gab dort auch keine bequemen Stühle, um etwas zu lesen. Die ganze Bibliothek war mit Bücherregalen voll gestopft. Außerdem gab es auch eine alte Bibliothekarin, die Mrs. Rivers so ähnlich sah, dass ich im ersten Moment total nervös wurde. Aber als sie mich dann angelächelt hat, wusste ich, dass sie es nicht war. Ganz egal, worum es ging, Mrs. Rivers würde mir bestimmt niemals zulächeln. Deshalb bin ich zu ihr an den Schreibtisch gegangen und habe sie gefragt, ob sie wisse, in welchem Buch ich nachschauen könne, aber leider war sie keine große Hilfe.

Die Bibliothekarin meinte, die einzigen Bücher, die sie zum Thema kritische Tage hätten, seien für mich viel zu schwierig, um sie zu verstehen, und wenn ich irgendwelche Fragen bezüglich der Periode hätte, sollte ich doch eine der Schwestern bitten, mir alles über Tampons und so was zu erklären. Dann habe ich mich bemüht ihr klarzumachen, dass ich nicht diese Art von kritischen Tagen meine, sondern die so genannten kritischen Phasen meinen würde. Aber sie ist einfach dabei geblieben, dass daran ja nichts Peinliches sei, weil viele Mädchen Fragen zum Thema Periode hätten. Ungelogen, Bibliothekarinnen kapieren nie, was ich eigentlich möchte.

Danach war mir dann klar, dass ich wohl woanders nachschauen müsste, um etwas über kritische Phasen zu erfahren. Und dann habe ich plötzlich diesen Zettelkatalog entdeckt, der genauso wie in unserer Schulbibliothek aussah. Ich konnte zwar nichts über elfjährige Mädchen und kritische Phasen finden, aber es gab da einen Artikel, in dem es um Vögel und ihre kritischen Phasen ging. Weil ich fand, dass das besser als gar nichts sei, habe ich die Bibliothekarin gebeten, mir den Artikel aus dem Regal zu holen. Und in dem stand dann Folgendes:

Auch Vögel durchleben kritische Phasen, aber die Vögel machen diese nicht als Teenager, sondern schon als Babys durch. Tatsächlich passiert es in der ersten Woche ihres Lebens. Wenn also die Mutter das kleine Vögelchen in dieser Woche im Nest im Stich lässt und kein anderer Vogel vorbeikommt, um sich um das Vögelchen zu kümmern, lernt das Baby nicht einmal richtig zu zwitschern. In dem Artikel stand, selbst wenn die Mutter eine Woche später wieder zurückkommt und versucht, dem Vögelchen, das inzwischen eine Woche alt ist, das Zwitschern beizubringen, sei es längst zu spät dafür. Und zwar deshalb, weil die Mutter unbedingt da sein muss, wenn das Baby seine kritische Woche durchmacht, und deshalb nennt man das eben auch eine kritische Phase. Außerdem stand in dem Artikel, dass zwar die meisten Mütter während dieser Woche anwesend seien – weil sie rein instinktiv spüren würden, dass sie für ihr Vogelkind da sein müssten –, aber manche Mütter das trotzdem nicht auf die Reihe kriegten.

Deshalb habe ich vermutet, dass diese Vögelchen irgendwie stumm blieben, wenn sich während ihrer kritischen Phase keiner um sie kümmert. Aber in dem Artikel stand, das sei nicht so. Da stand, dass das Vögelchen wahrscheinlich versuchen würde, irgendwelche seltsamen Laute von sich zu geben, oder dass es möglicherweise versuchen würde, andere Vögel zu imitieren, die es in den Bäumen drum herum zwitschern hört, oder dass es sogar anfängt, völlig eigene Melodien zu zwitschern. Aber leider ist es dann so, dass kein anderer Vogel dieser Gattung verstehen kann, was das Vögelchen eigentlich sagen möchte, weil es eine völlig eigene, außergewöhnliche Sprache spricht. Und dann stand da noch, dass sich das Kleine zwar kaum von den anderen Vögeln unterscheiden würde, man ihm aber sofort anmerken würde, dass es seine kritische Phase verpasst hätte, weil es immer abseits von den anderen Vögeln allein auf einem Ast sitzen würde. Und dass es damit immer anders als alle anderen sein würde, genau wie ich auch.

Eierschalen

Dr. Gold hat einen Plan, um mir wieder bei der Eingliederung ins normale Leben zu helfen, bevor ich nach Hause komme. Und deshalb kam er heute auf die geniale Idee, dass Mom, Dad und David hier mit mir zusammen Abend essen sollten. »Die Mahlzeiten finden in deiner Familie in einer aufgeladenen Atmosphäre statt«, erklärte Dr. Gold. Ganz so, als würden uns allen beim Abendessen zu Hause die Haare zu Berge stehen, weil wir alle einen Elektroschock erleiden. Ich habe Dr. Gold gesagt, dass meine Eltern ausgefallene französische Küche lieben und dass sie deshalb niemals damit einverstanden sein werden, mit mir hier im Krankenhaus zu essen. Aber Dr. Gold hat gemeint, dass sie das Essen von einem Restaurant mitbringen würden, und ich könnte mir eines aussuchen.

Ich habe mir Hühnchen-Tacos aus einem Restaurant in Hollywood, das El Coyote heißt, gewünscht. David und ich sind früher dort sehr gerne auf den Kunststoffsitzgruppen herumgesprungen, und deshalb habe ich ihn gefragt, warum wir denn nicht gleich im Restaurant selbst essen könnten. Daraufhin hat mir dann Dr. Gold einen Vortrag darüber gehalten, dass es hier um meine »Resozialisierung« ginge und dass er möchte, dass ein Teil meiner Resozialisierung in einer »kontrollierten Umgebung« stattfindet. »Ich dachte, Sie wollen, dass ich mit meiner Kontrolle endlich aufhöre!«, habe ich ihm geantwortet. Aber Dr. Gold erklärte mir, dass wir jetzt ein perfektes Beispiel dafür hätten, weshalb ich noch lange nicht resozialisiert sei.

Jedenfalls habe ich an dem Lärm draußen vor meinem

Zimmer gemerkt, dass meine Familie eingetroffen war. Mom umarmte und küsste sämtliche Schwestern, als sie den Flur entlangging, als wäre sie die Braut und die Krankenschwestern ihre Hochzeitsgäste. Dad und David folgten Mom und schleppten an die zehn Tüten voll mit Essen. Als Mom dann endlich mit der ganzen Küsserei fertig war, haben wir mein Tischtablett aufgebaut. David und ich saßen auf dem Bett, und Mom und Dad saßen auf dem Sofa. Mir hat es auf dem Bett gefallen, weil man da genauso wie auf den Sitzgruppen im El Coyote auf und ab wippen konnte, aber dann hat Mom Dad wieder diesen nervösen Blick zugeworfen, und Dad hat mich gebeten, damit aufzuhören. Er meinte, ich könne so viel auf und ab wippen, wie ich wollte, wenn sie weg seien.

Deshalb habe ich mit der Wipperei aufgehört, aber Mom war danach noch genauso nervös. Ich glaube, es hat sie einfach noch nervöser gemacht, weil sie so getan hat, als würde sie gar nicht darauf achten, was ich esse. Aber das war natürlich schwer, weil sie nichts anderes zu tun hatte, als nur dazusitzen. Sie selbst hat auch nicht sehr viel gegessen, weil sie bereits die Taco-Teighüllen auf Dads Teller geschoben hatte. Sie fing einfach an, darüber zu reden, wie nett doch alle Schwestern seien und dass sie sich wundern würde, warum die Singles unter ihnen bis jetzt noch nicht verheiratet seien. Und dann fing Dad an, über sein Tennisspiel zu reden, und David redete schließlich darüber, dass nun die Schule vorbei wäre. Deshalb habe ich dann allen erklärt, dass ich es gar nicht mehr erwarten könne wieder nach Hause zu kommen. Aber da wurden mit einem Mal alle ganz schweigsam, was in meiner Familie eigentlich praktisch so gut wie nie vorkommt. Normalerweise werde ich doch von meiner ganzen Familie immer nur angeschrien.

Der Grund, weshalb sie plötzlich alle verstummt sind, ist, dass Mom bei dem Gedanken, dass ich wieder nach Hause komme, ganz nervös wird. Dad meinte, dass es Mom sogar so nervös machen würde, dass sie vorhätten, nochmals mit den Ärzten darüber zu reden, weil sie sich nicht ganz sicher seien, ob ich nach nur vier Wochen schon wirklich wieder so weit wäre. »Wir müssen uns einfach einen Plan ausdenken, damit Mom wegen dir nicht das Gefühl hat, als würde sie auf rohen Eiern gehen«, meinte er. Ich habe mir vorgestellt, wie Mom versucht, in ihren Pumps mit den dünnen hohen Absätzen, die sie immer trägt, auf Eiern zu gehen. Logischerweise würden alle Eier sofort zerbrechen, und alles würde voll Eidotter sein. »Der Gedanke, dass du so bald schon wieder nach Hause kommst, macht sie ganz nervös«, wiederholte Dad.

Ich habe Dad geantwortet, dass er sich keine Sorgen machen müsse, weil ich bereits einen Plan hätte und Mom deshalb nicht mehr so nervös sein bräuchte. Ich habe ihm gesagt, dass ich weggehen würde, um eine Astrophysikerschule zu besuchen, sobald ich eine gefunden hätte, die für mich geeignet wäre. »Astrophysikerschule?«, hat Mom gefragt. »Über was redest du da bloß?« Ich habe erzählt, dass ich mich lange mit Elizabeth unterhalten hätte und dass ich daraufhin beschlossen hätte, wenn ich älter bin entweder Astrophysikerin oder Tänzerin zu werden. Mom fand, dass Tänzerin sehr viel besser wäre, weil ich dann diese hinreißenden Trikots mit den Tutu-Röckchen tragen könnte. Wahrscheinlich hat sie keine Ahnung, was Astrophysikerinnen anziehen.

Eigentlich hatte ich vermutet, Mom würde glücklich sein, wenn ich fortgehe. Aber sie hatte ihrer Meinung nach eine noch viel bessere Idee. »Du könntest doch Übersetzerin werden! Würdest du nicht viel lieber in Paris leben und diese schick geschnittenen Röcke tragen und einen romantischen Franzosen heiraten? Wenn ich so wunderbar französisch sprechen könnte wie du, dann würde ich das machen.« Ich wette, dass sie das glatt tun würde. Aber ich möchte nicht mein ganzes Leben mit ein paar Franzosen verbringen. Falls diese auch nur annähernd so wie dieser Monsieur Bordeaux sind, würden sie nur ständig »Ecoutez!« brüllen und mich den ganzen Tag lang mit diesem »r«-Laut nerven. »Nein, ich möchte Astrophysikerin werden«, erklärte ich. Aber daraufhin hat Mom dann nach ihrer großen Tasche gegriffen und ihre Puderdose rausgezogen. Plötzlich schien es ihr unheimlich wichtig zu sein, ihre Lippen nachzuziehen. Das hat dann allerdings eine ganze Weile gedauert, weil sie zuerst ihre Lippen nachgezogen, dann noch mehr Lippenstift aufgetragen und dann schließlich mit ihrem winzigen Spiegel in der Hand ihre Lippen mit einem Schmatzer zusammengepresst hat. Sie hat immer noch in den Spiegel geschaut, als sie antwortete: »Trotz dieser ganzen Therapie willst du natürlich noch immer was ganz Besonderes sein.« Daraufhin haben alle in die Luft geguckt.

Ganz offensichtlich funktionierte dieser Resozialisierungsplan von Dr. Gold nicht, aber das habe ich nicht erwähnt, weil draußen im Flur irgendwas vor sich ging. Es klang, als würde eine Party stattfinden, und ich habe vermutet, dass wahrscheinlich eines der Kinder entlassen wurde. Ich wusste, dass Mom und Dad es bestimmt als unhöflich empfinden würden, wenn ich sie auffordern würde, jetzt schon zu gehen. Aber kaum dass ich gefragt hatte, sind alle aufgesprungen, haben den Tisch verlassen und gemeint, dass es wirklich eine großartige Idee wäre.

Doch im Flur draußen hatten sich die Schwestern um Nora geschart, die gerade ins Krankenhaus zurückgekommen war. Sie wollten Nora auf »ihr« Zimmer bringen, aber da lag schon jemand anderer, ein Junge namens Eli, dem man die Mandeln rausgenommen hatte. Ich war ganz aufgeregt, Nora wiederzusehen, aber sie sah sehr schlecht aus. Sie hatten sie an eine Reihe von Maschinen angeschlossen, und sie konnte nicht sprechen. Die Ärzte wollten Nora auf die Intensivstation legen, aber Noras Mutter bekam einen Wutanfall und hat die Schwestern dazu gebracht, Eli zu verlegen, damit Nora wieder ihr altes Zimmer bekam. Und da ist mir plötzlich wieder eingefallen, dass Nora mir erzählt hatte, sie möchte in diesem Zimmer sterben, falls sie im Krankenhaus sterben müsste. Doch nie hatte ich daran gedacht, dass sie schon so früh sterben müsste. Ich hätte ihr so gerne gesagt, dass es mir so Leid täte, weil ich mit ihr nicht mehr geredet hätte, nachdem sie den Schwestern die Sache mit dem Taxi erzählt hatte. Aber sie haben mir nicht erlaubt, mich ihr zu nähern. Die Schwestern haben Mom und Dad gesagt, dass sie mich wegbringen sollen. Und deshalb sind wir nach unten in den Innenhof gegangen.

Wir sind dann sehr lange unten geblieben, weil Mom sich die Schaufenster der Geschenkeläden und Dad die Gemälde an der Wand ansehen wollte. David hat im Innenhof einen alten Gummiball gefunden und damit haben wir dann eine Weile Fangen gespielt. Trotzdem musste ich ständig an Nora denken. Und deshalb kam David zu mir rüber und hat sich mit mir auf eine Bank bei den kleinen Bäumen gesetzt. Ich glaube, er wollte wieder ein bisschen nett zu mir sein. Irgendwann einmal haben wir dann Mom und Dad gefragt, ob wir nicht wieder nach oben gehen könnten. Und dort habe ich dann erfahren, dass Nora gestorben ist. Ich konnte es einfach nicht fassen. Ich habe die ganze Nacht nur geweint und mir gedacht, wie unfair es doch sei, dass Nora so jung hat sterben müssen. Und dann habe ich darüber nachgedacht, dass ich eigentlich vorhatte zu sterben und dass auch ich inzwischen tot sein könnte. Schließlich bin ich doch diejenige gewesen, die eigentlich angenommen hatte, im Krankenhaus zu sterben, und nicht Nora. Und dann ist mir plötzlich was ganz Schreckliches durch den Kopf gegangen. Ich weiß, es klingt furchtbar so etwas zu sagen, weil man es falsch verstehen könnte. Aber um ehrlich zu sein, war ich irgendwie froh, dass ich mich geirrt hatte.

Man kann nie reich oder dünn genug sein!

Als ich heute meine Sachen gepackt habe, um das Krankenhaus zu verlassen, ist Dr. Gold vorbeigekommen, um meine Entlassungspapiere auszufüllen. »Ich möchte dir nur versichern«, meinte er, »dass du nach deiner Entlassung auch draußen mit unserer umfassenden Unterstützung rechnen kannst.« Und dann hat er noch gesagt, ich solle mir keine Gedanken darüber machen, weil Mom und Dad der Meinung sind, dass ich noch nicht so weit sei, um nach Hause zu gehen, weil ich ihn den ganzen Sommer über dreimal pro Woche in seiner Praxis aufsuchen könne. Er hat mir erklärt, dass es ihm am liebsten gewesen wäre, wenn ich täglich zu ihm hätte kommen können, aber die Versicherung hätte fünf Tage pro Woche abgelehnt und er könne natürlich sein Honorar nicht niedriger veranschlagen. Na, Gott sei Dank.

Aber die beste Nachricht ist, dass ich auch Elizabeth wiedersehen werde. Sie hat versprochen, sobald ich mich zu Hause wieder eingelebt hätte, würde sie mit mir in *Grease* gehen, weil in diesem Film sehr viel getanzt würde. Aber ich musste ihr versprechen, mich erst dann über die Schauspieler lustig zu machen, wenn der Film vorbei sei, weil sie sich nicht auf einen Film konzentrieren könne, wenn Leute während der Vorstellung reden würden. Sie hat sogar gemeint, dass sie sich mit mir buchstäblich über jeden lustig machen würde, was wirklich Klasse ist, weil Elizabeth die einzige Erwachsene ist, die ich kenne, die wirklich Humor hat. Die meisten Erwachsenen sagen so Sachen wie: »Du bist da aber auf verdammt dünnem Eis gegangen, ganz ohne Witz« und glauben, dass sei irre lustig.

Ich weiß schon, das klingt jetzt ziemlich komisch, aber obwohl es zu Hause so läuft wie immer, ist es doch irgendwie anders. Nicht wirklich außergewöhnlich anders, aber einfach anders als sonst. Mom, Dad, David und Maria und sogar die Vögel haben sich nicht verändert, und deshalb nehme ich mal an, dass ich diejenige bin, die sich verändert hat. So habe ich zum Beispiel absolut keinen Bock mehr, mich auf den Boden zu legen und ständig jede Menge Streckübungen mit den Beinen zu machen. Ich habe sogar alle Diätlisten, die ich für mich und Chrissy aufgestellt habe, weggeworfen. Ich kann nicht genau sagen, was sich wirklich verändert hat, aber ich wette mal drauf, dass Dr. Gold mich danach fragen wird. Darauf kann man sich ja hundertprozentig verlassen.

Ich weiß noch nicht, was ich antworten werde, wenn Dr. Gold mich danach fragt. Aber vielleicht werde ich ihm einfach Folgendes erzählen: Nach dem Abendessen bin ich heute noch mal nach unten gegangen und habe Mom in der Küche gesehen. Ich habe angenommen, dass sie vielleicht wieder einen von ihren Schokoladenstreuselkeksen über der Spüle verdrücken würde, aber stattdessen war sie nur damit beschäftigt, aufzuräumen. Aber in dem Moment, als ich reinkam, hat sie eine der Schubladen zugeknallt. Ich habe sofort gemerkt, dass sie was verbergen wollte. »Was ist da drin?«, habe ich sie gefragt. Aber Mom meinte nur, das sei völlig unwichtig und sie habe nur ein paar Imbissservietten weggeräumt. Aber immer dann, wenn Erwachsene so etwas behaupten, handelt es sich garantiert um etwas total Interessantes. Deshalb habe ich mich im Arbeitszimmer versteckt, bis Mom wieder nach oben ging, und habe dann die Schublade in der Küche geöffnet.

Die Imbissservietten, die Mom dort versteckt hatte, waren knallrot und über und über mit kleinen Martinigläsern bedruckt. Und genau in der Mitte waren große, bunte Buchstaben gedruckt, die genauso wie diese Schrift auf dem Papier der Monsterkekse aussahen. Jedenfalls stand da: »MAN KANN NIE REICH ODER DÜNN GENUG SEIN!« Mom hat wahrscheinlich befürchtet, ich könnte einem Stapel Imbissservietten auf den Leim gehen und wieder mit meiner Diät anfangen.

Natürlich habe ich diese Imbissservietten nicht ernst genommen, aber irgendwie haben sie mich doch genervt. Und zwar deshalb, weil ich inzwischen sehr wohl der Meinung bin, dass man tatsächlich zu dünn sein kann. Und manchmal kann man sogar zu dünn sein und weiß es gar nicht, weil man wahnsinnig viel Zeit damit verschwendet auf die ganzen Leute zu hören, die meinen, dass jede Frau unbedingt eine Diät machen müsse und dass mit dir einfach etwas nicht stimmen kann, wenn es dir nichts ausmacht, dass du nicht wirklich dünn bist. So was zu glauben, klingt ja eigentlich total blöde, aber ich vermute mal, dass irgendwann einmal sogar wirklich kluge Leute anfangen, daran zu glauben. Schließlich habe sogar ich einmal daran geglaubt.

Jedenfalls wollte ich nicht, dass Mom mitbekommt, dass ich in die Schublade geschaut habe, und deshalb habe ich die Servietten wieder genau so hingelegt, wie ich sie vorgefunden hatte. Und danach habe ich dann beschlossen, nach oben zu gehen und den Käfig von Chrissy sauber zu machen. Aber davor bin ich erst einmal in die Abstellkammer gegangen, um die Tageszeitung von gestern zu holen, mit der ich den Käfigboden auslegen wollte. Doch sie war weg, und mir war klar, dass Dad mich umbringen würde, wenn ich sein *Wall Street Journal* von heute zerreißen würde. Und da ist mir dann plötzlich die Idee überhaupt gekommen. Ich habe überlegt, dass ich genauso gut die Imbissservietten benutzen könnte. Und wenn man jetzt in Chrissys Käfig schaut, ist der Boden vollkommen mit der Schrift »MAN KANN NIE REICH ODER DÜNN GENUG SEIN!« bedeckt, wobei die meisten Wörter mit kleinen schwarzen Kackpünktchen bedeckt sind.

Sollte mich jetzt also Dr. Gold fragen, was sich verändert hat, werde ich ihm erklären, dass die Behauptung, dass man nie reich oder dünn genug sein könnte, einfach nur eine Menge Scheiße ist. Ich wette um eine Million Dollar, dass er den Witz nicht verstehen wird, aber ich werde es vermutlich trotzdem sagen. Und was sich vielleicht tatsächlich verändert hat, ist, dass ich inzwischen denke, dass es eigentlich gar nicht so schlimm ist, anders zu sein. Könnte ja tatsächlich stimmen, oder?